丸山眞男と清水幾太郎

自然・作為・逆説の政治哲学

小幡清剛 著

萌書房

丸山眞男と清水幾太郎——自然・作為・逆説の政治哲学＊目次

丸山眞男と清水幾太郎

——自然・作為・逆説の政治哲学

四〇年近くにわたりご指導を賜った学恩に感謝しつつ、本書を故・奥平康弘先生に捧げます。先生が急逝される三日前に直接私に繰り返し依頼された、「丸山眞男−清水幾太郎問題」解明という課題についての私なりの拙い答案です。及第点はいただけないと思いますが、天国でゆっくりご採点下さい。

第一章　「丸山眞男－清水幾太郎問題」について

一　「精神的貴族」への服従？

本書のタイトルは『丸山眞男と清水幾太郎』である。しかし、本書は、政治思想史家である丸山眞男と社会学者である清水幾太郎のそれぞれの研究者としての学問的業績＝「作品」を一つひとつ紹介することを目的とはしてはいない。また、ともに戦後に活躍した知識人である丸山眞男と清水幾太郎のその時々の政治的発言や社会的活動の軌跡を忠実にトレースすることも目的にしてはいない。

本書の目的はまず、いわゆる「丸山眞男－清水幾太郎問題」の存在を確認し、次いでこの「問題」が政治哲学・社会哲学において有する思想的意義を解明し、最後にそれによって到達した知的地平から混迷する現代日本の政治・社会状況に対して幾つかの提案を行なうことである。われわれが享受している「自由」と「民主主義」を、今後も護り育てていくために、「丸山眞男－清水幾太郎問題」は、決して避けて通ることができないものなのである。

では、その「丸山眞男 - 清水幾太郎問題」とは一体どのようなものなのか。その「問題」にアプローチする一つの有力なルートは、清水の著書『倫理学ノート』と、それに対する論者の反応を見ることに存在する。

清水は『倫理学ノート』の末尾に付けられた「余白」という一文で、次のように語っている(1)。

「私は、科学に弱い規定を与えようという願望を表明して来た。科学に弱い規定を与えなければ、倫理学を置く場所がないと考えたからである。しかし、困難は、こういう方法的側面にのみあるのではない。対象面においても、道徳という事実そのものが不安定な状態にある。……／長い時代を通じて、飢餓から解放されていたのは、貴族というグループであった。……今日、多くの人々が飢餓の恐怖から解放されたというのは、多くの人々が或る程度まで過去の貴族に似た事情にあることを意味する。しかし、彼らはみな平等な人間なのであろうか。……オルテガ・イ・ガセットは、人間を二つのグループに分けて、一を『貴族』と名づけ、他を『大衆』と名づけた。これらの名称は、貧富、職業、学歴などと関係があるものではなく、ただ、前者は、無理と知りつつ、敢えて自分に高い要求を課し、それに向って生きる少数者であり、後者は、自分に何一つ要求を課することなく、現にある自己のままで生きる多数者である……。それが望ましいか否かは別として、現実の社会には、こういう二つのグループがあるようである。自然的欲望からの自由において、自ら高い規範を打ち樹て、それへ向って自己を構成して行こうと努力する少数者と、自然的欲望の満足に安心して、トラブルの原因を外部の蔽うもののうちにのみ求め、自己の構成に堪え得ない多数者。飢餓の恐怖から解放された時代の道徳は、すべての『大衆』に『貴族』たることを要求するところから始まるであろう。しかし、それが不可能であるならば、『大衆』に向って『貴族』への服従を要求するところから始まるであろう」。

この「余白」の文章はすこぶる評判が悪い。例えば、市井三郎は次のように論じる(2)。「清水氏が、本書の最後のパラグラフで、氏の倫理学の片鱗をわずかに示していることに、わたしはある不吉なものを感じざるをえない。オルテガ・イ・ガセットと同様に、氏は人間群を少数の『貴族』と多数者たる『大衆』に区別している。……この種の分類そのものが不吉だといいたいのではない。／その分類を受けて、『飢餓の恐怖から解放された時代の道徳は、すべての『大衆』に『貴族』たることを要求するところから始まるであろう。しかし、それが不可能であるならば、『大衆』に向って『貴族』への服従を要求するところから始まるであろう』と清水氏が結ぶとき、わたしの異和感は急増する。／清水氏はさきに、『貴族』なるものを定義するとき、それへ向って努力するという『高い規範』が具体的には何であるかを明らかにはしていない。冷たいリアリズム的表現をわたしは決して嫌いではないが、『服従を要求する』という帰結を含むような規範を、わたしは『高い』などとは考えぬのである」。

川本隆史も、この「余白」の末尾に反発する。[3]「清水は、『高度大衆消費の時代』における道徳が、すべての『大衆』に『貴族』たることを要求するか、さもなければ『大衆』に向かって『貴族』への服従を要求するところから始まるであろうと予想して、オルテガ・イ・ガセット……の『大衆の反逆』を援用しながら『新しい時代の功利主義』を説くにいたる。二〇年ほど前、倫理学の勉強を始めたばかりの私は、現代の倫理学と厚生経済学の不毛さを著者一流の博覧強記で撃破していく本書には痛快な気持ちさえ感じたのだが、この結論部分に対しては深い違和感を禁じえなかった。倫理学は、大衆批判と功利主義つまり『立法者、指導者、エリートのための倫理』……の路線を採ることしかできないのか。この学問は、科学の性格を弱め（価値相対主義と戦う社会批評となり果て?）、他の科学から自らを切り離すことを通じてしか、存在証明ができないものだろうか。『貴族』が象徴する『高い規範』は、倫理学が『与件』としてそのまま受け入れざるをえないものなのか」。

「余白」に「不吉なもの」を見るという市井や川本が示す「違（異）和感」は、一応もっともなものとして納得することができる。

大久保孝治も、嫌悪感を示す。[4]「この黙示録的文章は、戦後の日本社会の諸価値と明らかに抵触する内容を含んでいる。第一に、『貴族』対『大衆』というオルテガ流の図式は平等の理念に反し、第二に、『服従を要求する』という強い表現は個人の選択の自由の理念に反し、第三に、多数者の少数者への服従は多数決原理に反する。ここには『大衆』を見下す視線がある」。大久保は、「庶民の思想家」である筈の清水の「庶民」はどこへ行ってしまったのか、と問いかける。いわゆる「下町ラディカリズム」(小熊英二)の立場から、「大衆」=「庶民」を愛してやまない清水の筈なのに、「庶民」を差別することは納得いかない、というのである。

しかし、市井が指摘するように清水による「貴族」と「大衆」の区別が「身分的」なものでない以上、それは「精神的」なものと言わなければならないのである。つまり、清水の言う「貴族」とは、「平等」とか「差別」とかいう問題とは直接に関わらない「精神的貴族」なのだ。「精神的貴族」という言葉で、想起される文章は何だろうか。そう、丸山眞男が『日本の思想』の末尾に記した一文である。しかし、丸山は、『日本の思想』以外でも、「精神的貴族」という言葉を用いている。

笹倉秀夫によれば、丸山は、大衆社会状況下の「べったりデモクラシー」において文化面でも「悪貨は良貨を駆逐する」現象が起きている点を取り上げ、「現代文化の一番大きな問題の一つは、質の保持と向上をどうするか、ということだ」という立場から、A・トクヴィルの「開かれた貴族性」を想起させる「精神的貴族」論を次のように説いている。「社会の最優秀分子が精神的貴族になりうるような、そういうはしごがどこにでもついていて、能力のあるものがだれでもそのはしごを登りうるという平等をいかにして確立して行くかということが問題」であると。ただし、笹倉も注記するように、丸山自身も「たしかに危いんですね。貴族とかエリートとかの意味をいうことは……」と述べ、その「精神的貴族」論が「不吉なもの」になる可能性も認めている。[5]

丸山は、『日本の思想』の末尾に次のように記す。[6]「現代のような『政治化』の時代においては、深く内に蓄えられたものへの確信に支えられてこそ、……文化の(文化人のではない!)立場からする政治への発言と行動が本当に生きてくるのではないでしょうか。まさにそうした行動によって『である』価値と『する』価値の倒錯——前者の否定しがたい意味をもつ部分に後者がまん延し、後者によって批判されるべきところに前者が居坐っているという倒錯を再転倒する道がひらかれるのです。もし私の申しました趣旨が政治的な事柄から文化の問題に移行すると、にわかに『保守的』になったのを怪しむ方があるならば、私は誤解をおそれずに次のように応えるほかはありません。現代日本の知的世界に切実に不足し、もっとも要求されるのは、ラディカル（根底的）な精神的貴族主義がラディカルな民主主義と内面的に結びつくことではないかと。トーマス・マンが戦後書いたもののなかに『カール・マルクスがフリードリヒ・ヘルダリンを読む』ような世界という象徴的な表現があります。マンの要請を私なりに翻訳すると右のような意味になります」。

この丸山の文章は、「社会全体としては、『精神的貴族』として『自立化』を機軸にした人々と、『民主化』の方向で運動する人々とが共存し相互に干渉しあっており、その動的なパワー・バランスの中で社会的諸制度が働いていくこと」の必要性を説き、「一人ひとりの内面においては、『精神的貴族』的な自立性と、大衆性・大衆運動志向の民主性とが、つまり自由意識と平等意識とが、資質としてともに獲得されており、それらの緊張ある相互作用の中で思考と行動がおこなわれるということ」の重要性が指摘されている、と言われる。(7)したがって、清水の「精神的貴族」論で特に注目すべきは、清水に批判的な各論者がこぞって言及するオルテガ・イ・ガセットの思想ではなく、清水がその名前を挙げずに心に秘めている丸山眞男のこの思想なのである。つまり、清水が引用するオルテガ・イ・ガセットの言葉の影に、丸山の姿が隠されているのだ。

丸山の重視する「自立性」の獲得を目指す「精神的貴族」とは、まさに清水の注目する「敢えて自分に高い要求を課」す「貴族」にほかならない。そして、「『大衆』に『貴族』であることを要求する」とは、「大衆」が自分に高い要求を課すことによって「自立性」を獲得するように要請されることを意味する。しかし、民主主義の土台である「大衆」＝「庶民」ほど、「精神的貴族」となるのに必要な主体性と無縁なものはない。丸山は、そのような要請が実現する可能性を見つめているのに対し、清水は内心で「それが不可能」であると考えている。「『精神的貴族』であれ」と要請することは、丸山自身が認めるように「危険」なことであるが、その「危険」が現実のものとなった時に、清水の言う「『大衆』に向って『(精神的) 貴族』への服従を要求する」という最悪の事態が惹起してしまうのである。「世間」に生きる「庶民」を愛する清水にとって、「大衆」に「『精神的貴族』であれ」という「人間的自然」に反する要請をすることは、まさに支配 - 服従関係の強化という災厄を招くことになるのである。ここに、小熊英二の言うように、「自己を高みにおいて抽象的な理念を説き、庶民の姿勢を批判する」知識人への清水の反発を見出すこともできよう。ありのままの「庶民」=「大衆」を愛した清水は、「『精神的貴族』であれ」と要請する正系知識人（東大教授）たる丸山に、憧れつつも、同時に激しく嫌悪したのである。

つまり、市井や川本が論じるように、清水の『倫理学ノート』の「余白」のみが単独で「不吉なもの」なのではない。「ラディカルな精神的貴族主義がラディカルな民主主義に結びつくこと」が殆ど期待できない現状では、「（精神的）貴族が大衆に服従さえ求める」ことになるから、清水の『倫理学ノート』の「余白」と丸山の『日本の思想』の末尾が、互いに結合して「不吉なもの」を招き寄せるのである。

清水は、そのペシミスティックな予言と言うべき「貴族」論を「余白」に示すにあたって、明らかに憧れと嫌悪の対象である丸山が記した『日本の思想』の末尾に付された「精神的貴族」論を意識している。清水と丸山は互いに両者の言説を意識し合い、はっきりと明示することなく自分自身の著作に反映させているのだ。

例えば、杉山光信は言う(8)。「丸山眞男はもともと個人的なことについて語らぬ人であったはずだが、なぜかこの数年丸山の書くものには、かれの個人的な体験をふりかえったものが多い。……／丸山が過去の個人的な体験について語るのは、かれなりの現状についての判断と、それにもとづく積極的な発言、もっとはっきりいって、ひとつのポレミークを意図してのことであるように思える。だれにたいするポレミークか。いうまでもなく、この数年目立ちはじめている『日本』回帰の論者たちへの、である。とくに照準をあわせるのは『戦後を疑う』の著者にたいしてだ。『治安維持法というものはそんなに悪法ではなかった。治安維持法で死刑になった者は一人しかいなかったではないか』、だから、『治安維持法だけを見たら、それが万悪の源であるようにいうのは、戦後の共産党をはじめ左翼インテリの宣伝で、実際にはそれほど悪法ではなかったし、政府の立場に立てば一種の正当防衛だという人がいる』……、清水幾太郎の議論を丸山はこう要約しておいて、反撃する」。確かに、丸山は清水に「反撃」する。しかし、清水の議論は強力である。「精神的貴族」=知識人の治安維持法に関する恐怖体験の意義が、ありのままの「大衆」=「庶民」の有する健全な(?)「共通感覚(常識)」によって全否定されていくのだから。周知の丸山の名文句をもじって言えば、丸山は「治安維持法によって護られてきた大日本帝国の実在よりも、清水が疑う戦後民主主義の理念に賭ける」と言って、啖呵を切ることも可能である。しかし、「反撃」がこのような「賭け」である以上、その「賭け」は勝つこともあれば、負けることもあるのである。

その「反撃」の内容は、ここでは述べない。今は、清水の『戦後を疑う』における治安維持法肯定論に、丸山が「反撃」しようとしている事実だけを確認しておけばよい。それなら、逆に、『日本の思想』における「精神的貴族」論に、清水が「反撃」して、『倫理学ノート』の「余白」で「(精神的)貴族」に関する「不吉なもの」を予言しても当然ではないだろうか。丸山と清水は、第二次世界大戦の敗北直後に行なわれたいわゆる「主体性論争」で激論を闘わせているが、丸山の「精神的貴族」論がその「主体性」を重視する見解の延長線上に位置している以上、「主体性」の意義を拒否する清水が、丸山の要請が「(精神的)貴族」が「大衆」への服従を求めるという「不吉なもの」を惹起させることを示して、「反撃」していることは理解できるのである。このように、「治安維持法」論および「精神的貴族」論の双方において、清水幾太郎と丸山眞男は、「攻撃」および「反撃」の関係においてポジとネガの関係にある。このことは、まさに「丸山眞男‐清水幾太郎問題」が重要なイシューであることを雄弁に物語っている。

実は清水自身が、ずばり「精神的貴族」という言葉を用いているのだ。『倫理学ノート』の冒頭近く、D・H・ロレンスについて論じた箇所で、G・E・ムア、B・ラッセル、J・M・ケインズ等の「ブルームズベリー・サークル」という「閉鎖的グループ」に属する人々がロレンスにとって「精神的貴族」であったという文脈で、それは用いられている。清水によれば、ロレンスはその「精神的貴族」たちを憧れつつも同時に憎んでいたのであるが、「精神的貴族」に対する両価的な感情は実は下町出身の知識人である清水自身の丸山に対するものでもあったのである。

清水は同書の五頁以下で次のように言う。「ロレンスの前にあったのは、精神的貴族の閉鎖的なグループであり、一つの文明であり、高い塔であった。……〔そのグループに属したり周囲にいたりした〕ムアたちが価値の世界を守るために放逐した自然的なものと、〔やはり『精神的貴族』のグループと見なすことができそうな『ヴェーバー・クライス』を主宰した〕ヴェーバーたちが科学の世界を守るために放逐した価値とは、次第に近づいて、やがて、一つに融けて行くように思われる。この一つのもの、すなわち、倫理学からも経済学からも締め出されたもの、それは、どこかで、人間の野性的なエネルギーと結びついている。そして、それが、倫理学にとっても、経済学にとっても、タブーなのであろう。それは、捨てられたものであり、野放しにされたものである。私は、取敢えず、それを生命と呼ぶ」。下町出身の「一匹狼」の知識人である清水にとって、いわゆる「丸山学派」も「精神的貴族」のグループと映ったのかもしれない。ともあれ、「性」を語ることで「生命」を讃えたロレンスと清水が一致して「精神的貴族」を憎んだのは、「精神的貴族」たちが、その「生命」を捨て去ってしまったからである。もちろん、「生命」とはまさに「有機体」である。そして、清水の言う「生命」をモデルとする歴史や社会の「有機体説」こそ、「精神的貴族であれ」と説く丸山にとって最大の「敵」なのである。清水は「庶民」が発する「野性的なエネルギー」を心から愛したが、M・ヴェーバーの「責任倫理」の立場を重視する丸山は、その「野性的なエネルギー」を「強靱な自己制御力」によって冷静に対象化することを「精神的貴族」に求めるのである。しかし、それは清水にとって、「人間的自然」からの背反を意味すると同時に、「生命」の死をも意味する。ムア、ラッセル、ヴェーバー等の「精神的貴族」たちは、こぞってG・W・F・ヘーゲルの弁証法のような「有機体説」を攻撃したが、清水は「生命」=「人間的自然」の立場に還帰し、「有機体説」を肯定するに至る。A・N・ホワイトヘッドはラッセルと協力して『プリンキピア・マセマティカ』を完成させたが、後にしばしば西田幾多郎の哲学と照応すると言われる形而上学の書『過程と実在』等を刊行して「有機体の哲学」を構想するに至る。この、ラッセルの周辺の知識人としては例外的なホワイトヘッドの「有機体説」は、丸山=福沢理論を厳しく批判する藤原保信によって高く評価されているが、ともに「パラダイム転換」の必要性を唱える藤原と清水は、後述するようにジャンバッティスタ・ヴィーコの「アルス・トピカ」を強く支持する点で完全に合致しているのである。われわれは、『倫理学ノート』のヴィーコの思想を肯定的に論じる箇所で、清水が「精神的貴族」という言葉を再び否定的文脈において用いている事実を目撃することになろう。「精神的貴族」という表現は、あまり一般的なものではない。したがって、清水がその表現を何度も繰り返し用いるのは、明らかに丸山の議論を意識してであることは疑問の余地がないと思われる。このように、『倫理学ノート』はヴィーコの「アルス・トピカ」を擁護する書であると同時に、丸山理論の中核に位置する「精神的貴族」を拒絶する著作でもあるのである。議論が少し進みすぎたので元に戻す。

市井と川本は、清水の『倫理学ノート』に付された「余白」に「不吉なもの」の存在を確認した。しかし、『倫理学ノート』の別の箇所に「不吉なもの」の影を見出す庄司興吉は、「近代合理主義の祖デカルトの敵対者ヴィーコにまで遡った」清水の知的営為が、「リベラリズムにも近代ヒューマニズムにもデモクラシーにもとどまらず、どこまで遡るとも知れぬ日本的伝統に回帰していくのにほとんど戦慄を覚える」と記している。(9) つまり、清水の『倫理学ノート』は、G・ヴィーコの「アルス・トピカ」の理論篇であり、治安維持法肯定論を展開した『戦後を疑う』はその「アルス・トピカ」の日本近・現代史への応用篇なのである。その意味については後に詳論するが、実際、『倫理学ノート』は、その「余白」ではなく、「ヴィーコ論」こそを注目すべきであるという指摘がなされている。

例えば、林達夫は久野収との対談『思想のドラマトゥルギー』において、「今度の彼の仕事はいい、『思想』に連載している『倫理学ノート』。あれは近来まれにみる、読みごたえのある好エッセーだ。彼のモニュメンタルな作品になることはもう目にみえているね。ことに感心したのは、ヴィーコのくだり、アッと思ったね。目の覚める思いだった」と語っている。(10) 上村忠男も次のように証言する。(11)「倫理学の危機、というよりは経済学に代表される現代の社会科学が倫理の問題に関して行き当たっているアポリアをめぐっての清水幾太郎氏の苦渋に満ちたノートの『思想』誌における連載が始まり……、やがてその途上で氏もまたヴィーコとの決定的な出会いを体験されることになるのである……。清水氏は『われらの時代の学問方法について』を一九六五年に出た英訳本で読んでおられたのである。この氏の『倫理学ノート』はわたし自身の学問的関心とも深く触れ合うものがあり、二年有余に及んだその連載を毎回心待ちにしながら追うなかで折り折りに心底からこみ上げてくるのを覚えた感動のことは現在でも記憶にみずみずしい」。丸山の「精神的貴族」論と闘うための書という一面があると言っても過言でない清水の『倫理学ノート』は、かくして、その「闘い」という重要な役割の遂行をロレンスとヴィーコに託しているのである。

清水にとってのG・ヴィーコこそ、「丸山眞男 - 清水幾太郎問題」を主題化しようとする本書にとって、二人のキー・パーソンのうちの一人である。残るもう一人のキー・パーソンは丸山にとっての福沢諭吉であるが、福沢には、もう少し後になってから登場してもらう。

清水が『倫理学ノート』で描いたヴィーコは、上村には「感動を与えるもの」であったが、庄司にとっては「戦慄を与えるもの」だったのである。この二面性は、丸山と清水が論じた「(精神的)貴族」が「魅力あるもの」であると同時に、「不吉なもの」であることに、順接的にではなく逆接的に結びついているのである。それは清水の言う「大衆」あるいは「庶民」についても、まったく同様である。

二 「市民」と「庶民」の相剋

しかし、「丸山眞男 - 清水幾太郎問題」の意義を正確に認識することは困難である。ここでは、丸山の言う「市民」と清水の言う「庶民」を比較検討した松本三之介の分析を見ておこう。松本は、主体性論争と関連づけて、当時の丸山と清水の問題意識のズレを鋭く指摘する。(12) すなわち、丸山が「無自覚な民衆が自覚的な知識人の側に近づくこと」を求めたのに対し、清水は「知識人の方から民衆の側に近づくことの必要性」を説き、「民衆が生活を通して体得した経験や思考や情念の中にこそ生きた思想の力がある」ことを強調した。松本は、「これまで知識人の間で共有されていた『思想』についての観念の転換」を促す清水の論文「匿名の思想」に着目し、その内容を次のように的確に要約する。「思想にかんする従来の観念は、まず特定の思想家の名前と結びついた観念のシステムを意味し、そこで前提とされている考えは、論理的整合性をもった観念だけが人間の心にくい入り、人間を行動に向かわせることができるという考えであった。しかし、それは『愚かなる誤解』である。現実の世界で思考し生活している国民の行動を内側から支えているのは、特定の思想家によって形づくられたものではなく、むしろ民衆が日常生活のうちにおいて信じているものにほかならない。それはいわゆる思想としての自覚を欠いており、論理的整合性などとは縁のない『一種の気持として国民の行動の中に生きている』ものなのだ。……この『匿名の思想』は、敗戦までの国家権力と結びつき、伝統と権威によりかかりながら体制的原理の土壌を形成していた。そしてこの国家の権力と権威は、たしかに敗戦によって一応破滅し、『匿名の思想』は四散した。しかし、民衆の心をとらえ、彼らをその内部からつき動かす新しい思想が今にいたっても一向に芽生えようとしないために、一度四散した『思想』の破片は、もとの関連を求めながら、再び相寄って『匿名の思想』の形成に向かいつつある。ヒューマニズム論とか主体性論とかに代表されるような思想界の動きは、このような現実の国民の世界の『思想』の渇きに、一顧も与えようとしない。その意味で、救いがたく空しいものと言わざるをえない」のである。もちろん、松本の言うように、この論説で清水が「かつての超国家主義を支えた国民の伝統的意識や伝統的観念の克服」に戦後思想の課題を設定している点では、丸山の問題意識と何ら変わりはない。ただ、清水によってここで問われているのは、「日本の知識人が、戦後思想のこの課題を果たすに際して、合理的に思考し、判断し、そして行動する理性的人間を広く国民に要求し期待する、その姿勢、その接近方法の現実性・有効性の問題であった」のであり、その現実性・有効性の評価の相違が、清水と丸山の主体性論争における立場の対立を招いたのである。松本によれば、主体性論について、「科学のみが人間の行動を左右するとする見方を『無意味な傲慢』としながらも、同時に他方では行動の根源をすべて『主体性』という言葉によって科学的に対象化・客観化の外におき、これを『神秘』にゆだねるような態度には批判的な立場を示した」清水は、その「科学も主体性も共に実体化せられてはならぬ」という主張からも明らかなように、「人間の行動の根源には、さまざまな欲求や感情や伝統などの非合理的要素が大きな役割を果たしている点を十分に認めながらも、しかもそれらを突き放つことなく、これら人間の内部を充たす非合理的なものをあくまで凝視し、これら一切を摘出し、そして客観的対象として追跡する強靱な精神態度の重要性を力説」したのであった。

さらに、松本は続ける。清水が民主主義の「主人」と考えているのは、言うまでもなく「庶民」――人間の日常生活と深く結ばれ、人間の持つさまざまの欲求と離れ難い市井のひとびと――であり、その願望や欲求や関心によって形づくられるところの「匿名の思想」であった。「選挙制度や政党や世論調査など、知的に整理され、抽象化され、工夫された民主主義制度によってはすくい上げることのできない、素朴で直接的な、民衆の関心や欲求や願望のなかにこそ、真の民主主義にとって追求すべき人間的価値がある」とする清水に対して、丸山は、「それはそのままの形では決して民主革命と結合した新しいナショナリズムの支柱とはなりえないことは明白である。なぜなら、まさにその醗酵地である強靱な家族主義的社会構成とそのイデオロギーの破壊を通じてのみ、日本社会の根底からの民主化が可能になるからである」と主張する。

しかし、松本は、少なくともこの時点においては、丸山と清水の問題意識の「違いをあまりに強調することは正しくない」と言う。その理由を、松本は、次のように説明する。清水も丸山も「戦後の民主主義が占領軍の民主化政策を媒介とする『外から』のそれであったという認識においては、まったく一致していたからである。制度としての民主主義、あるいは手続（『政治のやり方』）としての民主主義にたいして、むしろその根底となる精神（『心のもち方』）としての民主主義、あるいは『社会生活のあり方』としての民主主義を、両者はともに求めていた」からである。つまり、別言すれば、「制度としての民主主義が、いわば形式化され客観化され合理化された民主主義であるのにたいして、ここで問題とされていたのは、いずれもそのような『民主主義』に生命さえ与える主体ないし人間の追求であった」のであり、そのような「人間」を、清水は「庶民」に期待し、丸山は「市民」に求めていたにすぎない。

「匿名の思想」と「庶民」の結びつきを鮮やかに分析しながらも、この松本の結論は誤っている。坂本多加雄は、丸山の言う「市民」にはいわゆる「人格主義」にとって人間としての理想像に通うものが響き合っているのではないかと問いかけた後に、次のように論じている。[13]「清水は、彼の立場から『主体性』を論じた文章で、人間が追求する価値ないしその条件となるものとして、『伝統の広く且つ強い内面的統制力』と『人間が有機体として持つてゐる暗い自発性』としての『自然的欲求』を挙げている……。清水は、それに対して、……不特定多数の人々を事実として拘束している名状しがたいものという意味を込めて、『匿名の思想』という名称を与えた。……清水は、特に有力な『匿名の思想』として、『民族』の観念に言及し、これを『利用』するか、あるいは『ねぢ伏せられるか』という判断、すなわち、『人間の合理性の判定、従つて深層へ入り込むための通路の選択』は状況によると述べ、それは、たとえば船員の反乱が起きるのが『陸上』なのか『海上』なのかでその対処が異なり、前者では『説得と教育』が、後者では『鉄砲』が必要とされるのと同じだとして、あたかも謎をかけるように、『仮に現在は陸上にゐるとしても、やがては海上に乗り出すであらう』と締め括っている」。松本が見逃したのは、啓蒙思想特有の「明るさ」を帯びた「市民」ではなく、「庶民」のみがこの「暗い自発性」に「ねぢ伏せられ」かねないという現実である。

丸山の言う「市民」も、清水の言う「庶民」も、「大衆」の一員であることに変わりはない。しかし、「市民」が「社会」に住む存在であるのに対し、「庶民」は「世間」に暮らす存在である。「社会」は福沢諭吉（および彼のごく近くにいた知識人たち）が苦心して造語した比較的新しい概念である。それに対して、井原西鶴の浮世草子が『世間胸算用』と題されていることからも明らかなように、「世間」は昔からある言葉である。それは、阿部謹也や養老孟司によって最近再び注目を集めつつある。反原発の運動に「市民」が参加したとは言うが、運動に「庶民」が参加したとは普通は言わない。江戸の下町の長屋に「庶民」が暮らすとは言っても、長屋に「市民」が住むとは普通は言わない。[14]

「丸山眞男が終生敬愛してやまなかった音楽家は、作曲家のベートーヴェンと指揮者ヴィルヘルム・フルトヴェングラーであった」と記す東京大学法学部丸山ゼミ出身の中野雄は、「……リハビリ中の丸山を見舞ったのがフルトヴエングラー急逝のニュースである。……その年の春、友人とお見舞いに療養所を訪れた私に、開口一番、『ヨーロッパに行く楽しみの最大なるものが無くなったなあ――』と話しかけて来た丸山の無念そうな顔つきと口ぶりを忘れることができない」と回想している。[15] 他方、「清水ゼミの卒業コンパの時は、……先生は必ずフィナーレに映画『愛染かつら』の主題歌『旅の夜風』を……送別のために歌ってくれた」と記す学習院大学政経学部清水ゼミ出身の松本晃は、「清水研究室の夏祭り……や忘年会には、時々俳優で歌手の鶴田浩二も姿を見せていた。……先生は鶴田浩二の持ち歌である『傷だらけの人生』……が好きだったので、パーティーでは鶴田浩二はかならずノーギャラでそれを歌った」と回想している。[16] もちろん、フルトヴェングラーが好きな存在が「市民」であり、鶴田浩二のファンである存在が「庶民」である、などと断定することはできないであろう。しかし、理念型的に一般化して言えば、「世間」に暮らす「庶民」が愛するのは、「旅の夜風」や「傷だらけの人生」のような演歌であり、「社会」に生きる「市民」が好むのは、フルトヴェングラーが指揮をとるベートーヴェンの楽曲である、と考えることは許されると思う。清水は自分自身を「庶民」と見なしているが、彼の愛する「旅の夜風」や「傷だらけの人生」には「人間が有機体として持つてゐる暗い自発性」が深く反映しているのだ。そのような「暗い自発性」は、原則として「市民」とは無縁である。だからこそ「市民」は、たとえその可能性が大きなものではないにしろ、そのような「暗い自発性」を振り払って、「精神的貴族」となることが論理的には可能なのである。しかし、「暗い自発性」に圧倒されがちな「庶民」は、「匿名の思想」によって内側から支えられている存在であるから、その定義上、「精神的貴族」となることは不可能である。あるいは、こう言った方がヨリ正確かもしれない。これまで「傷だらけの人生」を好んでカラオケで歌っていた「庶民」が、もしある日突然ベートーヴェンの偉大さに目覚めて「精神的貴族」になったとしたら、その時、その「庶民」はもはや「庶民」ではなくなっている、と。松本三之介のように、「市民」と「庶民」との「違いを強調することは正しくない」と考えてしまえば、治安維持法で抑圧された「知識人」――「精神的貴族」であろうとした「市民」――の恐怖体験を、「アカ」という烙印を押された人々をあたかも「病原菌」であるかのように厳しく取り締まる治安維持法の役割を「有機体（である人間）」にとって「自然」なものと見なすように機能した、「匿名の思想」に支配された「庶民」の有する「共通感覚（常識）」が失効させていく、という清水の戦略のもつ意味を見失ってしまうことになる。

丸山の言う「市民」と清水の言う「庶民」の近さを指摘する松本の分析は誤っているが、それでも松本が提示する以下のような結論は、清水の『倫理学ノート』と『戦後を疑う』が既に刊行されている今日、松本自身の問題設定を遥かに超え出た重要な論点をわれわれに突きつけることになる。松本は言う。[17]「占領下における民主化政策の進行と戦後体制の整備にもかかわらず、民主化が国家機構の制度的・法的な変革にとどまる」限り、丸山が求めていた「市民」は、「依然として理念であって実在ではない」が、清水の期待する「庶民」は「すでに実在している。いや、遥かな過去から現在にいたるまで実在しつづけている、と言った方が正確」であろう。「しかし、敗戦によって一時四散したこの『庶民』も、『内から』の民主主義がこれを捉えきれないでいるうちに、今や『上から』の権威を媒介として『外から』の『民主主義』に収斂されようとしている。『匿名の思想』に唯一の生きた思想のエネルギーを認める」清水が、「この現実に抵抗を感ずる」のは理解できる。また、丸山も、「この現実の進行を、敗戦によって一時、非政治的な日常現象のなかにアトマイズされ還流した伝統的ナショナリズムが、その精神構造の変革を経ぬままで、『舶来品』としての『デモクラシー』と結びつく過程として理解する以上、同じくこの動向に批判的たらざるをえない」のである。ゆえに、松本は、「両者は、こうした戦後政治の進行に対決する危機の思想家という意味でも、同じ戦線に属したわけである」と結論づける。

しかし、この結論は正しいのであろうか。丸山はまさに「この動向に批判的」であったからこそ、確かに「ラディカル（根底的）な精神的貴族主義がラディカルな民主主義と内面的に結びつく」ことの必要性を力説した。清水にとって、「庶民」にそのような「内面的な結びつき」の獲得を期待することは、理想としても現実を見ても、正しくない。それは、「庶民」に「傷だらけの人生」を歌うことをやめてベートーヴェンの「英雄」を聴けと命じることは、「市民」にベートーヴェンの「英雄」を聴くことをやめて「傷だらけの人生」を歌えと命じることと同様、ともに「リベラリズム」の観点から見て悪しき「パターナリズム」に陥っているゆえに、好ましくないことからも明らかである。そのような「上から」かつ「外から」の命令により「内面的な結びつき」を実現しようとすること自体が、矛盾なのである。しかし、清水から見れば、丸山はそのような矛盾したことを、パターナリスティックに命じていることになる。つまり、「すでに実在している」とされる「庶民」にベートーヴェンの音楽を愛するような「『精神的貴族』であれ」と丸山のように命じることは、清水にとっては、占領権力を媒介とする「上から」かつ「外から」の「民主主義」要求と何ら変わらないものとなる。「『精神的貴族』であれ」と命じることは、その「庶民」にもはや「傷だらけの人生」をカラオケで歌うような「庶民」でなくなるように強制することであり、「素朴で直接的な、庶民の関心や欲求や願望のなかにこそ、其の民主主義にとって追求すべき人間的価値がある」と考える清水の信念の放棄が要求されることである。占領権力であれ、「精神的貴族」の一員である丸山眞男であれ、清水にとって、それが「上から」かつ「外から」の命令であり、強制であり、服従の要求であることに、何ら変わりはない。それは「庶民」にとって不可能なことの命令であり、強制である。そして、「『精神的貴族』であれ」という命令は、まさに「飢餓の恐怖から解放された時代の道徳」である。だからこそ、清水は、丸山を意識しつつ、『倫理学ノート』の「余白」を、「しかし、それが不可能であるならば、『大衆』に向って『貴族』への服従を要求するところから始まるだろう」という「不吉」な文章で締め括ったのである。清水にとって、丸山の要請は、丸山自身が福沢の思想に見出したリベラリズムに明らかに反するものとなり、一種の「哲人王」となった「精神的貴族」が「庶民」に「民主主義を行なえ」と命じるパラドクシカルなパターナリズムの現実化そのものとなる。丸山が表明した「期待」は、「庶民」の思想家である清水にとっては、「大きなお世話」以外の何ものでもない。大久保孝治は、清水の「庶民」は「余白」のどこにいるのか、と問うたが、実はその「問い」は的をはずしており、清水は「庶民」の思想家であるからこそ、丸山の反「庶民」的な「期待」に反発して、「庶民」を擁護するためにその黙示録的な「余白」を書いたのである。

そして、かつて「(戦後民主主義を擁護する)同じ陣営に属した」丸山が求める「理念」としての「市民」を、「学者たちの自惚れ」を批判するG・ヴィーコと運命的な出会いをした清水は、「実在」する「庶民」から撃つことにより、いわゆる「戦後民主主義」の公然たる敵対者へと転向したのである。丸山と清水がともにC・シュミットに着目する「危機の思想家」であるだけに、その対立は、いわば極限まで尖鋭化せざるをえないのである。

丸山と清水の「人間」としての相違は、安保改定阻止運動の敗北において、明らかとなる。「同日深夜零時をむかえた。丸山のほうは『チラッと腕時計を見て、『ああ、過ぎたな』と思っただけ』だったといっている。丸山は、安保条約の通過は短期的な出来事であり、安保改定阻止の運動によって民主主義の定着がなされたという長期的成果に満足したからである。清水幾太郎は喧嘩に負けた口惜しさで泣いた」[18]。小熊によれば、「清水ははじめから『敗北』を予想しており、現実的な成果を獲得することよりも、運動を『美しい』ものとするために『不潔なもの』を叩きつぶすことを優先していた」が、丸山から見れば、清水の在り方は「政治運動を一種の美学とみなす、行動的ニヒリストの姿勢」を示すものと映ったことになる[19]。単純化の危険を恐れずに言えば、丸山にとっては、どこでも感情をあらわにして泣き出す「庶民」の姿は決して理想像ではありえず、他方、清水にとっては、いつでも冷静沈着に長期的成果を検討する「市民」の姿はとても心から愛することができる対象ではなかったのである。

長谷川宏は、「大衆の原像」を強調する吉本隆明と近い立場から、丸山の著作が「庶民」には理解するのが困難なものであることを指摘したうえで、丸山の「内村鑑三が『人類ってのは隣の八っつぁん、熊さんだ』といっている、その意識が本当の普遍です。人類というのは何かこう遠くはるかなところにあるのではなくて、隣にいる人を同時に人類の一員としてみる眼ですね。これが普遍の眼です」という文章を引用し、次のように指摘する。「丸山眞男は、竹内好や長谷川如是閑や村上一郎にたいしては、隣の八っつぁんや熊さんのようにむきあうことができた。が、名もない八っつぁんや熊さんにたいしては、そのようにむきあうことがむずかしかったのではないか。名もない八っつぁんや熊さんにたいしては同じ人類としてむきあうことがむずかしかったのではないか」[20]。丸山が「隣の八っつぁんや熊さんのようにむきあうことができた」竹内好や長谷川如是閑や村上一郎はリベラリズムとかナショナリズムとかいうきちんとした固有の名前をもつ「思想」を語る「市民」である。しかし、丸山が「むきあうことができなかった」人々こそ、清水の言う「匿名の思想」の中に生きる「庶民」なのである。

松本は丸山の言う「市民」と清水の言う「庶民」との比較検討を行なったにも拘わらず、肝腎のこのような「丸山眞男‐清水幾太郎問題」を見逃してしまった。また、笹倉秀夫『丸山眞男の思想世界』と庄司武史『清水幾太郎』は、それぞれ丸山と清水の思想を分析した大著である。(21) しかし、笹倉は丸山の「精神的貴族」論を分析しているにも拘わらず、清水の「貴族」‐「庶民」論との関係については言及せず、また庄司は清水の「貴族」‐「庶民」論は検討しているものの、丸山の「精神的貴族」論との関係については問題として認識すらしていないのである。ともに大変な力作であるだけに、「丸山眞男‐清水幾太郎問題」すなわち「市民‐庶民問題」の重要性に一切関心を向けていないのは残念でならない。

三　パラダイム転換の希望と恐怖

G・ヴィーコが「丸山眞男‐清水幾太郎問題」についてのキー・パーソンであることを、別の観点から証明しておきたいと思う。そのために、丸山眞男と清水幾太郎のそれぞれの批判者の著作に耳を傾けることにしたい。丸山にとっての批判者とは、藤原保信である。

一九一四年に誕生した丸山眞男は、一九九六年に没した。他方、一九〇七年に生まれた清水幾太郎は、一九八八年に生涯を終えた。丸山の没後、一種の「丸山ブーム」とも称すべき現象が起きたが、清水の死後、そのような「清水ブーム」と呼ぶべき現象はまったく現われなかった。しかし、「丸山ブーム」と言っても、それは丸山政治思想史学を賛美するものばかりではなかった。その「丸山ブーム」を構成する様々な言説の中の少なからぬ部分は、丸山批判の言説であった。小林正弥は、実に多様な丸山批判論の分類を次のように試みている。[22] つまり、まず、丸山批判を、内在的批判論と外在的批判論に分け、それぞれに建設的批判論と誹謗論を割り振るのである。この図式によれば、丸山批判の著作である藤原保信の『政治理論のパラダイム転換』は、外在的な批判ではあるが、優れた建設的批判の作品である、ということになる。[23]

藤原は、「丸山の思想的立場は、機械論的自然観、倫理的アナーキー、権力政治観、科学主義という形で、わたくしが本書でむしろ克服……の対象としたそれとおおいに重ならざるをえないように思われる」と記し、機械論的自然観以下の四つの論点に関して、丸山理論を要約したうえで、それに批判的なコメントを付していく。藤原による丸山理論の要約は、コミュニタリアンである藤原のバイアスがかかっていることは否定できないものの、それなりに的確で公正なものと考えられるので、「丸山眞男‐清水幾太郎問題」の所在を確定するためにまず必要な丸山理論の知的地平への定位としても利用することにしたいと思う。

最初に、機械論的自然観の問題について。丸山は『日本政治思想史研究』において、「有機体は自足的全体であつて、一切は有機体の中に自然的に生成する」から、有機体の「外に立ちそれを作り出す主体」は少なくとも第一義的には考えられないと言う。他方、機械は、「本来的にその外に立つてそれを制作しそれを動かす主体」を予想しており、それゆえ機械は「手段として、その主体の定立した目的に従属する」。自然的秩序観は右記の有機体観と、作為的秩序観は右記の機械観とそれぞれ密接な内的関連をもつ。丸山は、「中世思想が統一的全体のイデーから出発せる限りに於てそれは必然に有機体観に近いだけそれだけ、社会の原子的＝機械的構成に本質的に無縁となる」というO・F・v・ギールケの言葉を引きながら、秩序に対する人間の主体性の確立への歩みは、「まさしく有機体観の崩壊に発して機械観の樹立に至つて極まつた」と言う。

このように要約して、藤原は、「われわれが批判したのは、まさしくこのように外に立ち、それを手段として用いる自己目的的な主体性の立場であった。それは自然観との関係でいうならば、かかる主体としての人間を自然の外に屹立させ、自然を客体化しながら、それ自身をまさに機械論的、因果論的に理解し、その有機的連関を破壊しつつ、それを有用性の体系としてのみとらえていく機械論的自然観であった。そして今日のエコロジカルな危機を背景として、人間をいま一度自然内存在としてとらえ返しつつ、生命系を中心に据えた新しい有機体的自然観の可能性を模索したのである」と論じる。

第二に、倫理的アナーキーの問題について。確かに、丸山は、論文「日本における自由意識の形成と特質」において、民主主義革命を完遂し、近代国家を主体的に担いうる精神は、単なる拘束の排除による大衆の感覚的解放からではなく、「どこまで新しい規範意識をいかに大衆が獲得するか」にかかっていると言う。

しかし、と藤原は反論する。「このばあいにもかかる規範意識の獲得は、『理性的に自己決定』をおこないうる主体の形成ということ以上には進みえないのであり、かかる主体によって担われるべき価値の内容は不問に付されているのである。そしてむしろ丸山からするならば、規範（価値）の基準をこのような作為的主体の外的形式に限定することこそ、そして究極的な価値の選択を各人の主観に委ねることこそ、リベラルな社会の要諦であり、かつまた客観的な妥当性をもたしめる所以であったといえる。しかし……、丸山個人やその学問的動機がどうあろうとも、かかる思考が、その社会的結果において、倫理的アナーキーを招来する危険性がないとはいえないであろう。……今日問われているのは、主体的な作為の形式よりもその内容であり、主体の論理を継承しつつ、かかる主体を自然的、社会的連関のうちに位置づけ、それとのよりよき関係を構想しうるような内容の基礎づけであるように思われる」。

第三に、権力政治観について。丸山は「政治学入門」において、「現実の政治は一方の足を権力に、他方の足を倫理に下しつつ、その両極の不断の緊張の上に、進展して行くのです」と論じているが、その政治観は圧倒的に権力としてのそれに集中し、その批判的分析を何よりも政治学の課題としていることは疑いえない。

このように指摘して、藤原は、次のように論じる。「権力が政治の世界の重要な構成要素であることはなに人も否定してないであろう。……しかし政治を本質的に権力の生産と再生産の過程とみるかぎり……、政治学の目的は、かかる権力の分析を通じてその濫用を阻止するための条件を考究することにその焦点がおかれ、かかる権力を通じて実現されるべき目的なり価値の世界は背後に退いてしまっているのである……。いわば権力と倫理（正義）という政治の二つの重要な構成契機のうち、権力としての政治が倫理（正義）としての政治を圧迫し、政治をその目的によって判断するということが相対的に希薄になってしまっているのである」。

最後に、科学主義の問題について。丸山が論文「科学としての政治学」で主張したことの中心は、現実の政治を分析する「現実科学」としての政治学の樹立であり、かつまた「自己を含めて一切の政治的思惟の存在拘束性」を承認しつつ、それゆえにそれを克服しあくまで真理価値に忠実な客観的な妥当性をもつ科学としての政治学の樹立であった。丸山の重視する知的禁欲の論理は、論文「肉体文学から肉体政治まで」に典型的に見られる人間の精神的次元の感性的自然からの機能的自立という問題とも繋がっている。いわば感性的自然から離脱し、それを対象化しうる醒めた精神、制度に埋没することなくそのフィクション性を自覚しうる精神こそ近代的で人間の主体的自律化を担いうるものとされている。

大略、以上のように要約して、藤原は、「これは……、ウェーバーがあの禁欲的カルヴィニズムのうちにみ、ウェーバー自身がその学問的営為のうちに端的に表現した精神に通ずる」と述べ、さらに次のように続ける。「そのような精神は、たしかに普遍的意義と妥当性をもつ近代文化を生みだすものではあったが、それはまた同時に人間の同胞倫理を解体し、自然の有機的連関を破壊しつつ、対象世界の意味喪失を不可避的にともなうものであった」。

このように藤原は、①機械論的自然観を超えて、②倫理的アナーキーを超えて、③権力的政治観を超えて、丸山理論からのパラダイム転換を試みてきた。そして、「これらの転換に関連しそれを支える方法の問題」を最後に論じた。つまり、④近代的な科学主義の克服の問題こそが、上記四つの論点の要石となるのであるが、その要石の中心に位置する人物こそがG・ヴィーコなのである。藤原は言う[24]。

「真偽の二元的分離とそれによる蓋然性の排除は、まったく同様にデカルトにもみられる。すなわち、ホッブズと同じく、これまでの哲学は疑わしからざるもの、論争の種にならぬものは何ひとつ残さなかったと批判しながら、真理をひとつひとつ、疑うべからざる明証的で明晰・判然たる哲学を求めたデカルトは、それゆえにすべての蓋然的な知識を哲学から排除した。……／蓋然性の排除はまた、……他人への信頼にもとづく意見の排除を意味した。……かつてのプラトンと同じく、真知と臆見（意見）がふたたび二元的に分離されたともいえる。……デカルトもまた、たんなる多数者の声は、『真理にたいしては、証明としてなんら妥当しない』といい、むしろそれらをすべて捨て去ることを哲学的推論の出発点としたのである。そして真理は、全民衆によってよりも、ひとりの人間の推論によってのみ発見されうるとしたのである。／このようにして、道徳や政治哲学の領域においてすら、賢慮や意見は、蓋然性たらざるをえない知として哲学的知から排除された。賢慮や意見の排除はもちろん伝統の排除も意味した。政治社会の平和と安定は、伝統、賢慮や共通の意見によってよりも、各人の有する明晰な科学的思考によってのみ保障されるとしたのである。……／ところで、アリストテレスが実践知を賢慮とし、蓋然性を含まざるをえないとしたのは、たんに実践の領域が人間の選択意志にかかわり、善の多様性を前提とせざるをえないという消極的理由からではなかった。むしろそれは、……蓋然的であるがゆえに、他者との対話を通じて確かめられ、よりよきものへとつくり変えられざるをえない性格をもっていたのであり、かかる魂の相互交流こそ共通感覚＝常識を育くみ、固有の意味での政治的空間を可能にするものであったのである。それゆえに、賢慮の排除は、まさにかかる共通感覚の解体を意味し、それによって支えられる政治的、公的空間の解体を意味した。このことをいちはやく洞察し、デカルト的方法にたいして鋭い批判を浴びせたのが、イタリアにおける遅れたルネサンス人のG・ヴィーコであった。ヴィーコは『現代における教育研究の方法について』……において、真偽を二元的に分け、あらゆる蓋然的な知を真理から排除するデカルト的方法（批判的方法とよぶ）を批判しつつ、つぎのようにいっていた」。

このように、丸山政治学批判の著書である『政治理論のパラダイム転換』において、G・ヴィーコの「アルス・トピカ」は最も重要な中心的な位置を占めている。

『政治理論のパラダイム転換』の内容をかなり詳細に紹介してきたのには、理由がある。すなわち、『政治理論のパラダイム転換』の内容を、ある論者が著した清水理論批判の作品『私の社会学者たち』の内容と、比較検討する必要があるからである。ある論者とは誰か。それは、誰あろう、清水幾太郎その人である。清水幾太郎が清水理論を批判する——それは矛盾なのだろうか。否、決して矛盾ではない。L・ヴィトゲンシュタインの前期哲学の最強の批判者が『哲学探究』の著者であるヴィトゲンシュタインであるように、前期の清水理論の最強の批判者は清水幾太郎なのであり、なぜ前期理論を批判しなければならなかったのかを解説したのが清水の『私の社会学者たち』なのである。清水は言う。(25)

「誰でも知っている通り、日本で社会科学と呼ばれているものには、二つのタイプがある。Aタイプの社会科学は、マルクス主義（或いは、マルクス・レーニン主義、或いは、マルクス・レーニン・スターリン主義）の学説である。『科学』という言葉を含んではいるが、通常の科学が専門化の方向へ進んでいるのに対して、Aタイプの社会科学は非常に包括的なものである。それには、マルクスの『資本論』の経済学のほかに、唯物論という形而上学、弁証法という論理学（?）、原始共産主義から将来の共産主義への時間的過程を説く歴史哲学、この過程を推進するための革命的行動の指針、要するに、一切合切が含まれている。……／また、『科学』と名乗っているけれども、通常の科学と違って、それは修正されることを拒否する。科学は、経験の新しい発展によって絶えず修正されて行くもので、そこに科学の価値や光栄があるのだが、Aタイプの社会科学は、マルクス、レーニン、スターリンなどによって既に完成されたと考えられており、これに修正を施そうとするものは、『修正主義者』として非難される」。

清水自身は明言していないが、マルクス主義の立場から既存の社会学を撃つ清水の処女作『社会学批判序説』は、このAタイプの社会科学の典型である。

「Bタイプの社会科学は、右のようなAタイプの特色に不満を感じ、それへの批判として出発したものである。多くの場合、それは『近代的』……という形容詞を伴い、それによって、一九世紀風のAタイプから自己を区別している。Ａタイプのモデルが古いキリスト教のドグマであったのに対して、Ｂタイプのモデルは、ニュートン力学に代表される近代の自然科学であり、時には、数学や論理学である。／その出発点は健康なものであった。ところが、肝腎の対象である社会生活が、数学や論理学の世界と違うのは固より、物理学や科学の世界とも根本的に違うところから、右のようなモデルに接近しようとすればするほど、或いは、近代科学としての体裁を整えようとすればするほど、社会生活の実質を切捨てて行くことになる。／スマートな演繹的体系を作り上げようとすると、うまく数量化やフォーマリズムの枠に嵌まらない諸要素――それが人間にとって如何に重要であっても――を社会科学の外へ放逐しなければならない。Ａタイプで、現実の犠牲においてドグマが守られることがあるのとは別の意味で、Ｂタイプでは、現実の犠牲において科学の形式が守られることが多い」。

清水によれば、清水の著作『現代思想』（上下二巻）は、このＢタイプの社会科学を擁護するものである。

「〔『現代思想（上下二巻）は、〕手前勝手な方法で二十世紀思想の概観を企てたもので、今世紀初頭のモダン・アートやニーチェから始まり、一九三〇年代のナチズムや人民戦線を経て、一九六〇年代の電子計算機やレジャーに及んでいる。ところが、それが必ずしも私の意図ではなかったのに、上下二巻が出来上ってみると、その全体が、前に述べたＡタイプの社会科学に対する批判になっている。それと同時に、Ｂタイプの社会科学の擁護になっている。書いているうちに、自然に、そうなってしまった。そうなっては困る……」。

その『現代思想』（上下二巻）というＢタイプの社会科学から、清水が自分自身を引き離すために書き始めたのが『思想』に連載された「倫理学ノート」なのである。そして、その『倫理学ノート』において、その存在が最も輝いているのが、林達夫や上村忠男が指摘したように、Ｇ・ヴィーコなのである。ヴィーコは、Ｂタイプの社会科学を批判する、Ｃタイプの社会科学の栄光ある先駆者として描かれている。清水は言う(26)。

「昭和四十四年頃であろうか、或る日、突然、彼〔ヴィーコ〕が私の前に現れた。そうなった事情の大半は、『現代思想』（上下二巻）を書いた時の経験にあるように思われる。……／ところが、〔『現代思想』の〕叙述が進むにつれて、どうしても合理的なものが中心を占め、非合理的なものの影が薄くなってしまう。……非合理的なものを表現の軌道に乗せようと努力し、乗せた心算でいながら、それが何時か滑り落ちている、そういう経験を重ねているうちに、上下二巻が出来上ってしまった。出来上ると同時に、滑り落ちたものを救い上げようというのが動機の一つになって、新しい仕事を考え始め、それが、……『倫理学ノート』として、……『思想』に連載されることになった。／連載は、十九回……続き、後に『倫理学ノート』……という単行本として出版されたので、或いは御承知の方もおられると思うが、ムア……に始まる二十世紀の倫理学の批評から入って行ったのは間違っていなかったが、そのうち、新古典派の経済学に対する不満を述べ、ラッセルや前期のヴィトゲンシュタインの分析哲学に対する一種の憤りを表明しているうち、憤りは、数学を一切の学問のモデルにしたデカルトに向けられるようになった。／デカルトは一六五〇年に死んでしまったのに、三百年後の私たちは、まだ彼によって支配されている。……『倫理学ノート』を書き綴って行くに従って、私は、時々『デカルト野郎』と叫びたくなった。本当は、デカルトが悪いというよりも、デカルトを祭り上げた連中が悪いのかも知れないが、数学を一切の学問のモデルと見て、あらゆる問題の研究に数学的厳密性を要求するのが、どんなにナンセンスなことか、遠い昔のアリストテレスさえ、『ニコマコス倫理学』の劈頭に、『教養ある人だということは、問題の性質が許す程度の厳密性を各領域に求めることで判る』と言っているではないか。見境もなく高度の厳密性を求めて行くという態度であれば、なるほど、人間の内外に亙る物的条件の研究は進むかも知れないが、人間という複雑で曖昧なもの、そういう人間が作り出す歴史という捕らえどころのないリアリティ、それらは、最初から学問の対象としての資格を失うであろう。数学の理想や方法を人間の世界に持ち込んだ場合に得られる厳密性の外観という栄光と、それによる人間的歴史的な実質の喪失という犠牲とは、新古典派や分析哲学を見れば明らかになることである。／デカルトおよび彼の追随者に対する憤りが烈しくなった頃、残念なことに、何が機縁か忘れてしまったが、ヴィーコがデカルトの最大の敵であるということを知った。ヴィーコがデカルトの敵であるならば、ヴィーコは私の味方ではないか。右のような経緯で、私は慌ててヴィーコの勉強を始めた」。

かくして、「ヴィーコに夢中」になった清水は、ヴィーコの「ガムシャラな勉強を続けて、『思想』に連載した論文に基づいて『倫理学ノート』を完成させた」が、その主人公の一人は疑問の余地なくG・ヴィーコなのである。徳永恂は、ヴィーコの「アルス・トピカ」によるデカルト批判で最大のクライマックスを迎える『倫理学ノート』を「人間的自然の理論」と捉えて、そこに一貫して見出される特徴を、左記のように総括する。(27) すなわち、『倫理学ノート』に一貫しているのは、「第一に、人間的自然の恢復への要求であり、第二に、人間的自然の理論のために、従来のハードな科学概念（イ）ウェーバーの『価値判断排除』、（ロ）ムアの『自然主義的誤謬』の排除、（ハ）厚生経済学における『効用の個人間比較』の排除、（ニ）論理実証主義における『ナンセンスな命題』の排除、といった四つのタブーにおいて典型的に表現されるデカルトの科学理念）への批判ないし寛容の要求であり、第三に、欲望や幸福といったことがらを扱うに相応しいソフトな科学概念の準備と、そのための道具立ての工夫（帰納法の復権、有機体モデル、連続性の原理、レトリックの重視等）への要求である」と。

盛山和夫は、清水の『倫理学ノート』に関して次のように記す。(28)「倫理学の低迷、というよりもむしろ、規範的なものを支える倫理的な後ろ盾が欠けているのではないかという感覚、これはおそらく、マルクス主義と近代主義の二つの巨大理論の信憑性が失われ、倫理学に希望を求めてもそこに求めるものがないことを確認したときに生じた感覚だったろうと思われる。……実際、当時の倫理学・道徳哲学は二〇世紀に入ってからの長いまどろみの中にあったのだ。（ロールズはまだ清水に知られていなかった。）……二〇世紀前半は、マルクス主義のほか、国家主義、ファシズム、あるいはさまざまな文化を背景にしたさまざまな倫理思想が競い合った時代である。たとえばマルクス主義であれば、歴史変革のための運動に献身することが倫理にかなったことだと考えた知識人は少なくなかった。……これらはそれぞれのしかたで『望ましい社会とはどんなものか』についても、強烈な主張をなしていた。ある意味で、今日、正義や公共性として論じられている事柄が、そうした諸思想で代表されていたのだ。しかし、第二次大戦後、とりわけ一九六〇年代には、それらのほとんどは信用を失墜していくことになる。ただ、そうした時代においても、功利主義を中心とする伝統的な道徳哲学・倫理学だけは、戦争や革命騒ぎの熱狂に巻き込まれることなく、アカデミズムの世界で生息し続けていた。清水が失望したのは、その倫理学である」。

「筆致が明るくない」とされる『倫理学ノート』は、マルクス主義というAタイプの社会科学と、ムアの『倫理学原理』のような（必ずしも功利主義ではないかもしれないけれども）「アカデミズムの世界で生息し続けていた」Bタイプの近代主義的な社会科学の双方への清水の深い失望から生まれたのである。その失望の深さこそが、G・ヴィーコの「アルス・トピカ」に代表されるCタイプの社会科学を提示することで「人間的自然」の恢復を高らかに謳っている筈の『倫理学ノート』に、「不吉なもの」という印象を強く与えることになる。

それでは、藤原による丸山理論批判と後期清水による前・中期清水理論批判がかなりパラレルな議論を展開していることが確認されたとしても、丸山理論は、本当に清水が批判すべきBタイプの社会科学であったのだろうか。この点については、確かに藤原理論ではそう理解されているが、雑誌『リヴァイアサン』に拠る政治学者の大嶽秀夫はそれに「否」という判断を下している。大嶽は言う(29)。「丸山も仮説・理論形成と検証の段階、すなわち具体的な分析のレベルでは、価値判断を排除した客観的態度を貫くべきである、と主張する。丸山の言葉でいえば、『禁欲の精神』が要求されるわけである。……ところが、しばしば指摘されることであるが、丸山自身のファシズム分析には、このレベルにおいてすら極めて価値判断的な態度が認められる。日本の軍国主義者の矮小性といった議論がその典型である。『……一箇の人間にかえつた時の彼らはなんと弱々しく哀れな存在であることよ。だから戦犯裁判に於て、土屋は青ざめ、古島は泣き、そうしてゲーリングは哄笑する』……といった表現には、ほとんど感情的な嫌悪感、侮蔑感が認められる。軍国主義者のイメージに一層の打撃を与えようとする政治的意図があったのではないかとさえ解釈できる。いずれにせよ、政治的思惟の存在拘束性の直截な表出であるか、学問的禁欲を欠いた叙述というほかない。……このように、丸山は、その表向きの主張にもかかわらず、実際の分析にあたっては、この価値判断と科学的客観性の問題をかなり無造作に扱い、『緊張』を経験していないように思える」。

丸山が「夜店」と呼ぶ対象に関するものではあるが、この大嶽の批判は、かなり正鵠を射ていると思う。つまり、丸山政治学は、一方で「Bタイプの社会科学ではない」として大嶽に攻撃され、他方で「Bタイプの社会科学である」として藤原に攻撃されているわけである。このように、正反対の立場の論者から丸山が挟撃されるのは、丸山政治学の有する社会的インパクトの大きさに拠るのであろう。つまり、丸山が大嶽と藤原の双方にとってともに「気になる存在」であったとしても、大嶽は藤原を「敵」とすら認識していないし、藤原も大嶽を「敵」と見なしてさえいない。大嶽にとって藤原政治学は自己の独断を表白するだけの単なる「形而上学的政治理論」＝「検証できない個人の信仰告白としてのイデオロギーの類い」にすぎず、逆に藤原にとって大嶽政治学は自己の理想を提示することのない単なる「実証主義的政治理論」＝「価値を語らないコンピュータに委ねるべき計算問題の類い」にすぎないから、お互いにとって両者はともに「どうでもよい存在」＝「気にならない存在」なのである。信仰告白は科学理論の対象ではなく、計算問題は価値理論の対象ではないから、大嶽と藤原の問題関心は対立することさえできないのである。しかし、大嶽によって「科学」の観点から批判されるとともに藤原によって「価値」の観点から批判される丸山政治学はそうではない。ただ、丸山がAタイプの社会科学（マルクス主義）とは一線を画すと宣言しながら「禁欲の精神」を主張している以上、それが「夜店」に並んだ商品（研究）で実際に実現しているか否かに拘わらず、そして大嶽が丸山政治学はBタイプの社会科学として失格であると判断しているにも拘わらず、その理論がいわゆる近代政治学に属するものであることは否定できないであろう。この、丸山政治学に纏わりつく「近代的なるもの」こそが、丸山理論がBタイプの社会科学である証しであり、その「近代的なるもの」の前提となる科学観をいわゆる「古代・近代論争」において古代派に与したG・ヴィーコの「共通感覚（常識）」によってパラダイム転換しなければならない、と藤原は確信したのである。

ところで、肝腎のG・ヴィーコの「アルス・トピカ」の内容には立ち入らなかったが、それでも丸山理論を批判する『政治理論のパラダイム転換』と清水理論を批判する『私の社会学者たち』を比較検討すると、興味深い論点が幾つも浮上してくる。まず、丸山の『日本政治思想史研究』や「福沢諭吉の哲学」と学問論の地平で対決するためのキー・パーソンが「デカルトの敵」であるG・ヴィーコであり、清水の『現代思想』(上下二巻)を学問論の地平で克服するためのキー・パーソンがやはり「デカルトの敵」であるG・ヴィーコであったことである。(30) つまり、丸山理論は、清水の言うBタイプの社会科学と完全に一致するわけではないが、M・ヴェーバーの「価値判断排除」の要請を少なくともタテマエとして受容している点等において、かなり大幅にそれと重なり合っていることが分かる。そして、丸山理論が、初期から後期まで原則として一貫している——丸山の「歴史意識の『古層』」で丸山は転向した、と言う論者もいるが(31)——がゆえに、Cタイプの社会科学に拠る藤原がそこからの「パラダイム転換」を唱えねばならなかったのに対し、Bタイプの社会科学を擁護する『現代思想』から大きく「転向」した清水は、Cタイプの社会科学を擁護する書である『倫理学ノート』の観点からそれの克服を試みなければならなかったのである。Cタイプの社会科学に拠りつつ、Bタイプの著作をともに批判する藤原と清水は、機械モデルに対して有機体モデルを擁護し、「曖昧さ」がどうしても纏わりつく「人間的自然」に関わる「蓋然性」を一致して重視することになる。ヴィーコが高く評価されるのは、その点においてなのである。丸山は、石田雄すら丸山の「勇み足」であったと見なす論文「歴史意識の『古層』」を除いて考えれば、「デカルトの敵」である「ヴィーコの敵」であり続けた。他方、清水は、「デカルトの敵」である「ヴィーコの敵」から、『倫理学ノート』において「デカルトの敵」である「ヴィーコの味方」へと転向した。それは「政治理論のパラダイム転換」ならぬ「社会科学のパラダイム転換」である。そして、そのヴィーコの「アルス・トピカ」に拠って、治安維持法を肯定し、戦時中の知識人つまり「精神的貴族」たちの抑圧体験を「庶民」(「世間」)に暮らす「大衆」)の「共通感覚(常識)」で失効させていくのである。清水にとって、Aタイプの社会科学であるマルクス主義やBタイプの社会科学である科学主義を唱える知識人=「精神的貴族」は、「庶民」のもつ「共通感覚(常識)」を尊重しない存在であり、「世間」という有機体的秩序に害をなす厄介者なのである。

このことを逆から言えば、丸山は、清水の『倫理学ノート』のみならず、藤原の『政治理論のパラダイム転換』をも、治安維持法肯定論に至りかねない危険な書であるとして、「反撃」できることを意味する。そう考えると、大嶽による丸山批判を一応捨象するならば、丸山理論と藤原理論はまさに異なったパラダイムの理論であり、互いにポジとネガの関係にある両者の優劣はつけられないことになる。小林正弥は、藤原の『政治理論のパラダイム転換』は、丸山理論に対する外在的な建設的批判の書と特徴づけたが[32]、藤原自身が「パラダイム転換」という言葉を用いていることが象徴するように、「建設的」というプラスの評価を示す形容を安易になすこと自体が、本当は許されないのである。藤原と同様、コミュニタリアニズムを支持する小林の観点からすれば、それは「建設的」批判かもしれないが、G・ヴィーコの「アルス・トピカ」が治安維持法肯定論に用いられたことを重視する庄司興吉の立場からすれば、藤原の主張は「破壊的」批判と言うことも可能なのである。藤原が注目するヴィーコの「共通感覚（常識）」は、確かに「魂の相互交流」による同胞倫理を可能にして倫理的アナーキーの出現を妨げる順機能を果たすかもしれないが、他方、それは戦前・戦中の共産主義者や自由主義者のような思想的少数者の首を締める「真綿」のような逆機能をも果たすのである。したがって、杉山光信や庄司興吉の視座からすれば、清水の『戦後を疑う』と同じような治安維持法肯定論に至りかねない藤原理論から絶対に治安維持法肯定論に行き着くことのない丸山理論への「逆パラダイム転換」こそを、小林とは逆に、「建設的」と評価することもできるのである。ここに、われわれは、「丸山眞男－清水幾太郎問題」の一つの最も重要な現われを見出すことができよう。

四　「思想家」＝「哲学者」同士の対決

少し議論が先走ったが、G・ヴィーコが「丸山眞男－清水幾太郎問題」のキー・パーソンの一人であることは確認できた。それでは、その「問題」のもう一人のキー・パーソンである福沢諭吉にここで登場してもらうことにしよう。丸山は『「文明論之概略」を読む』の「まえがき」で次のように記す[33]。

「かつて服部之総が『主体的に云ってみて福沢惚れによって福沢の真実には到達できない』と喝破したことがある……。善い哉、言や。服部の言葉はもうすこし一般化すれば、M・ヴェーバーのあの著名な、社会科学的認識の客観性と価値判断、の問題に行き当るだろう。私は彼の言葉には一理も二理もある、と思う。けれども果してその反対のことはいえないだろうか。惚れた恋人には『あばたもえくぼ』に映る危険は確かにある。しかし、とことんまで惚れてはじめてみえてくる恋人の真実……というものもあるのではなかろうか」。また、同書「第一講」では、次のように語っている。(34)「ともかく福沢を読みはじめると、猛烈に面白くてたまらない。面白いというより、痛快々々という感じです。そういう感じは今からはほとんど想像できないくらいです。とくに『学問のすゝめ』と、この『文明論之概略』は、一行一行がまさに私の生きている時代への痛烈な批判のように読めて、痛快の連続でした。……ともかく、少なくとも戦争が終るときまでに、日本の思想家のなかで自分なりに本当によく勉強したなと思えるのは、さきほどの荻生徂徠とこの福沢諭吉だったというわけです。……／〔白柳秀湖は〕『〔荻生徂徠と福沢諭吉は〕その哲学に於いても、史学に於いても、両者の間には、目に見えぬ太い、不朽の思想的連鎖で、しっかりと結びつけられて居る。……徳川氏以降の日本思想史は徂徠に精通し、福沢に暁達すれば、その間はたしかに飛び越してもさしつかへない』〔と書いている〕。……すくなくとも徂徠と福沢に精通すれば、その間はとばしてもよいとは思いきったことを言った物です。私などはとてもそんな大胆な主張はできない〔が〕、……『よくぞ言ってくれた、ここに同志がいた』という気持ちで、大いに意を強うしたのも事実です」。

このように、「福沢惚れ」を公言する丸山に対しては、その福沢論が政治思想史学の「学」の枠内に収まりきれていないという批判が投げかけられることになる。例えば、丸山が「がんばれ家永君」というエッセー等で教科書検定裁判を闘っている孤高の姿にエールを送った家永三郎も、「丸山の福沢論は福沢をかりて丸山の思想を展開したものだ」という判断を繰り返し示しており、丸山著作集の解題を担当した丸山門下の飯田泰三も『「丸山諭吉」』をめぐるいくつかの光景」と題した文章を公表している。(35)飯田いわく、「丸山の福沢論は、どこまでが諭吉の客観的な像で、どこからが丸山のいわば『読み込みすぎ』の像なのか、という疑問にたえずさらされてきた。彼の福沢論が『丸山諭吉』だといわれるゆえんである」と。

丸山の福沢論を批判する急先鋒である安川寿之輔も、飯田の「丸山諭吉」という表現に注目しつつ、丸山は「理想像」としての福沢を「読み込みすぎ」ているため、丸山の政治思想史学は福沢をめぐって「学」としては破綻している、と断罪している。[36] 丸山の徂徠論もそれが丸山の問題関心に即してストーリーが「構成」されたものであることがしばしば指摘されている。「理想像」としての徂徠をめぐるストーリーを「読み込みすぎ」る場合、その「構想」は、子安宣邦によって「メタ・ヒストリーの虚構」として、やはり「学」の枠内を逸脱したものとして指弾されることになる。[37] すなわち、子安は、丸山が、徂徠を「公的＝政治的領域と私的＝個人道徳的領域の分岐、そして道（規範）の政治への昇華によって私的内面的領域の規範よりの解放」というストーリーに読み込むことを痛烈に批判し、また、徂徠の聖人観を介して「自然的秩序思想の解体を通じて作為的秩序思想の確立」と読み取るその「読み」を齎す「メタ・ヒストリー」を、思想史の虚構として断罪するのである。

黒住真も、「丸山の構図は内容的には、朱子学を、近代へのプロセスにはとうてい関わるはずもない否定的なものであるとし、それを〝旧体制〟としての徳川体制に押しつけたものであった。そして、それを、より近代に近くそして『日本的』な思想（と彼が潜在的に考えた）古学・国学が転倒し、そのことによって初めて近代が準備された、というストーリーを彼は描いた」と述べ、そのストーリーによって「投げ込まれるその還元的な視点は、つよい発見の機能を果たすだろうが、しかし同時につよい隠蔽の働きもする」と指摘している。[38] それは、もちろん、丸山の福沢論にも妥当しよう。すなわち、福沢諭吉や荻生徂徠を「読み込みすぎ」ることによって完成された「メタ・ヒストリー」は、それが「虚構」となるがゆえに、特定のストーリーの中で強い「隠蔽」の機能を果たしたのではないか、という疑問である。安川や中野敏男が問題にしたのは、まさに丸山の構想した「メタ・ヒストリー」ないし「ストーリー」の中で「隠蔽」されたものは何かということである。そして、その「隠蔽」されたと言われるものは、丸山が見ようとしない福沢の対外侵略肯定思想（安川）であったり、丸山自身の脱亜論的近代主義的な日本特別論としてのナショナリズム（黒住）であったり、やはり丸山自身の「単一民族的」国民総動員思想（中野）であったりする。[39]

もちろん、われわれは政治思想史家ではないので、安川や子安や黒住らの丸山批判が正鵠を射たものであるかどうか判断はできない。しかし、徳川前期において朱子学が「武士身分内に限定すると広汎に普及・受容されていた」ことおよび「幕府権力と結びついて『体制教学』＝『正統イデオロギー』となっていた」ことという、丸山の『日本政治思想史研究』のそもそもの出発点とも見なされる二つの命題が、丸山の担当した講座の直接の後継者である渡辺浩によって明確に否定されている事実を見逃すことはできない。[40] これらの命題は、丸山が「メタ・ヒストリー」ないし「ストーリー」を構想するためにどうしても必要なものなのであったと言えよう。しかし、このことは、逆に、丸山理論を、「朱子学」と対決した存在として構想した「理想像」としての福沢や徂徠を現実の福沢や徂徠に「読み込みすぎ」た結果、福沢や徂徠をいわば「メタ・ヒストリー」ないし「ストーリー」の素材とする、「丸山諭吉」論あるいは「丸山徂徠」論とでも言うべき丸山自身の哲学を積極的に開陳したものとして肯定的に理解することもできると思われる。「丸山眞男－清水幾太郎問題」の展開にとって、好都合なのは、安川寿之輔や子安宣邦が要求するような政治思想史学の対象である福沢諭吉や荻生徂徠の正確な像なのではなく、むしろ「メタ・ヒストリー」ないし「ストーリー」を構想したとされる丸山の問題関心によって「歪められた」（かもしれない）「丸山諭吉」や「丸山徂徠」の姿なのである。したがって、政治思想史家としてのアイデンティティに拘泥した丸山には申し訳ないが、以下では、丸山を政治思想史の学者としては扱わず、「福沢（や徂徠）の言葉を借りて自分の思想を語る」哲学者として理解することにする。「メタ・ヒストリーの虚構」という「弱点」として語られるものこそが、逆に、丸山眞男の「思想」ないし「哲学」を分析する場合には「強み」となる。つまり、政治思想史学者として致命的な「欠点」があるからこそ、丸山には独創的な哲学者としての「美点」があるのである。今後、多用することになる丸山＝福沢という表現は、まさに「丸山諭吉」として合体した存在が肯定すべきものであることを意味している。

「私のヴィーコ」と題された文章で「ヴィーコに夢中になっていた」と語る清水も、「ヴィーコの言葉を借りて自分の思想を語る」哲学者として理解することにし、清水＝ヴィーコという表現を使用することにする。「丸山諭吉」の顰みに倣って言えば、明らかに「ヴィーコ惚れ」している清水は、まさに「清水ジャンバッティスタ」として発言しているのである。政治思想史家であることに拘泥した丸山と異なり、処女作『社会学批判序説』でマルクス主義から既存の社会学を攻撃したものの、後に『社会学講義』という著作を刊行した清水は、社会学者としてのアイデンティティが常に揺らいでいたゆえに、清水＝ヴィーコとして合体した哲学者として扱っても、文句は言わないであろう。ちなみに、丸山眞男は、論文「福沢における『実学』の転回」において、「東洋の儒教主義と西洋の文明主義と比較して見るに、東洋になきものは、有形に於て数理学と、無形に於て独立心と此二点である」という福沢の言葉に注目している。[41] この時点で、丸山＝福沢は明らかに「デカルトの味方」である。「数理学と独立心」とは、まさに藤原が科学主義と倫理的アナーキーの観点から「パラダイム転換」しなければならないと強調したものであるが、それは清水＝ヴィーコが克服すべきBタイプの社会科学を特徴づけるものでもあった。すなわち、「丸山眞男－清水幾太郎問題」とは、「丸山＝福沢－清水＝ヴィーコ問題」にほかならないのである。丸山眞男と清水幾太郎がポジとネガの関係にあるように、丸山の論文「福沢諭吉の哲学」を丸山自身の哲学を語ったものと読み、清水のエッセー「私のヴィーコ」を清水自身の哲学を述べたものと考えるわれわれにとって、丸山＝福沢と清水＝ヴィーコもやはりポジとネガの関係にあるのである。

五　リベラリズムとコミュニタリアニズム

藤原保信は、「コミュニタリアニズム」に与する政治思想史学者である。他方、丸山眞男は、福沢諭吉の「リベラリズム」を高く評価している。つまり、藤原が主張する丸山政治学のパラダイム転換の必要性は、いわゆる「リベラリズム－コミュニタリアニズム問題」とも密接に関わっているのである。ここでは、その「問題」を、丸山の「共同体」観に論点を限定して、考察を進めていくことにしたい。

まず、橋川文三をして「私をもっとも緊張した思想的対決の場面に引き込んだ」と言わしめた(42)、吉本隆明による丸山批判を見てみることにしよう。子安宣邦たちが丸山思想史学に見出し、厳しく断罪した「構成」＝「メタ・ヒストリー」に相当するものは、吉本の言う「『方法』と『立場』の等価性」であろう。

吉本は言う(43)。「徂徠学にとって、儒教的な『道』が『制度』そのものと等しい意味をもったとおなじような問題が、丸山の『立場』と『方法』のあいだに存在している。その実態分析の『方法』が、その『立場』と等価であるという事情が成立している。……丸山『政治学』において重要なのは、対象の頂点に、虚構の極限（おそらくヘーゲル以後のドイツ観念論の方法でみられた幻想の『西欧』である）を設定し、その虚構の極限からくり出される視座によって、対象の構造を分析するという『方法』それ自体である。……（丸山理論では）虚構の極限に『立場』があるために、『方法』それ自体が『立場』と化しているものとかんがえることができる。丸山の、ある極限のイメージに、丸山の主体が交叉し、その虚構の地点に『立場』が描かれている」。

そして、吉本によれば、「リベラルな、そして、ある意味では特殊な、戦争期の知識人の典型」である丸山は、「日本的な存在様式としての大衆が、それ自体として生きていることを無視して、理念によって大衆の仮構のイメージをこしらえている」ゆえに、「内心での戦争反対と、外部からの戦争強制」との使い分けという「二重操作をぎりぎりまでじぶんに迫った『下手人』」として否定的に「大衆」を捉えるが、そのため「戦争権力の直接の担い手としてあらわれた大衆の意識構造の負性が、優性に転じうる契機をさぐる可能性を、丸山の方法から奪った」のである。

「時空をこえた幻想の『西欧』」＝「ヘーゲル的（あるいはヴェーバー的？）な抽象化によって再構成された西欧」を「虚構の極限」とする丸山理論は、「大衆の意識構造を優性に転化させる契機をさぐる可能性」を奪われているという吉本の指摘は、色川大吉が、「西欧にたいしては西欧市民社会型の優勢な理念型を抽出し、日本にたいしては部落共同体型の劣勢な理念型を抽出して、前者の〝高み〟から後者の〝病理〟をえぐり出す」丸山の方法論に根本的な疑問を呈示し、「共同体は前近代的な支配を支える組織であったとともに、抵抗のための組織にもなるという二面性をも」つことを強く示唆していることと照応する。(44) 色川が批判の対象とするのは、「共同体」に関する丸山の次のような叙述である。いわく、「同族的（むろん擬制を含んだ）紐帯と祭祀の共同と、『隣保共助の旧慣』とによって成り立つ部落共同体は、その内部で個人の析出を許さず、決断主体の明確化や利害の顕わな対決を回避する情緒的直接的＝結合態である点、また『固有信仰』の伝統の発源点である点、権力（とくに入会や水利の統制を通じてあらわれる）恩情（親方子方関係）の即時的統一である点で、伝統的人間関係の『模範』であり、『國體』の最後の『細胞』をなして来た」。

後述するように、丸山＝福沢のレトリック＝スピーチ擁護論が対決するのは、まさに「無議の習慣」や「古習の惑溺」に支配された、このような「部落（ムラ）共同体」であるが、色川は、その丸山の「共同体」観を次のように批判する。「部落共同体というのは、それ自体が客観的な実在なのではなくて大衆の結合の様式にすぎない。……だから、この共同体が変革的に生きているときには、主体的人間が析出されて天皇制は無限におしのけられ、この共同体が停滞したときには主体的人間は疎外されて天皇制が無限に共同体のなかに侵入してくる。……〔それゆえ〕共同体が〝主体的人間〟を生みださないというのは虚妄〔である〕。……〔〝主体的人間〟を〕文字通り、個人の主体性を自覚して自分をとりまく社会に能動的に働きかけるような人間だと見るなら、〔日本の部落共同体が生み出した、二宮尊徳や中山ミキ、出口ナオや王仁三郎、田中正造や大野苗吉のように〕日本にもザラにある。……〔したがって〕『共同体』がすべての対立的契機をとかしこむと考えることは、まったく一面的である。……主体的人間になるということと、共同体の存続をねがうこととは決して矛盾しないのである。主体的人間が共同体の破壊にばかり向うということはなく、共同体の危機にめざめ、それを憂慮すればこそ、自覚的に共同体を守る方向、発展させる方向にも進むのである」。確かに、丸山理論では、色川民衆史学が、その人間像を熱い共感と深い同情をもって鮮やかに描き出した千葉卓三郎や須長漣造の魅力を浮かび上がらせることは不可能であろう。しかし、他方、色川史学における「民衆」は、丸山思想史学や大塚

〔久雄〕経済史学が重視する「市民」に強力に刻印づけられた近代主義的性格を峻拒する点で、吉本の言う「大衆」や清水の言う「庶民」と共通する一面を有することも否定できない。

安丸良夫も、色川とほぼ同一の視角から、丸山批判を展開する。[45] 安丸によれば、丸山は『日本の思想』において、「日本人の思惟構造の基底をなすものを伝統的共同体意識として把握したさい」に、「能動性・主体性の哲学」である「民衆諸思想」のもつ「厖大な人間的エネルギーを認識できなかった」ゆえに、「近代日本のもっとも通俗的な意識が、広汎な人々の主体的エネルギーをこめて歴史的に形成されたものであることを理解しない」という重大な錯誤を犯した。したがって、丸山理論は、「一方では、日本の近代化の根源的エネルギーを把握できず、また通俗的な意識の強靱な規制力の根源が十分に解明」できず、「他方では、共同体意識のガンジガラメのワナのなかから未来に向かって解放をかちとってゆく道がみつからない」のである。ともあれ、丸山眞男は『日本社会の家族的構成』の著者である川島武宜と同様に「共同体」の《闇》の側面を重視したのに対し、色川大吉や安丸良夫は「共同体」の《光》の側面に注目すべきであると主張したのである。

丸山思想史学に、「マックス・ヴェーバーらが西欧人であるが故にアジアの停滞性について一面的な独断を下したその眼のゆがみ」と同じ病根を見出す色川の見解と、「思想によって知識人であったもの」が設定した「虚構の極限」から「生活によって大衆であったもの」を理念によって仮構のイメージに変形するという操作を批判的に剔出する吉本の見解はともに、「超現実的な価値を信じる人々」=「(『疑い』を発する勇気をもった)少数者」=「知識人」が、〈一般性〉=〈普遍性〉を有する(と信じる、『西欧的なるもの』にプラスの価値を付与する)規準によって、〈個別性〉=〈特殊性〉を帯びるゆえに固有の「リアリティ」を有する日本社会の特定の時代の「低い現実に生きる人々」=「(『共通感覚(常識)』を受け入れている)多数者」=「庶民(大衆)」が陥った(とされる)「古習の惑溺」=「虚威への惑溺」を審くという、広い意味での「学者たちの自惚れ」への厳しい批判へと、容易に展開されるものである。それは、清水が嫌った、「学者」という「精神的貴族」が「庶民」を啓蒙する対象として見下す傲慢さの一コロラリーと言えるかもしれない。

また、「(『強靱な自己制御力を具した主体』を創出する可能性をもつ)共同体」観に立つ色川や安丸による、「リベラリズム」に与する丸山の「(すべての対立的契機をとかしこむ)共同体」観の「貧困さ」への鋭い批判は、「構成的共同体」観を提示する(コミュニタリアニズムに与していた時代の)J・M・サンデルによる、「リベラリズム」の代表的論客(であった時代の)J・ロールズの「(個人主義的であるゆえに、共同体の絆のもつ重要性を正しく認識できない)共同体」観への痛烈な批判と、決して無関係ではない。かくして、「共同体」と「主体性」との両立可能性を強調する色川や安丸による丸山思想史学批判は、「共同体観」と「自我(主体)観」という問題地平において、コミュニタリアニズムに与する藤原による丸山政治学批判と、結合することになる。

そして、「共通感覚(常識)」こそ、R・ベイナーが「共通感覚(常識)」とは「共同体感覚」だと見抜いたように、その「共同体」観と「自我(主体)」観の接点に位置する中核概念である。[46] その著書『自明性の喪失』において「生活世界とは有意味なルールの無数の網の目であり、このルールを認識する〝共通感覚(常識)〟を欠如した人間は、この世界から疎外され、いわば土壌喪失の状態に陥り、二つの世界へと引き裂かれた生を余儀なくされる」というW・ブランケンブルクの思想や、ヴィーコの「アルス・トピカ」にも着目しつつ、「世界疎外の結果、〝共通感覚(常識)〟を喪失して見捨てられた状態に陥った現代人の、確実性とリアリティを求める絶望的企てにナチズムの原因を見出す」H・アーレントの思想に強く共鳴する小野紀明にとって、ヴィーコの「アルス・トピカ」に拠りつつ「政治理論のパラダイム転換」を促す藤原理論においてと同様、「共通感覚(常識)」概念は、いわゆる〝不幸な意識〟に陥ることから「共同体」における個人を保護するものとして、明らかにプラスの価値が付与されている。しかし、他方、小野と同様にブランケンブルクの思想を高く評価しながら西田幾多郎の「ノエシス」の立場――それは、E・フッサールの言う「ノエシス」とは異なる――を強く支持する木村敏が強調するように、「共通感覚(常識)」には、「共同体」的存在が有する「自己本位」的性格が具わっている。[47] 精神医学の見地から、ヴィーコや中村雄二郎が重視した「共通感覚(常識)」に着目する木村は、M・アンリの言う「ヴィデオル(Videor)」を、自己存在の「根拠」である純粋かつ原初的な「現れ」として捉え、集団的自己のもつ「ヴィデオル」を、「集団のアイデンティティを成立させている基本的な感覚」である「共通感覚（常識）」と同一視する。そして、「一定の歴史をもった文化、社会、国家など」が、「自己本位」な「ヴィデオル」＝「共通感覚（常識）」をもつことが、例えば国と国との戦争を生む原因となる、と指摘する。この木村の「ヴィデオル」＝「共通感覚（常識）」論を、特定の「共同体」の内部に移行させれば、当該「共同体」内の「有利な立場の多数者」がもつ「自己本位」な「ヴィデオル」＝「共通感覚（常識）」こそが、異なる「ヴィデオル」＝「共通感覚（常識）」をもつ「共同体」内の「不利な立場の少数者」の存在を排除したり、その主張を抑圧する根拠となるという逆機能を果たすことが理解されよう。

このように、「共通感覚（常識）」は、われわれが「世界疎外」＝「土壌喪失」の状態に陥ることから保護して「共同体」的存在にとっての「同胞倫理」の復興を促すという《光》の側面をもつ反面、その「自己本位」的性格により国と国との戦争を生じたり、M・ヴェーバーや大塚久雄が強調するように「共同体」の（象徴的な・心の内なる）境界によって「対内道徳」と「対外道徳」を分離させることにより、「有利な立場の多数者」による「（民族的または宗教的に）不利な立場の少数者」の抑圧を齎す原因となるという《闇》の側面をもつことになる。「コミュニタリアニズム」に共感を示す藤原や小野が「共通感覚（常識）」のもつ明るい《光》の側面を強調するのに対し、丸山＝福沢理論で高く評価された「リベラリズム」の精神をしっかり日本社会に根づかせようとする樋口陽一や杉山光信は、もっぱら「共通感覚（常識）」のもつ暗い《闇》の側面に着目することになる。福沢の「惑溺」批判を高く評価する丸山の強調するように、「共通感覚（常識）」という「物」が貴いのではなく、その「働き」が《光》の側面に表われた時が貴く、その「働き」が《闇》の側面に表われた時が恐ろしいことになるのである。石田雄の言う「対内道徳と対外道徳の極端な区別を特徴とする日本社会に支配的な思考様式[48]」――それは「共同体」内の「有利な立場の多数者」が前反省的に受容し信仰する「単一民族社会の神話」ないしヨリ広く「同質社会の神話」という「黙示的ルール」に支えられている――を「自我」論の次元で基礎づける「共通感覚（常識）」の暗い《闇》の側面こそが、ヴィーコの「アルス・トピカ」を媒介として、清水の『倫理学ノート』と『戦後を疑う』を結びつけることになる。丸山理論にとっての否定すべき主題である「共同体」と清水理論にとっての肯定すべき主題である「共通感覚（常識）」は、一見何の接点もないように見えるが、「共同体」の「有利な立場の多数者」が前反省的に受け入れている社会通念＝「共同体感覚」こそが「共通感覚（常識）」であることで、しっかり交錯するのである。このように、「丸山眞男‐清水幾太郎問題」は、「リベラリズム‐コミュニタリアニズム問題」でもあるのである。

丸山の没後、「丸山ブーム」と称すべき現象が生じたのに対し、清水の死後、「清水ブーム」と呼ぶべき事態が起こらなかったことは既に述べた。しかし、「丸山ブーム」と言っても、小林正弥が嘆くように、それは「丸山批判ブーム」と言うべきものであった。また、「ブーム」が起きなかった清水は、『日本史広辞典』（山川出版社、一九九七年）に「清水三男」（一九四七年に三八歳で死去した歴史学者）は載っているのに、「清水幾太郎」が載っていないことに注目する大久保孝治により「忘れられつつある思想家」と呼ばれ、さらに竹内洋によって「忘れ去られた思想家」と呼び直されてしまった(49)。しかし、「丸山眞男‐清水幾太郎問題」から接近すると、事情はまったく異なって見える。

雑誌『思想』が「ヴィーコ特集」を組んだことからも窺えるように、清水＝ヴィーコはいわば現代思想の中心に位置する。I・バーリンの『ヴィーコとヘルダー』、H・アーレントの『過去と未来の間』、H・G・ガダマーの『真理と方法』、J・ハーバーマスの『理論と実践』、Th・フィーヴェクの『トピクと法律学』、E・サイードの『始まりの現象』、中村雄二郎の『共通感覚論』等々――これらは、ヴィーコの思想にW・ディルタイの「理解」の元型を見るバーリンがI・カントの『判断力批判』における「共通感覚（常識）」にも注目するアーレントのヴィーコ論を批判し、「伝統」の実体化を警戒するハーバーマスが地平の融合を重視するガダマーのヴィーコ論に同意しないなどという相互の反発・緊張はあるものの――は、清水と同様、各論者はすべてヴィーコの「アルス・トピカ」を始めとする独創的思想を極めて高く評価しているのだ。特に、ガダマーやハーバーマスは、『正義論』の著者であるJ・ロールズと同様、現代における「実践哲学の復権」を代表する位置を占める思想家であることが注目されよう。

他方、森政稔は、「戦中に書かれた丸山眞男の思想史研究は、不決断な日本の政治の対極にあるものとして、マキァヴェリやホッブズに高い評価を惜しまない。この点では同じく政治学に実践性を求めつつも、のちに『実践哲学の復権』が日本にもち込まれる経過とは方向が逆であった」と指摘している。(50)

このような視角から見れば、「清水ブーム」が起きなかった清水幾太郎は、「忘れ去られた思想家」などではなく、「現代思想の中心に位置する思想家」であり、「丸山ブーム」が起きた丸山眞男は「批判される思想家」であると同時に、「現代思想とは擦れ違ってしまった思想家」と言うことができよう。しかし、それは、清水＝ヴィーコの「アルス・トピカ」が治安維持法肯定論に至ったことを考えれば、清水と同じように「デカルトの敵」を標榜する「実践哲学の復権」という現代思想そのものの中に大変に危険な落とし穴が存在していることをも意味しているのである。

日本国憲法の改正（改悪？）が論議されるに至った今日、「丸山眞男－清水幾太郎問題」の重要性はますます大きなものになってきている。しかし、既述のように、川本隆史・笹倉秀夫・松本三之介・藤原保信等々の研究は、その「問題」の核心を捉えることができていない。

以上、このような現在の満足できない議論状況を確認しつつ、本書全体のイントロダクションとしての「丸山眞男－清水幾太郎問題」の設定と簡単なその分析を一応、終える。もちろん、「丸山眞男－清水幾太郎問題」に接近する論者がまったく存在しなかったわけではない。例えば、竹内洋は、P・ブルデュー社会学の応用という観点から、正系知識人＝丸山眞男と傍系知識人＝清水幾太郎の「生存戦略」を比較するという興味深い作業を試みている。(51) また、小熊英二は、「〈民主〉と〈愛国〉」という主題を設定し、戦後日本を代表する知識人である丸山眞男と清水幾太郎がその主題とどのように関わったかを詳しく分析している。(52) 都築勉の『戦後日本の知識人』(53) という研究もある。しかし、残念ながら、竹内の接近も、小熊の接近も、都築の接近も、丸山眞男と清水幾太郎のそれぞれの思想の深みにまでは到達していないと思われる。

吉本隆明は、幻となった新評論版『清水幾太郎集』に寄せた「知識でもって立つことの孤独さ」と題した文章で次のように記している。[54]「清水幾太郎さんの姿をたびたび拝見したのは、あの安保闘争のさ中である。それはいつも変わらず、誠意のこもった言葉と態度で著者たちと付き合っている姿だった。わたしはいたくその姿勢に感銘を受けた。知識でもって立つということは、こんなにも孤独で何かを引受けることなのだということを、この時の清水さんから学んだ。そのことは忘れ難い」。

他方、吉本は、周知のように、その『丸山眞男論』の冒頭で次のように書いている。[55]「ここには思想家というには、あまりにやせこけた、筋ばかりの人間の像がたっている。学者というには、あまりに生々しい問題意識をつらぬいている人間の像がたっている。かれは思想家でもなければ、政治思想史の学者でもない。この奇異な存在は、いったい何ものなのか?」。

「誠意のこもった言葉と態度を」もつとされる清水への共感と、「筋ばかりの人間」であるとされる丸山への反発——そこに下町育ちの傍系知識人である吉本の、やはり下町育ちの傍系知識人である清水への親しみと、東大法学部教授＝エリートとしての途を歩んだ正系知識人である丸山眞男への嫌悪感を見出すことができるのかもしれない。われわれは、吉本と同様、丸山を「政治思想史の学者」とは見ない。清水もまた、「社会学の学者」とは見ない。しかし、吉本と異なり、大嶽によってBタイプの社会科学の研究者として失格と判断されるほど「生々しい問題意識」に貫かれている「思想家」＝「哲学者」として丸山を理解する。丸山は「思想家」＝「哲学者」であるからこそ、子安・黒住・安川等がこぞって断罪する「メタ・ヒストリー」ないし「ストーリー」を荻生徂徠や福沢諭吉に即して「生々しい問題意識」を強烈に投射しながら、強引に構成ないし捏造したのである。清水も、まったく同じ意味で、「思想家」＝「哲学者」と見なすことにする。すなわち、『論理哲学論考』の初期の立場から「ザラザラした大地」に戻ることを重視する『哲学探究』の後期の立場に移ったL・ヴィトゲンシュタインの「転向」、「デカルトの味方」であった初期の立場から「リアリティ」とのタッチを求めて「デカルトの敵」という後期の立場に移ったG・ヴィーコの「転向」、論文「運命の岐路に立ちて」において「この治安維持法ほど吾々の内部に深く沈澱して吾々の行為と意識を決定してきたものがあっただろうか」と語った[56]初期の立場から治安維持法を日本人の「共通感覚（常識）」に合致しているゆえに「自然」なものとして肯定する後期の立場に移った自分自身の「転向」――清水はこれらの「転向」をすべて重ね合わせて「思想の発展を担うもの」にとって必要不可欠な「転向」であるとして正当化する。このような清水の「転向」に、清水自身の「生々しい問題意識」が反映していることは疑問の余地がない。したがって、「丸山眞男－清水幾太郎問題」とは、或るひとりのリベラリズムを信奉する「思想家」＝「哲学者」ともうひとりのコミュニタリアニズムに共鳴する「思想家」＝「哲学者」が真正面から対立する問題なのである。もちろん、それは「八百長」なしの真剣勝負である。

清水の『倫理学ノート』が発表されたのは、中村雄二郎『共通感覚論』やG・ヴィーコ『学問の方法』が刊行される以前である。したがって、清水は、ヴィーコの「センスス・コムニス」を「常識」と訳しているが、現在それは「共通感覚」という術語として定着している。それゆえ、以下では、清水が明らかにヴィーコの「センスス・コムニス」を念頭に置いていると判断される場合は、「共通感覚（常識）」という表現に置き替えて、議論の統一を図ることにする。

また、本書では、読者の読みやすさを考慮して、旧漢字は新漢字に改めている（人名のような固有名詞は別で、丸山真男は丸山眞男に統一してある）。しかし、時代背景を理解しやすくするため、旧仮名づかいは新仮名づかいに変えるべきではなく、そのままにしておくべきだという立場から、可能な限り初出時の表現を尊重している。したがって、『丸山眞男集』（岩波書店）や『清水幾太郎著作集』（講談社）等のテキストと正確には一致していない場合がある。なお、清水の『倫理学ノート』は様々な意味で重要な画期的名著であるが、現在、岩波書店版単行本でも、講談社版著作集・13でも、同社版学術文庫でも、入手して読むことはできない。復刊を強く希望する。

第二章　「丸山＝福沢－清水＝ヴィーコ問題」について

一　学問論

「精神的貴族」を実現する《主体的作為》とレトリック＝スピーチが「想像力」によって結合される丸山＝福沢理論と、「庶民」に反映する《人間的自然》がやはり「想像力」によって媒介される清水＝ヴィーコ理論は、当然ながら、それぞれの学問観・人間観・社会観等々において真正面から対立することになる。その対立を、われわれは、丸山の『福沢諭吉の哲学』および同『「文明論之概略」を読む』と清水の『倫理学ノート』および『戦後を疑う』を主たる素材に比較検討することにより、浮かび上がらせたいと思う。まず、両者の「学問観」の交錯という問題から。

丸山によれば、福沢は、空疎にして疎遠な漢学や有閑的な歌学に対して、「人間普通日用に近き」実学を対置したことにより、丸山の言うアンシャン・レジームの「伝統的な学問意識に対して革命的な転回を与へた」が、「問題はその『革命』的転回の意義づけ方」にある。すなわち、いわゆる「実学」をやはり重視した、山鹿素行の『配所残筆』や石田梅巖の『都鄙問答』には決して見出すことのできない、「福沢の実学に於ける真の革命的転回」は、「学問と生活との結合、学問の有用性の主張自体にあるのではなく、むしろ学問と生活がいかなる仕方で結びつけられるかといふ点」にその核心が存在する。つまり、丸山は、「すべての時代、すべての社会は、夫々典型的な学問を持」ち、「ある時代、ある社会に於て学問の原型とせられるものが何か、といふことは、その時代なり社会なりの人生と世界に対する根本的な価値決定に依存してゐる」という観点から、福沢が「東洋社会の停滞性の秘密を数理的認識と独立精神の二者の欠如のうちに探り当てた」ことの意義に着目する。それゆえ、アンシャン・レジームの「実学」から福沢の「実学」への転回ないし飛躍は、そこでの「中核的学問領域の推移」から見れば、「修身斉家の学」である倫理学から「ニュートンが大成した力学大系」である物理学への転回として現われる。しかし、丸山によれば、福沢は、単に「学問的関心の重点を人倫乃至社会関係から自然界へ移した」のではなく、「独立自尊」の旗幟を高く掲げて、「文明の精神」の把握という「倫理」の問題を新たに提起したのであった。すなわち、「物理学を学問の原型に置いた」ことは、「新たなる倫理と精神」——それは東洋の道学を産む所の「精神」と対立する、近代の数学的物理学を産む所の「精神」である——の確立の前提なのであり、福沢の関心は、「自然科学それ自体乃至その齎した諸成果よりもむしろ、根本的には近代的自然科学を産み出す様な人間精神の在り方」に向けられていたのである。ニュートンとデカルトの各々の微妙な問題関心のズレを捨象すれば、ここに見出されるのは、倫理学→デカルトの数学的物理学というベクトルである。(1)

他方、清水＝ヴィーコ理論の場合も、「すべての時代、すべての社会は、夫々典型的な学問を持つてゐる」ことが前提となる点では、丸山＝福沢理論とまったく同じである。しかし、決定的な問題は、その「典型的な学問」が一体何であるかということである。清水は言う。「ヴィーコの時代には、ナポリの多くの文化的サークルにデカルトへの——従って、数学への——大変な熱狂があった」。その「熱狂」の中で、故国ナポリにおいてヴィーコは自身を異邦人と感じていた。それは「ナポリが歴史を学問として認めないデカルト」——デカルトは、『方法叙説』において「旅行にあまり多くの時間を使うと、終には、自分の故国で異邦人になってしまう。また、過去の諸世紀に行なわれたことにあまり夢中になると、普通、自分の時代に行なわれていることにひどく無智になるものである」と警告している――によって支配されていたためであった。つまり、自ら歴史研究に対して攻撃を加え、「近代思想における歴史研究への軽蔑」の原因となったデカルトにとっては、例えばヴィーコのような「歴史に心を奪われた人間は、現代という故国における異邦人なのであった(2)」。

幕末から明治維新にかけての日本の知的社会における「異邦人」であった福沢諭吉、そしてデカルトに支配された十七~十八世紀のナポリの知的社会における「異邦人」であったG・ヴィーコ。互いに本質的に相違する社会と時代からともに疎外されながらも、その社会と時代を支配する「学問」に対してレトリックを武器として果敢に闘った、この二人の「異邦人」に注がれる丸山と清水の同情と共感を伴った熱い視線は、かくして真正面から交差することになる。

清水は言う。「絶対に確実な学問を求めて、……算術および幾何学にこれを見出した」デカルトは、「真理の道を尋ねるものは、これらの学問における証明と同じ確実性を持ち得ないような問題に手を染めてはならぬ、という戒め」を行なった。もちろん、「ヴィーコにとっても、確実性というのは大きな意味を持っている」が、それは「近代の冷静な精神的貴族にとっての確実性ではなく、……遠い昔の人間にとっての確実性」のことであった。われわれは、ここで、丸山の重視する「精神的貴族」という言葉が、清水のヴィーコ論においても、特にその否定的文脈の中に現われている事実を、決して見逃してはならない。D・H・ロレンスと同様、清水が夢中になったというヴィーコは、「冷静さ」という人間的徳性を特に評価する丸山にとっての理想的人間像である「(冷静な)精神的貴族」をきっぱりと拒絶するために登場しているとすら思えてくるのだ。清水にとっての分身であるヴィーコは、「デカルトの敵」であると同時に「精神的貴族の敵」でもある。ともあれ、このように、「透明な自然における数学的確実性」を追求するデカルトと異なり、「不透明な自然に包まれた人間的確実性」を重視する清水=ヴィーコの視座からすれば、「現代の教育方法の最大の欠陥」は、「自然科学に過度の注意が向けられ、倫理学が不当に無視されている」ことに存する。

つまり、清水＝ヴィーコはその「現代」を批判的に診断し、「人間の性格、素質、感情などのことを忘れ、これらの要求を社会生活および雄弁に適応させる方法を忘れ、善悪と礼儀、年齢、男女、階級などと結びつける方法を忘れている」ことに最大の病根を見出している。(3) かくして、「近代的自然科学を産み出す様な人間精神」＝「透明な自然における数学的確実性を追求する近代的精神」を、丸山＝福沢が力強く肯定するのに対し、清水＝ヴィーコは断固として否定するのである。

「独立自尊」を思想の根幹とし、「文明の精神」の正確な把握を求める福沢＝丸山にとって、問題はアンシャン・レジームにおいて「自然が倫理価値と離れ難く結びついて居り、自然現象のなかに絶えず倫理的な価値判断が持ち込まれるといふ点」にあった。「自然は人間に対立する、外部的なものではなくして、むしろ本質的に精神的なものと考へられる」が、「さうして自然が精神化される事は同時に精神が対象化によつて自然化され、客観的自然界のうちに離れ難く編み込まれる結果をもたらす」ことになる。その結果、「上下貴賤の差別に基く社会的秩序の基礎づけ」が「自然界からのアナロジーに於てなされ」ることになり、君臣・父子・夫婦・兄弟等の「差別に基く社会秩序」は「自然の秩序に相即するがゆえに、まさに自然的秩序と観ぜられる」のである。それゆえ、アンシャン・レジームの倫理学の典型である林羅山『経典題説』や貝原益軒『五常訓』においては、「社会秩序を基礎づけるべき『自然』のうちに実は社会の秩序的価値を最初から忍び込ませて」おり、「社会的位階観を通じて捉へられた自然によつて、ほかならぬ社会的位階が底礎され」るのである。丸山によれば、「自然と社会、自然法則と人間的規範の間」に「根源的な共通性」を見る人間意識が、社会秩序と自然界を相互的に補強するが、それはその両者の基底にある根源的なもの、つまり「道（みち）」の媒介によって可能となる。「自然に行はれる『道』（天道）と人間関係を支配する『道』（人道）との本質的な同一性の意識」が「ヒエラルヒッシュな社会関係の支柱」となるが、「宇宙的秩序を究極的に成立せしめる天理（天道）が人間性に内在しては本然の性となり、社会秩序に対象化されては君臣・父子・夫婦・兄弟・朋友の『倫』となる」。アンシャン・レジームのこのような社会関係の下で生み出される学問は、必然的に「道」学という倫理学とならざるをえないが、丸山＝福沢が克服しようとするのは、「自然と人間を貫」いて人間を社会に緊縛する、この「根源的倫理性」である。すなわち、丸山＝福沢にとっての克服対象は、「社会は人間によって主体的に担はれてゐるのではなくして逆に、所与としての社会秩序への依存性が人間の本来のあり方である」という考えを生む「社会秩序と自然秩序の自動性の意識」――それによって「身分的な位階関係が全社会を貫徹」して「差別に基く社会的秩序」の「安定的な基礎」が構築される――なのである。(4)

したがって、丸山＝福沢が希求する「数理的認識と独立精神」は、「人間と社会と自然を一すぢに貫通する」ことにより人々の生活を「伝統と因習の単純なる再生産」としてしまう「社会秩序と自然秩序の自同性の意識」を根本的に解体する点で、互いに協働する。丸山は言う。「人間が己れをとりまく社会的環境との乖離を自覚したとき、彼ははじめて無媒介に客観的自然と対決してゐる自分を見出す。社会からの個人の独立は同時に社会からの自然の独立であり、客観的自然、一切の主観的価値移入を除去した純粋に外的な自然の成立を意味する。環境に対する主体性を自覚した精神がはじめて、『法則』を『規範』から分離し、『物理』を『道理』の支配から解放するのである」。(5) つまり、「倫理学から数学・物理学へ」という丸山＝福沢による学問観の転回の主張は、「自然的法則＝存在」と「人間的規範＝価値」との交錯・融合というG・E・ムアの言う「自然主義的誤謬」の解消を目指すものであった。

他方、「数学・物理学から倫理学へ」という学問観の転回を促す清水は、『倫理学ノート』を、「『実在』とはかくかくの性質のものである」と主張する命題から、『これは、それ自ら善である』と主張する命題を推論することが出来るとか、その証拠を得ることが出来るとか考えるのは、自然主義的誤謬を犯すものである」と記すエクセントリックなムアの『倫理学原理』に対する憤りを表明することにより、始めている。清水＝ヴィーコはむしろ、丸山＝福沢が批判する「社会秩序と自然秩序の自同性の意識」を、「不透明な自然に包まれた人間的確実性」として肯定する。ヴィーコは、デカルトが算術および幾何学の証明に見出した「確実性」とは異質な、「遠い昔の人間にとっての確実性」を重視する。清水は言う。「遠い昔の人間は、愚鈍で非情な野獣のようなものであった。まだ思考の能力はなく、肉体に基く想像力と恐怖心だけがあった。……この想像力と恐怖心によって、いろいろなタブーと制度を作り上げた。例えば、家族制度、それによって、人間は、確実な女性によって確実な子供を与えられることになった。『これが、人間にとっての確実性であり……知識の最初の方法であった』」。宇宙的秩序が社会秩序に対象化された君臣・父子・夫婦・兄弟・朋友に関するタブーや制度は、清水＝ヴィーコにとって「不透明な自然に包まれた人間的確実性」となる。したがって、清水＝ヴィーコが高らかにその復興を謳い上げる「人間的確実性」とは、タブーや制度を生み出す「人間と宇宙との全体的な関係における、流れる時間のうちにおける、記憶や想像力や意志と結びついた確実性」である。このように、丸山＝福沢が断固として粉砕しようとした、「人間と社会と自然」を貫通して「人間的秩序」と「宇宙的秩序」を融合・合体させる「(歴史・伝統・因習に基づく)確実性」それ自体を、逆に、清水＝ヴィーコは「人間的自然」に合致したものとして強く擁護する。丸山＝福沢が、「社会からの個人の独立」——「社会からの自然の独立」もそれと同時に起こる——の必要性を力説し、「環境に対する主体性を自覚した精神」による「法則」と「規範」の意識的分離および「道理」からの「物理」の解放を促すのに対して、清水＝ヴィーコは、「法則」と「規範」の分離を前提とする近代的学問観を斥けて、己れを空しくして「歴史というリアリティ」へ、つまり様々なタブーや制度によって「物理」がいまだ「道理」の中に埋没していたゆえに「人間的自然」が疎外されずに無垢のままの状態であった「遠い昔の濃い闇に生きた人々の精神、言葉、行為の中」へ入って行こうとするのである。(6)

清水は、ヴィーコが「verum=factum つまり真なるものは作られたものである」という命題を提示して、自然を作った神が「自然の真理」を知ることができるように、「私たちが幾何学において真なるものを知ることが出来るのは、幾何学の世界が、最初から人間の作り出したものであるためである」と指摘していることに着目する。そして、ヴィーコの言う「太古を包む真暗な夜の光の中に光り輝く永遠不滅の真理」、つまり「社会という世界は、明らかに、人間によって作られたものであり、従って、その諸原理は、私たち自身の心の諸形態のうちに見出せるという真理」に注意を喚起して、次のように問いかける。「なぜ、哲学者たちは、神が作り、神だけが知ることの出来る自然の研究に多くのエネルギーを投じて、人間が作り、人間がよく知ることが出来る諸国民の世界の研究を無視して来たのか」。そして、ヴィーコの『新しい学』における「歴史は事件を起こした本人が話すのが最も確実である。……新科学は諸国民の世界というものを自分で作り出している。……人間の行為に関する諸制度の方が点や線や図形よりもリアルであるだけに、幾何学よりも新科学の方がリアリティが大きい」という叙述を引用しつつ、清水は、「かつては、verum=factum の原理は、神については自然というリアリティにおいて、人間については数学というフィクションにおいて成り立っていたのであるが、〔『新しい学』という〕この最後の著作では、人間もまた社会というリアリティの世界の王となる」ことを確認する。かくして、清水＝ヴィーコは、I・バーリン等がW・ディルタイの「解釈学〔ヘルメノイティク〕」における「理解」概念の原型と見なすことができると指摘する「真なるものは作られたものである」という命題を戴いて、デカルト哲学と訣別し、伝統・習慣・タブー・制度等々という人間が作った「リアリティ」の世界へ、つまり「人間と歴史との間の暗闇」へと己れを空しくして突き進んでいく。清水によれば、ヴィーコは「多くの人々が人間的自然を社会から孤立化させているのを許すことが出来なかったし、また人間的自然を歴史、偶然、運命から解放しているのを許すことが出来なかった」のである(7)。

清水＝ヴィーコ理論においても、「人間が歴史・社会・政治を作る」という「作為」の契機は確かに存在している。しかし、それは、いわゆる「共通感覚〔常識〕」を受け入れている「庶民」のような名もなき存在の集合的で前意識的な「作為」であるので「人間的自然」に容易に吸収されてしまうゆえに、三木清の言う連続的・融合的・保存的な「有機体的歴史観」を帰結することになる。他方、丸山＝福沢にとっての「人間が歴史・社会・政治を作る」ことは、荻生徂徠の言う「聖人」の主体的「作為」の延長線上に位置づけられる明確に意識的な「作為」であり、それは「多事争論」や「自由の弁証法」を実現するものであるから、当然、対立的・闘争的・変革的な「弁証法的歴史観」を齎すことになる。この点については、後に詳論することにして、やっかいなのは丸山＝福沢理論と清水＝ヴィーコ理論を対置するわれわれの相剋図式が、「失効」しているという加藤尚武の指摘があることである。加藤は言う(8)。

「荻生徂徠の思想は西洋ではそれに似たものを捜せば、解釈学（ヘルメノイティク）であろう。解釈学はデカルトの敵ヴィーコの側に立つ哲学である。解釈学の狙いは古典と現代の解釈者との間に伝統の同一性を見いだそうとするところにある。聖書の解釈が原始キリスト教の精神を現代に伝達する。解釈によって現在から古典という源泉への回帰が可能となる方法の追求がその狙いである。聖書の解釈を教会に委ねる事なく自らの眼前で『二千年の落差』を超えてイエスその人の言葉の意味の中心に身を置くことができるという信念が解釈学を生み出したのであって、これを近代精神の原点の一つとして承認しない〈近代＝デカルト〉主義は近代のある一面をとらえているにすぎない。／徂徠の方法論もまた古典という源泉に回帰する方法なのである。徂徠の狙ったのはいわば「原始儒教」であ〔る〕……。解釈学では伝統を担う言語の存在をはなれて個的な主体が存在するわけではない。これにたいしてデカルトの懐疑は伝統との根源的な断絶を敢行するものであり、現在の個的な主体を絶対化する。／丸山にはせめて『荻生徂徠は日本のヴィーコである』と言ってもらいたかった。徂徠を日本のデカルトに擬した丸山の西洋近代の理解は哲学史の標準的な教科書の水準を超えでるものではない」。

加藤の指摘はあるいは正しいのかもしれない。しかし、もしそれが「正しい」のであれば、丸山＝徂徠＝福沢理論、清水＝ヴィーコ理論、そして丸山＝徂徠＝福沢理論からの「パラダイム転換」を主張する藤原理論はすべて、加藤の言う「標準的な教科書」の「平板な西洋哲学」の不正確な理解を前提に「近代」なるものをめぐる不毛な仮象問題に取り組んでいるにすぎないことになる。そして、当然、われわれの「丸山眞男－清水幾太郎問題」、ヨリ正確には「丸山＝福沢－清水＝ヴィーコ問題」もその存在価値を完全に失うことになろう。なぜなら、加藤によれば、それらすべてが有意味な問題であることを否定する、丸山＝徂徠＝ヴィーコという等式が成立してしまうのであるから。したがって、以下では、もしかすると「正しい」かもしれない加藤の指摘は一応「カッコ」に入れて、われわれの「問題」を追求していくことにする。

われわれは、以下のような前提の確認から考察を再開する。すなわち、丸山＝福沢は、「自然が倫理価値と離れ難く結びつ」き、「自然現象のなかに絶えず倫理的な価値判断が持ち込まれる」こと、すなわち「社会秩序を基礎づけるべき『自然』のうちに社会の秩序的価値を最初から忍び込ませる」ことを、決して許すことができない。しかし、その丸山＝福沢が求めた「社会からの個人の独立」と「社会からの自然の独立」、別言すれば「独立自尊の精神の誕生」と「一切の主観的価値移入を除去した客観的自然の成立」こそが、まさに清水＝ヴィーコが許せなかったもの、すなわち「人間的自然の社会からの孤立化」、視角を変えて言えば「歴史、偶然、運命からの人間的自然の解放」にほかならなかったのである。これこそが本書で追求する「問題」において設定されるべき出発点なのである。

丸山＝福沢が重視する「主体的作為」の前提となる「独立自尊の精神」と真正面から対立するのが、清水＝ヴィーコがその回復を目指す「共通感覚（常識）」という「人間的自然」である。この両者の対立は、デカルトとアリストテレスの思想の評価をめぐって、さらに尖鋭化する。丸山によれば、福沢は、「『物理』精神の誕生が、身分的階層秩序への反逆なくしては可能でない」ことを明白に自覚していたが、この「主体的な近代精神」＝「独立自尊の精神」が誕生するためには、アンシャン・レジームの哲学、とりわけ「精神」と「自然」の相互移入の基礎づけを与えた、アリストテレスの質量－形相の階層理論を克服することが必要であった。丸山は言う。「近世の自然観は、このアリストテレス的価値序列を打破して、自然からあらゆる内在的価値を奪ひ、之を純粋な機械的自然として――従つて量的な、『記号』に還元しうる関係として、把握することによつて完成した。しかも価値的なものが客体的な自然から排除される過程は同時に之を主体的精神が独占的に吸収する過程でもあつた。自然を精神から完全に疎外し之に外部的客観性を承認することが同時に、精神が社会的位階への内在から脱出して主体的な独立性を自覚する契機となったのである。ニュートン力学に結晶した近代自然科学のめざましい勃興は、デカルト以後の強烈な主体的理性の覚醒に裏うちされてゐるのである(9)」。

丸山によって高く評価された、「アリストテレス的価値序列の打破」＝「自然からの内在的価値の剝奪」＝「自然の精神からの疎外」＝「デカルト的な主体的理性の覚醒」という一連の事態こそ、まさに「ヴィーコに帰れ」と叫ぶ清水にとっては、あくまで根底から批判されなければならない事態である。清水は言う。「確に、〔デカルト哲学が定位する〕数学をモデルとして考えられた直覚や演繹の領域であるならば、また、純粋な理性的存在としての人間の間のことであるならば、雄弁術やレトリックは、真理の伝達の邪魔にこそなれ、あまり役に立たないであろう。むしろ、明晰判明な観念を正確に伝達するためには、雄弁術やレトリックが成り立つ日常言語そのものを排除して、誤解や曖昧の入り込む隙のない抽象的な記号のシステム、すなわち、人工的な完全言語を作るべきであろう。それは、後に、ラッセルや前期のヴィトゲンシュタインが試みたことである。しかし、ヴィーコにとっては、真理は、数学における真理ではないし、それを伝達する相手も、純粋の理性的存在ではない。……今、真理は、無垢の真理だけを追求する人々の間を去って、〔法廷のような〕利益や野心で動く人々の間へ引き出される」。法廷における敵対者や裁判官という「純粋の理性的存在」でない聞き手に対しては、蓋然性に関するアリストテレスの観念を拒否するデカルト哲学では、まったく有効に対処することができない。それゆえ、清水は、アリストテレスを否定してデカルトを肯定する丸山とは逆に、アリストテレスの『ニコマコス倫理学』の劈頭の「教養ある人だということは、問題の性質が許す程度の厳密性を各領域に求めることで判る」という一文を共感をもって引用し、デカルトを否定してアリストテレスを肯定するのである。(10)

ところで、丸山によれば、「近代理性の行動的性格を端的に表現する」福沢の実験精神は、「実験を通じて自然を主体的に再構成しつゝ、無限に新領域に前進して行く」が、それを福沢は、「単に自然科学の領域だけでなく、政治、社会、等の人文領域まで徹底して適用した」のであった。そして、「一切の固定的なドグマ、歴史的な伝統、アプリオリとして通用してゐる価値は、峻厳に彼の実験精神の篩にかけられて、無慈悲にその権威の虚偽性を暴れて行つた」のである。したがって、丸山＝福沢理論における「惑溺」批判は、このような「実験精神」——事物であれ、制度であれ、それ自体の絶対的価値を認めず、人間生活にとってのその「働き」（機能）により検証しようとする精神——によってのみ可能となる。(11)

しかし、自然科学の領域のみでなく、人文領域まで、この実験精神を適用することは、清水＝ヴィーコの立場からすれば、思い上がった知識人が陥る「奇矯傲慢なる行動」の典型となる。清水は言う。「〔デカルトへの大変な熱狂があった時代に、たまたま歴史を論じる人たちがいても、彼らは〕例外なく、『学者たちの自惚れ』……に陥っている。すなわち、彼らは過去を現代の眼で見ている。現代に引き寄せて見ている。しかし、現代の学問という見地から過去を審く時、歴史はもう歴史ではなくなる。歴史は過去そのものの中で見るのでなければ、見られたことにはならない。その生命を回復したことにはならない」[12]。つまり、丸山＝福沢が重視する「歴史的な伝統を実験精神の篩にかける」ことは、清水＝ヴィーコが批判する「現代の学問という見地から過去を審」こうとする「学者たちの自惚れ」となる。しかし、逆から言えば、清水＝ヴィーコによる自惚れた学者の「奇矯傲慢な行動」批判は、丸山＝福沢の立場からすれば、「内在的価値の無批判的信仰」である「惑溺」という「人間精神の懶惰」の正当化以外の何物でもない[13]。

丸山によれば、アンシャン・レジームの学問は、「社会化された自然」と「自然化された社会」に内在する「道理」の認識にあるゆえに、「それが目指してゐる理想的な境地はさうした自然（社会）秩序との完全な合一以外にはない」ことになる。そこでは、「分限を超えることによって秩序の永劫回帰を撹乱することが最大の悪」となるから、「環境としての秩序への順応の原理」が生活態度を規定し、「客観的環境としての日常生活への学問の隷属」が帰結される。このような「学問の現実への順応」を転回させようとして、丸山＝福沢は、「現実と学問との安易な妥協」を排し、むしろ逆に「現実が学問によって改変される」ことを求める。かくして、丸山によれば、「福沢の実学は卑俗な日常生活のルーティンに固着する態度とは全く反対に、さうした日常性を克服して、知られざる未来をきり開いて行くところの想像力によってたえず培はるべきものであつた」と言えよう[14]。このように、丸山＝福沢は、「未来をきり開く」ための「想像力」のもつ重要な意義を強調する。しかし、実は、まったく異なる文脈において、清水＝ヴィーコ理論でも、「想像力」のもつ重要性は明確に承認されている。

清水は、ヴィーコがF・ベーコンの思想のうちに「帰納法を始めとする学問の革新に関する主張ではなく、〔むしろ」トピカを見出した」事実に着目し、「ベーコンのトピカに出会わなかったら、ヴィーコは、デカルトの数学的哲学に自己を対立する足場がなかったであろう」と指摘する。そして、「ベーコンにおいては、記憶力、想像力、理性の三者が心という全体に属する能力であって、記憶力から歴史が、想像力から詩が、理性から哲学が生れる」ことを述べたうえで、「話し言葉および書き言葉によるコミュニケーションの技術」であるレトリックにおいては、「理性と想像力が結合している」ことを強調する。実は、ヴィーコのレトリック＝トピカ擁護論は、三木清の未完の論文「構想力の論理」に関心を向ける上村忠男も示唆するように、デカルト哲学によって窒息させられていた「構想力」＝「想像力」の復権要求なのである。(15)

過度の単純化を恐れずに言えば、丸山＝福沢が強く希求する「想像力」は、歴史・伝統を批判する「近代的思惟」が有する散文的・未来志向的な「想像力」――それは「人間的自然」が陥る「古習の惑溺」により抑圧されていた――であり、他方、清水＝ヴィーコが復興を試みる「想像力」は、歴史・神話を尊重する「共通感覚（常識）」に基づく詩的・過去志向的な「想像力」――それは「主体的作為」の前提となる「近代的思惟」により抑圧されていた――なのである。

このように、丸山＝福沢の言う「想像力」が歴史批判的＝未来志向的であり、清水＝ヴィーコの言う「想像力」が歴史尊重的＝過去志向的であるという事実は、それぞれの「想像力」と結びつく「経験」概念の把捉および評価について、両者の間に鋭い対立を生じさせる。丸山は言う。「〔客観的秩序への順応が人間の本質的な行動様式となるアンシャン・レジームにおいて〕『道理』に基くといっても、結局そこでの道理は……客観的秩序に対象化されてゐるのであるから、具体的に行動の指針となるのは専ら過去の経験の蓄積以外にない。これは狭義の倫理的行為の場合だけでなく、認識活動の場合もさうである。ここで『経験』は本来過去的なものとして理解され、また、主体が客体から受取るものとして、もっぱら受動的に把握されてゐる。ところが、日常的生活経験をいかに累積しても、そこから法則は生まれない。法則は単なる客体からの経験の受動的な享受のうちに生み出されるのではなく、……主体が『実験』を以て積極的に客体を再構成して行く処に成立つ。近代的な『経験』概念はかゝる能動的なモメントを含み、従ってまた過去的なものよりはむしろ未来的な展望性をはらんでゐるのである」。このように、丸山は、実験精神と結びつく未来志向的な「想像力」を重視する観点から、「過去的」で「受動的」な経験概念を批判し、それを「近代的」で「能動的」なものへと転換する必要性を力説する。[16]

しかし、「共通感覚（常識）」と結合する過去志向的な「想像力」を重視する清水は、共時的かつ通時的な社会統合の必要性という視座から、「過去的」で「受動的」な経験概念の不可欠性を強く示唆して、次のように言う。「広く多くの人々が共有している知識の総称」である「共通感覚（常識）」は、「共時的」に見れば、「人々の（日常の）共通の経験から流れ出て、自然に出来たプールのようなもの」であり、「ニュートン力学をモデルにした科学上の知識のように透明なものではない」が、「暗く濁りながら、しかし、各自にとっては、身についたもの、捨てることの困難なもの」である。また、「共通感覚（常識）」の基礎である経験は、「共時的」であるのみならず、「通時的」＝「歴史的」でもある。つまり、私たちの「共通感覚（常識）」には、「私たちだけでなく、先人の経験が流れ込んで」おり、「先人が遠い神話時代以来、その生活……を通して得て来た知識、色々な不自然な観念を捨てて来た末に残った知識、それが現在の経験と融合して、私たちの共通感覚（常識）になっている」。したがって、「共通感覚（常識）」によって「私たちは、現在の生者と結ばれているだけでなく、過去の死者とも結ばれている」のである。つまり、私たちは、「過去の死者」と「現在の生者」の融合した経験から流出する「共通感覚（常識）」を尊重し、無批判的に受容しなければならないのである[17]。ここに、われわれは、「庶民」を支えていた「匿名の思想」が、「共通感覚（常識）」と名を変えて新たに且つヨリ強力に甦っている事態を目にすることになる。

しかし、まさに、そのような共時的かつ通時的な社会統合要因である「共通感覚（常識）」や「（過去の死者と現在の生者の融合した）経験の蓄積」こそが、丸山＝福沢にとっては、「社会秩序と自然秩序の自同性の意識」を育み、人々の「客観的秩序への順応」を促すことにより、「つねに原理によって行動し、日常生活を絶えず予測と計画に基いて律し、試行錯誤……を通じて無限に新しい生活領域を開拓して行く奮闘的人間」[18]——それは後に「精神的貴族」と呼ばれることになろう——の創出・成長を妨げるものなのである。

二　克服対象論

われわれが設定した「丸山眞男－清水幾太郎問題」の解明にとって必要とされるのは、「主体的作為」を重視して「アリストテレスからデカルトへ」学問が転回することを要請する丸山＝福沢のレトリック＝スピーチ擁護論と、「人間的自然」を重視して「デカルトからアリストテレスへ」学問が転回することを要請する清水＝ヴィーコのレトリック＝トピカ擁護論の「相剋」現象が、一体いかなる社会哲学＝政治哲学的・認識論的意義を有するかを解明するために、それらがいかなる社会状況において、そもそも何を克服対象として措定しているかを、確認しておくという重要な作業である。あらかじめ結論を少し先取りして言えば、丸山＝福沢理論の場合、それは、当時の日本社会を支配し、今日のわれわれの日常生活をも執拗に蝕み続けている「無議の習慣」、すなわち、厳密な意味での「文明の精神」の受容を妨げる「古習の惑溺」であるが、清水＝ヴィーコ理論の場合、それは、当時のナポリの知的世界を熱狂させ、現代のわれわれの社会生活をも支配し続けている「方法としてのクリティカ」、すなわち、社会や歴史から「人間的自然」を疎外して孤立させる「哲学的批判」である。ヴィーコはもちろん、福沢が活躍した時代からも遥か遠く隔った現在という時点においても、「無議の習慣」の延長線上に井上達夫の批判する「同質社会的統合の生活世界への貫徹」が位置し、「方法としてのクリティカ」の延長線上にJ・ハーバーマスの危惧する「システムによる生活世界の植民地化」が位置するという事実は、それらをわれわれがいまだ克服しえていないのみならず、かえって両者の呪縛に抵抗すらできずにますます強く支配されていることを示している。

丸山は、福沢が『文明論之概略』第一章の劈頭に置いた「議論の本位を定むること」という従来あまり注目されずにきた「テーゼ」を重視し、それを「福沢の全著作に共通する思惟方法を最も簡潔に要約」したものと見る。丸山＝福沢によれば、「事物の善悪とか真偽とか美醜とか軽重とかいう価値判断はそれ自体孤立して絶対的に下しうるものではなく、必ずや他の物との関聯において比較的にのみ決定される」のであるから、この「テーゼ」の意味するところを最も広く解するならば、「価値判断の相対性の主張」ということに帰する。そして、「そうした価値は何か事物に内在する固定的な性質として考えられるべきではなく、むしろ、事物の置かれた具体的環境に応じ、それが齎す実践的な効果との関聯においてはじめて確定される」べきものであるから、その「テーゼ」は、「内容を具体的状況に定着させる」ことを意味すると言える。したがって、「〔福沢の〕所論のいずれも時代と場所というsituationを離れて価値決定はなしえないという命題に帰着する」が、この命題も抽象的に掲げられたものではないゆえに、福沢による「社会、政治、文化のあらゆる領域にわたる具体的判断はすべてその時々の現実的状況に対する処方箋として書かれており、そうした具体的状況から切離しては理解できぬ性質のもの」となる。[19]

丸山の指摘するように、プラグマティズムに著しく類似した右記のような思惟方法に立脚して、福沢は、「日本人が日本国の政治を最終的に決定する」という意味での「国体を保つこと」——それは「皇統が連綿としている」こととは無関係である——を最重要の実践的課題と捉えて、「政治的決定権が日本人の手を離れる」ことのないように、「人民の智力を進め」るために「古習の惑溺を一掃して西洋に行なわるる文明の精神を取る」ことを、「第一着の急須」と考えたのであった。ゆえに、当時の福沢は、「国体を保つこと」＝「日本の独立」——ただし、『学問のすゝめ』における「一身独立して一国独立す」という著名な命題が示すように、それは主体性をもった「独立自尊」の自律的人格が存在して初めて可能となる——が「当面の最高命題である」と考え、例えば「古風家と改革派の内乱」等の混沌状況の中での不毛な議論が起こることを回避するため、両者はともに相手が「自己にない長所を持っている」と見なすことができるように、自分自身を「コントロールして矯正してゆく」ことの必要性を強調した。[20]

丸山＝福沢によれば、このような「コントロール」を可能にするために必要不可欠なのは、いわゆる「人間交際」の多様化であり、その「交際」こそがディスカッションを「人民の智力を進め」る生産的なものとするゆえに、「議論の弁証法的発展の基盤をなす」ものと見ることができる。しかし、丸山が強調するように、人民の「交際」は、タテの「公」ではなく、ヨコの「パブリック」の観念を前提としてはじめて生まれるものであるが、当時の日本社会にはそのような「パブリック」の観念は完全に欠如していたのである。そのため、「演説」「討論」「会議」そして「集（衆）議」等々という「交際」に関わる重要な諸術語は、福沢自身（および彼のごく近くにいた人々）が新たに造語して案出しなければならない状況にあった。したがって、このような「交際」にとって著しく不利な社会状況において、福沢は、明六社の集会で「演説」——スピーチを福沢がそう訳した——の実践を開始し、「みんなの前でスピーチをして、「自分の考えを伝達するという習慣が日本にはないから、そんなものはやってもダメだという森有礼の悲観説を斥け」て、「自分で範を示してまでその習慣を作ろうとした」のである。もちろん、このようなレトリック＝スピーチの重視は、「日本の対外的独立の確保」が要請されていた当時の具体的状況において、ヨーロッパの「文明の精神」の採用という喫緊の課題を実現するために、「人民の智力」を進める「演説」の習慣を広く人民の間に早急かつ着実に育成しなければならない、という福沢の強い危機感を直接に反映するものである。[21] デカルトの「方法としてのクリティカ」の克服という観点からレトリック＝トピカを擁護する論陣を張ったヴィーコ——「近代の知」の敵対者であるレトリック思想家——とは著しく異なった文脈においてではあるが、レトリック＝スピーチ擁護論を力強く展開した福沢もまた、「近代の知」にしっかりと立脚する重要かつ有力なレトリック思想家なのである。その意味で、福沢の愛弟子であった馬場辰猪が『雄弁法』と題された優れた著作を刊行していることが注目されよう。[22]

ところで、清水＝ヴィーコのレトリック＝トピカ擁護論が共同体の成員が前反省的に受容している（とされる）「共通感覚（常識）」——したがって、それは意識的に変えられない——を重視していることとの関連で注目されるのは、日本社会を支配する「無議の習慣」——まさに「レトリックの敵」である——を克服しようとした福沢が、「習慣を変ずること大切なりと云ふ可し」と述べて、明らかに「習慣可変説」に与していることである。この「習慣可変説」

は、福沢の学問論にもはっきりと刻印づけられている。丸山は言う。福沢は「学問の首位は『第一がはなし、次にはものごとを見たりきいたり、次には道理を考へ、其の次に書を読む』……と言っているくらい、学問にとっても『話す』という知的会話の習慣を第一にもってきて、読書は一番最後にくる」ことになる。それゆえ、福沢は、「人間は習慣によって考え方が基本的に制約されるという側面――ある意味では非常に非合理な側面――を重く見」て、「習慣というのは、理屈で分かっていても、なかなかその理屈どおりにはいかない、だから仕方ない、というのではなくて、だからこそ、〔無議から集（衆）議へと〕習慣を変えていくことが重要な課題」であると捉えるのである。(23)

ここに抽出された、「〈話し〉の〈道理〉への先行性」という学問＝教育論上の命題は、後に検討する「〈トピカ〉の〈クリティカ〉への先行性」という清水＝ヴィーコ理論における学問＝教育論上の命題と、一見したところ、内容的に完全に合致していると思われるかもしれない。しかし、前者の命題が、「主体的作為」を可能にするために前提とされる「習慣可変説」のうえに定礎されているのに対して、後者の命題は、太古の昔を生きた人間を含む「過去の死者」と「現在の生者」のそれぞれの経験が融合したものから流出する、共時的かつ通時的な社会統合要因として、共同体の多数の成員が前反省的に受け入れている通念である「共通感覚（常識）」――それは「人間的自然」を形成する「習慣」の基礎となるものであると言えよう――の内容の妥当性を吟味することなく無批判的に増大させることを要求するものであるから、むしろ丸山＝福沢が力説する「習慣可変説」とは真正面から対立するものとなる。

丸山＝福沢によれば、「安んず可からざるの穏便に安んじ、開く可きの口を開かず、発す可きの議論を発しない」日本人の有する「無議の習慣」――いささか逆説的であるが、「レトリックの敵」であるこの「無議の習慣」こそが、当時の日本社会に浸潤していた「共通感覚（常識）」であったとすら言えよう――を克服することによってのみ、「理によって対等に交際する」＝「（日本の独立を危うくする）外国の強敵と理を争ふ」ことが可能となる。かくして、福沢の『学問のすゝめ』における「一身独立して一国独立す」という根本命題は、このように見るならば、そのレトリック＝スピーチ擁護論と直接的に結合していることが、容易に理解されよう。丸山＝福沢にとって、レトリック＝スピーチは、「無議の習慣」を克服して「理による対等な交際」を実現するために、つまり「全国人民の気風」――それはM・ヴェーバーの思想に共鳴する丸山理論で重視される「精神構造（エートス）」の別名である――を「である」論理・「である」社会と結びつく「古習の惑溺」から「する」論理・「する」社会の前提となる「独立自尊」へと根底から変革するために、強く要請されたのである。(24)

しかし、「独立自尊」を妨げるような「習慣」を実験精神の篩にかけながら「独立自尊」へのエートスの変革を主張することは、そのエートスが「共通感覚（常識）」と緊張関係にある場合、清水＝ヴィーコ理論からすれば、思い上がった知識人が陥る「奇矯傲慢なる行動」と見なされることになろう。したがって、当然、清水＝ヴィーコの場合、その擁護するレトリック＝トピカは、丸山＝福沢のレトリック＝スピーチのそれと、著しく異なった克服対象をもつことになる。それは、何よりも、「方法としてのクリティカ」＝「デカルト主義に毒された教育・思考方法」である。清水は、アリストテレスの「教養ある人だということは、問題の性質が許す程度の厳密性を各領域に求めることで判る」という叙述を引用して、デカルトやその追随者たちが、「数学を一切の学問のモデルと見て、あらゆる問題の研究に数学的厳密性を要求する」ことをナンセンスであるとして厳しく断罪する。(25)すなわち、人間の内外にわたる物的条件の研究はあるいは進めるかもしれない「方法としてのクリティカ」の高度の厳密性を人文領域にまであくまで追求していくという態度は、「人間という複雑で曖昧なもの、そういう人間が作り出す歴史という捕らえどころのないリアリティ」から、学問の対象としての資格を不当に剝奪することになる。清水は、一六九九年以降、ナポリ大学で修辞学の教授を務め、ほぼ毎年、学年初めに恒例の「開講の辞」を行なっていたヴィーコが、一七〇八年に演説『われらの時代の学問方法について』を発表し、従来のデカルトの忠実な弟子としての立場を翻して、「方法としてのクリティカ」を一つの典型とする「近代の知」に疑問を呈して、「論理から経験へと大きく転向」することにより、「デカルトの敵」へと変身したことの意義に着目する。(26)つまり、歴史や社会から「客観的自然」＝「純粋な機械的自然」が独立したことを「主体的作為」を可能にする画期的な事態として高く評価する「戦後啓蒙の徒」である丸山とはまったく逆に、清水は「〔歴史や社会における〕リアリティとのタッチを確めよう」として転向したヴィーコの姿に、「数学や物理学の方法を人間の世界に持ち込んだ場合に得られる厳密性の外観という栄光」の空虚さと「それによる人間的歴史的な実質の喪失という犠牲」の重大さを認めて、「人間的自然」を擁護するために「戦後啓蒙の敵」へと転向した自らの知的姿勢を重ね合わせる。(27) ところで、「デカルトの敵」へと見事に転向したヴィーコが行なった前記の演説は、「蓋然性の擁護」「レトリックの擁護」「数学における幾何学的な方法の批判」という三つの主要な論点を有している。これらの三論点はもちろん互いに密接に連関しているが、ここでは先ず、「レトリックの擁護」という第二の論点に照準を合わせて検討を行ない、その後にそれと他の二論点との関わりを必要な範囲で見ていくことにしたい。

清水は、「方法としてのクリティカ」のレトリック否定論、すなわち「私は雄弁術を大いに尊重した。しかし……非常に強い推理力を持ち、自分の思想をよく消化して、それを明晰な理解し得るものにする人なら、低ブルターニュ地方の言葉しか話さなくても、また、レトリックを全く学んだことがなくても、自分の主張をいつも完全に人々に納得させることができる」というデカルトの叙述を念頭に置いて、ヴィーコがレトリック＝トピカの復興を試みたことを強調し、彼がレトリック＝トピカ擁護の論陣を張ることは、「デカルトを敵に見立てねば不可能であった」ことを確認する。清水は言う。「確に、数学をモデルとして考えられた直覚や演繹の領域であるならば、また、純粋な理性的存在としての人間のことであるならば、雄弁術やレトリックは、真理の伝達の邪魔にこそなれ、あまり役に立たないだろう。……しかし、ヴィーコにとっては、真理は、数学における真理ではないし、それを伝達する相手も、純粋の理性的存在ではない。ヴィーコにおける真理は、例えば、法廷において争われる真理であり、伝達の相手は、法廷における敵対者であり、裁判官である。そこでは、真理は、真理らしく見えなければならない。真理が真理らしく見えないならば、更に、虚偽が真理らしく見えるならば、真理は容易に虚偽に敗れるであろう。真理は、無垢の真理だけを追求する人々の間を去って、利益や野心で動く人々の間へと引き出される。そこで真理であるためには、真理は、レトリックによって自ら真理として示さなければならない」のである。(28)

そして、清水は、ヴィーコの「現代においては、哲学的批判のみが尊重されております。トピカの技術は、カリキュラムの最初に置かれるどころか、全く無視されております。……これは有害なことであります。なぜなら、論点の発見は、その性質上、その妥当性の吟味に先立つもので、授業に当っては、発見が哲学的批判に優先すべきものでありますから」という主張を引用して、「論拠の在り場所の発見」に関わる方法ないし技術である「トピカ」の「真・偽の判断」＝「妥当性の吟味」に関わる方法ないし技術である「クリティカ」に対する先行性・優越性を強調する。つまり、「或る問題を論じる場合、それを根本原理からの演繹で説明することが出来ない時」は、真理を真理らしく見せるために、説明に役立つ幾つかの論点を「論拠が隠れていると思われる場所」に探すのが便利であるが、この「言葉と思想のストック」と言うべき「トポス」を必要に応じて何時でも使用できるように、われわれは平常から多数用意しておくべきなのである。それゆえ、「人間が批判的精神を持っていさえすれば、どんな学問でも彼に教えることができるし、そこに含まれる真理を直ぐ発見することができる」と強弁する「クリティカの徒」に対して、清水＝ヴィーコは「世間の共通感覚（常識）に関する技術」である「トピカ」の「クリティカ」への先行性・優越性をあくまで主張するのである(29)。

丸山＝福沢のレトリック＝スピーチ擁護論と清水＝ヴィーコのレトリック＝トピカ擁護論の相違を明らかにするためには、いわゆる「議論領域」の観点を導入することが必要となる。アリストテレスは、弁論の内容が未来の事柄に関わる「議会（政治）的弁論」において、話し手は、最も有益なものを見出すことを目的に、勧告あるいは制止を行ない、弁論の内容が過去の出来事に関わる「法廷（裁判）的弁論」において、話し手は、何が正義であるかを定めることを目的に、告発あるいは弁護を行なうと指摘して、各「議論領域(30)」のそれぞれの目的と関連づけて雄弁術＝説得術であるレトリックを分類したのであった。丸山＝福沢は、「日本の対外的独立の確保」という「議会（政治）的弁論」に主に焦点を合わせてレトリック＝スピーチ擁護論を展開するゆえに、「多事争論」の実現により「古習の惑溺」を次々と打ち破りながら、独立を脅かす諸列強との「理による対等な交際」が要請されるに至った新時代を切り拓いて行くための「未来志向的な想像力」の必要性を強調する。他方、清水＝ヴィーコは、「〈古代ローマの雄弁家キケロが活躍したような〉現実の法廷における正義の勝利」という「法廷〈裁判〉的弁論」に主に焦点を合わせてレトリック＝トピカ擁護論を展開するゆえに、「実践的判断〈実践理性〉」と「雄弁」の双方の規準である「共通感覚〈常識〉」により受け入れられた「衡平」に従いながら、「法的正義」を法廷弁論が闘わされる裁判という「場」において確保するための「過去志向的な想像力」の必要性を力説する。

このように、先に少し言及しておいたように、福沢の言う〈話し〉とヴィーコの言う〈トピカ〉がともに聞き手の存在を論理的に前提とする遂行論＝語用論次元の事柄であるのに対して、〈道理〉と〈クリティカ〉の両者はともに原則として聞き手の存在を何ら必要としない「真・偽の判断」＝「妥当性の吟味」に関わるという共通性を有することを考えると、丸山＝福沢理論における「〈話し〉の〈道理〉への先行性」命題は、清水＝ヴィーコ理論における「〈トピカ〉の〈クリティカ〉への先行性」命題と、学問＝教育論上、一見、完全に合致していると思われるかもしれない。しかし、表面的には極めて類似して見える両命題は、「レトリックの敵」として措定された克服対象が前者では「〈古習の惑溺から生じる〉無議の習慣」であり、後者では「方法としてのクリティカ」であることからも明らかなように、その実質を完全に異にしている。したがって、「〈話し〉の〈道理〉への先行性」命題を主張する丸山＝福沢のレトリック＝スピーチ擁護論が「多事争論」の実現を目指す——それは「〈蓋然的なもの〉＝〈真実らしいもの〉の無批判的信仰」である〈惑溺〉の否定を含意する——のに対して、「〈トピカ〉の〈クリティカ〉への先行性」命題を主張する清水＝ヴィーコのレトリック＝トピカ擁護論は「蓋然性」および「蓋然性に基づく知覚から生じる〈共通感覚〈常識〉〉」の復権を目指す——それは、「〈習慣可変説〉を前提とする〈多事争論〉という一種の価値的アナーキー」の否定を含意する——ことが、以上の分析によって確認できたのである。

三　基底論

丸山によれば、たとえ議論を行なうとしても、それが不毛なものとなってしまう「混沌状況のなかでの多事争論」に陥ることを回避するため、福沢は、「議論の本位を定むること」、すなわち「議論の座標軸」の設定による「議論の交通整理」を行なうことの必要性を力説して、「価値判断の相対性」や「問題の具体的状況への定着」を確保しようとしたのであった。そして、丸山は、福沢の場合、「価値判断の相対性の強調」が「人間精神の主体的能動性の尊重」とコロラリーをなしていることに着目する。すなわち、「価値をアプリオリに固定したものと考えずにこれを具体的状況に応じて絶えず流動化、相対化」させて、その「個別的状況に対して一々状況判断を行ない、それに応じて一定の命題ないし行動規範を定立しつつ、しかもつねにその特殊的パースペクティヴに溺れることなく、一歩高所に立って新しき状況の形成にいつでも対処」できるのは、「(精神的余裕をもった) 強靱な主体的精神」のみである(31)。他方、「特殊的状況に根ざしたパースペクティヴに捉われ、『場』に制約された価値規準を抽象的に絶対化」してしまう「主体性に乏しい精神」は、「当初の状況が変化し、あるいはその規準の実践的前提が意味を失った後も、これを金科玉条として墨守」する「惑溺」という現象を生む。丸山によれば、「人間精神の懶惰」を意味する「惑溺」は、「あらかじめ与えられた規準をいわば万能薬として、それによりすがることによって、価値判断のたびごとに、具体的状況を分析する煩雑さから免れようとする態度」であるゆえに、一見相反するかのごとく思われる「公式主義」と「機会主義」とは、実は同じ「惑溺」の表現形式にすぎないことになる(32)。

もちろん、「強靱な主体的精神」と結合するのが近代的な「経験」概念の能動的モメントであり、「主体性の乏しい精神」と結合するのは過去的な「経験」概念の受動的モメントである。しかし、「経験」概念の受動的モメントこそが清水＝ヴィーコ理論で重視される「人間的自然」の基礎となる「共通感覚(常識)」、すなわち共時的で通時的な社会統合要因であるゆえに、複数の人間が疎外し合うことなく互いにしっかりと連帯することを可能にする「共通感覚（常識）」を形成するものである。「共通感覚（常識）」とは、杉山光信も言うように「『内面性』に媒介されない直接性の意識を通じての統合」要因であるから、それは「多事争論」の前提である意見の相違それ自体を、一種の「倫理的アナーキー」を生み出す元凶と考え、「同胞倫理」に基づく連帯を目指すべき社会秩序の維持にとって「悪」と見る精神構造を生み出す。

かくして、「社会・政治・歴史について、いろいろちがった考え方が出てきて争うこと自体が悪い、あるいは新しい厄介な問題が発生すること自体がのぞましくない、それが秩序の乱れるもとになる」という「江戸時代に通用していた一般的のたてまえ」をきっぱりと斥けた福沢による「惑溺」批判は、「善悪正邪の絶対的固定的対立観」に基づいて、「一片の徳義をもって人間万事を支配し」「古の道をもって今世の人事を処し」「臆断をもって物の倫を説き」「天下の議論を画一ならしめんとする」等々典型的に「価値判断の絶対主義」を代表する儒教思想に対して向けられたのみならず、維新直後の文明開化論者や民権論者——いわゆる「開化先生」——のヨーロッパ心酔に対してもまた向けられたのである。(33)

丸山が強調するように、「固定的価値規準への依存」は「『惑溺』の深さ」に、他方「価値判断を不断に流動化する心構え」は「主体性の強さ」にそれぞれ比例するが、それは単に個人的素質や国民性に還元されるものではなく、福沢が「気風」と呼ぶ「時代時代における社会的雰囲気」と相関する。つまり、ある特定の時代の社会関係が「静態的＝閉鎖的」であるのか、それとも「動態的＝開放的」であるのかが、精神が「惑溺」に陥るか否かを決定し、逆に精神が「惑溺」に陥ることなく「社会的価値規準や自己のパースペクティヴを相対化する能力」をもつか否かが、社会関係が「停滞」するか、あるいは「進歩」するかを決定するという相互規定関係にある。丸山は言う。「社会関係が閉鎖的で固定している場合には人間の行動様式がつねに同じ形で再生産されるから、それは漸次に行動主体から独立して沈澱し、ここに伝統とか慣習とかが生れる。それらは人間の作ったものでありながらあたかも自然的存在であるかのように人間を繫縛する。かくしてそこでは価値規準がそうした伝統や習慣によってあらかじめ与えられ、それが社会の成員に画一的に通用する。人々の思考様式はおのずから類型的となりパースペクティヴも固定するのは当然である。福沢は単に価値判断の絶対化という問題にとどまらずおよそ一定の実践的目的に仕えるべき事物や制度が、漸次伝統によって、本来の目的から離れて絶対化されるところ、つまり手段の自己目的化傾向のうちに広く惑溺現象を見出した」[34]。

ところで、丸山によれば、「固定した社会関係の下で惑溺が集中的に表現されるのは、政治的権威」――政府は容易に「自己目的となって強大な権力を用い、種々の非合理な『虚威』によって人民を圧服させる」――なのであるが、「神政政治のように、無稽の神話によって君主に超自然的権威を賦与」したり、政府や王朝の「長きをほこりその連綿たること」を貴ぶことは、「いずれも虚威への惑溺」にほかならないのである。ゆえに、丸山＝福沢が強く警戒するのは、「（虚威への惑溺という）意識の倒錯によって政治権力」が「単に物理的な力だけでなく、あらゆる社会的価値を自己の手に集中することによって、価値規準の唯一の出発点となってしまう」事態である。したがって、福沢が、一方で、ヨーロッパの市民社会との比較において、「現実の日本の到る処に根を張る抑圧と卑屈の循環現象を剔抉する」ために、徳川体制を「典型的な権力偏重の社会」だとして厳しく批判しながら、他方で、「政治的権力（幕府）と精神的権威（皇室）と経済的実力（町人階級）がそれぞれ担い手を異にし、さらに政治権力の内部に複雑な相互牽制が作用していた」ゆえに「社会的価値の分散」が見られた徳川社会は、「経済も教育も学問も芸術も一切を挙げて政治権力の中心に凝集せしめつつある」中央集権的な明治絶対主義体制よりも優れていると高く評価したのも、そのような「社会的価値の集中」を極力回避しようとする思想的脈絡においてであった[35]。

このようにして、丸山＝福沢は、「社会関係の固定しているところほど権力が集中し、権力が集中するほど人々の思考判断の様式が凝固する。と同時にその逆も成立つ」ことに注意を喚起し、「価値判断の絶対主義は政治的絶対主義と相伴う」という重要な命題を抽出する。それゆえ、丸山＝福沢は、政治による合意形成が、「国民が遵奉する一つの信念体系」を創出し、国家に相応しい（とされる）「正統の確立」＝「ドグマの支配」という事態が惹起することの危険性に強く警鐘を発するのである。(36)

他方、「人間をとりまく環境が不断に変化」し、人間相互の関係が固定せずに流動する社会においては、「いつでも環境から投げ出される状態に置かれている」精神は、「現在の状況に安住していることができ」ず、「不断に目覚めていなければなら」ない。丸山は言う。「〔昨日の状況に妥当した価値規準にもはや今日は依りかかれない精神は〕問題を抽象的固定的な規準で一刀両断せずに、不断に現在の状況を精査し、ヨリ善きもの、ヨリ真なるものを絶えず識別し判断しなければならぬ。そこに伝統や習慣に代って知性の占める役割が大きくなる。人間の判断力は不断の活動と緊張を要求せられることによっていよいよ進歩する。と同時に主体の側に現在の状況をいつでも乗り超える精神的準備を必要とする結果、おのずから自己のパースペクティヴを流動化する。かくて政治権力も価値規準を独占することが不可能になり、みずからを相対化して価値の多元性を承認するに至る。ここでは精神はいかなる種類の惑溺からも自由である」。(37)

H・ベルクソンの『道徳と宗教の二源泉』とK・R・ポパーの『開かれた社会とその敵』で提示された「開かれた社会」と「閉じた社会」という「非歴史的」あるいは「超歴史的」な次元の範疇を、敢えて「測定の参考として歴史的状況のなかに投入」することにより、丸山が論文「開国」を執筆した事実からも明らかなように、丸山＝福沢にとって、「進歩」とは、「無事単一な上古の時代」＝「静態的＝閉鎖的な社会関係」から「多事繁多な文明時代」＝「動態的＝開放的な社会関係」への「無限の推移」のうちに存在することになる。(38)

「古習の惑溺」から「独立自尊」への「全国人民の気風」の変化と相関する「事物の煩雑化に伴う価値の多元的分化」として進歩を捉えたからこそ、福沢は、「習慣可変説」に与して、自ら率先して「演説（スピーチ）」を行なうことにより「集（衆）議の習慣」を作ろうとしたり、教育における「〈話し〉の〈道理〉への先行性」を強調したのであるが、このような「福沢の言論・教育を通じての実践的活動はつねに〔右記の〕進歩観によって方向づけられていた」と言えよう。それゆえ、丸山によれば、「議論による進歩、その前提として、他説に対する寛容、パティキュラリズムの排除――等々の福沢の言説に繰返しあらわれる主張」は、レトリック＝スピーチにより「人々の交渉関係を能う限り頻繁にし、パースペクティヴをできるだけ多様化しようとする」福沢の「ほとんど衝動的なまでの欲求」を物語るものである。(39)

「価値判断の絶対主義は政治的絶対主義を相伴う」という命題からは、福沢の「自由の気風はただ多事争論の間にありて存するものと知るべし」という重要な主張が導出される。丸山によれば、「政治的権力者による価値規準の独占的所有が破れ、価値決定の源泉が多元的となる」ところに必ず「自由は発生するはずである」という福沢にとっても、「多くの啓蒙主義者と同じく人間の進歩は自由の意識の進歩であった」のである。このような「主体的作為」の契機が全面に押し出される福沢の「進歩観」＝「自由観」に対しては、例えばF・A・ハイエクの「自生的秩序」論の視角からは、「開かれた社会（大社会）における知識の分散化や意識的な理性適用の限界」という事態の有する社会哲学的意義が正しく捉えられていないため「人間の環境についての大部分の具体的な諸事実に関する無知への適応の基礎」である「抽象」のもつ認識論上の重要性がまったく見逃されてしまっている、という批判が投げかけられることになろう。(40)丸山もまた、「単一の原理から多様な原理への発展」が「文明の進歩」と「人民の自由」を齎したと捉える福沢の「進歩観」＝「自由観」に、啓蒙思想に特有の「オプティミズム」が存在していることを承認している。しかし、ここで注目すべきは、「価値の分化、多元化の過程」を進歩と見る福沢において、「自由の進歩は単に専制の原理に対する自由の原理の直線的排他的な勝利」を意味するのではなく、むしろ「自由と専制との抵抗闘争関係そのもののうちに自由がある」と考えられていることである。(41)

したがって、「自由は不自由の際に生ず」という福沢の命題――丸山の言う「自由の弁証法」――は、「自由は多事争論の間に生ず」という命題の一コロラリーであるが、それは「いかなる思想、いかなる世界観にせよ、その内容の進歩的たると反動的たるとを問わず、……自己のイデオロギーによる画一的支配をめざす」ものである限り、「福沢にとって人類進歩の敵」となることを帰結する。そして、丸山は、ハイエクの『隷従への途』を引用しつつ、「民主主義」「社会主義」「ナショナリズム」等々と「リベラリズム」の本質的相違を指摘して、「少数者の自由」や「異端妄説や他の世界観への寛容」を求める「リベラリズム」の精神が、福沢の自由観にはっきりと見出されることを、強く示唆するのである(42)。

「主体的作為」を重視する丸山＝福沢のレトリック＝スピーチ擁護論は、ハイエクの言う「自生的秩序」と明らかに対立し、「リベラリズム」と当然ながら両立可能であるのに対して、「人間的自然」を重視する清水＝ヴィーコのレトリック＝トピカ擁護論は、「自生的秩序」とは必ずしも対立しないが、「リベラリズム」とはまったく両立不可能である。二つのレトリック像が示す、この興味深い交差現象は、前者が「蓋然的なもの」＝「真実らしいもの」の物象化現象である「古習の惑溺」をレトリック＝スピーチにより克服しようとするのに対し、後者が「実践的判断（実践理性）」の復権という観点から「蓋然性」および「（蓋然性に基づく知覚から生れる）共通感覚」の回復をレトリック＝トピカのために企てようとすることに起因する。「蓋然性」や「共通感覚（常識）」の意義を完全に否定したのは、もちろん、デカルトの「方法としてのクリティカ」である。

すなわち、清水も引用するように、デカルトは「方法的懐疑」に立脚して、『精神指導の規則』において「私たちは、蓋然的に過ぎぬ知識はすべて拒否し、完全に知られて疑うことの出来ぬ知識でなければ同意してはならないと定める」と記し、『方法叙説』において「（私は）蓋然的に過ぎないものは殆どすべて虚偽を見た」と述べていたのである。「絶対的確実性と無智との間にいかなる中間段階も認めず」に、「蓋然性に関するアリストテレスの観念を拒否」したデカルトの「方法としてのクリティカ」こそが、清水＝ヴィーコのレトリック＝トピカの克服対象となる。それゆえ、清水は、「デカルトの敵」であるヴィーコの、「哲学的批判は、私どもが最初に青年に課しているところの科目であります。現在、この思弁的批判の主たる目的は、その根本的真理を啻に一切の虚偽からのみならず、苟くも誤謬の惧れあるものから洗い清めるところにありますが、かかる批判は、ひとり虚偽の思考のみならず、単なる蓋然性に基づく第二次的なる真理および観念をも虚偽と同列に置き、それらを私どもの精神から取り除くことを命じておるのであります」という叙述を引用して、現在の教育を支配しているデカルトの「哲学的批判」＝「方法としてのクリティカ」が青年の教育にとって極めて「有害」であることを強調する。さらに清水は、ヴィーコの引用を続ける。「共通感覚（常識）」の訓練こそ、「青年の教育に不可欠なもので、この能力はできるだけ早期に開発されるべきものでありまして、然らずんば、成人に達した場合、彼らは奇矯傲慢なる行動に陥るからであります」。そして、清水＝ヴィーコは、「〔真理と虚偽との中間にある〕蓋然的なものは殆どつねに真理であり、極めて稀にのみ虚偽である」という根本命題を提示する。(43) この命題は、丸山＝福沢が提示する「信の世界に偽詐多く、疑の世界に真理多し」というもう一つ別の根本命題と、学者＝知識人のあり方等の観点から後に比較検討されることになろう。

したがって、「蓋然性」は、デカルトにとっては「殆どすべて虚偽」となるのに対して、ヴィーコにとっては「殆どすべて真理」となる。清水の卓抜な表現を用いて言えば、「蓋然的なものは、デカルトにあっては、虚偽という極端へ、ヴィーコにあっては、真理という極端へ強く牽かれている」のである。

「蓋然的なものは殆どすべて虚偽」と見るデカルトの「方法としてのクリティカ」では「書物による学問をすべて放棄」することになると示唆して、清水は、「もし進歩ということが単に未来についてだけでなく、過去における人間精神の行程にも認められるものであるならば、その成果は先人の遺した典籍に求めるほかないであろう」と言う。ここからも明らかなように、三木清の図式を当てはめるならば、「自由の弁証法」を根底に据える丸山＝福沢の「進歩観」が対立・闘争の契機をもつ現状変革的な「弁証法」に属する未来志向の「修辞学（レトリック）」的思考を明らかに反映しているのに対して、この清水＝ヴィーコの「進歩観」は、連続・融合の契機をもつ現状維持的な「有機体説」に属する過去志向の「解釈学（ヘルメノイティク）」の精神をその深部に確かに宿している。(44)

清水は言う。「蓋然性を虚偽として斥けることによって、デカルトは、蓋然性の領域にとどまる多くの学問を斥け、絶対に確実な、しかし、どこにも人間のいない数学だけを認めた。これに対して、蓋然性を認めることによって、ヴィーコは、蓋然性に基づく共通感覚（常識）の通用する人間の世界のことを考えていた。……真理の領域は、デカルトにおいては、透明の極端に狭い世界であるのに対して、ヴィーコにおいては、半透明の広大な世界である」[45]。すなわち、「アリストテレスからデカルトへ」という志向を有する丸山＝福沢が、歴史・社会から「客観的自然」が独立することを主体的作為が可能となるための前提として力強く肯定するのに対して、「デカルトからアリストテレスへ」という志向を有する清水＝ヴィーコは、「主体的作為」により歴史・社会から「人間的自然」が孤立化させられる危険性を鋭く警告する。つまり、丸山＝福沢にとっては、「人間的自然」の有する「真理の半透明の広大な世界」において「主体的作為」を妨げる「古習の惑溺」ないし「虚威への惑溺」が生じることが問題となるのに対して、清水＝ヴィーコにとっては、「主体的作為」を可能にする「客観的自然」の有する「真理の透明の極端に狭い世界」において「人間的自然」の基礎となる「共通感覚（常識）」が喪失することが問題となる。

ところで、「〈トピカ〉の〈クリティカ〉への先行性」という学問＝教育論上の命題を主張する清水＝ヴィーコによれば、青年の教育や法廷での実践において「実践的判断（実践理性）」および「雄弁」の双方の規準である「共通感覚（常識）」の育成・訓練を行なうことが必要不可欠である。無垢の客観的真理を追求する理性的存在としての人間の間においてではなく、法廷における敵対者や裁判官・陪審員（私人審判員）のような利益・野心・感情で動く具体的存在としての人間の間において真理であるためには、真理は「真理らしく」見せることができるように、「共通感覚（常識）」をその規準とするレトリック＝トピカによって自らを真理として示さなければならない。このように、清水＝ヴィーコによる「蓋然性」や「共通感覚（常識）」の復権要求は、その「〈トピカ〉の〈クリティカ〉への先行性」命題と密接に関連しているが、「論拠の在り場所の発見」に関わる技術である「トピカ」の訓練の必要性を何ら認めない「クリティカの徒」に反駁するために、清水＝ヴィーコは以下の三つの根拠を挙げて、レトリック＝トピカ擁護の論陣を張る[46]。

すなわち、その第一は、「トピカによって、問題のあらゆる側面を考慮することが出来る」という「包括性」であり、第二は、あらゆるトポイ（トポスの複数形）を平常からストックとして用意しておくことにより、切迫した緊急の問題に対しても躊躇することなく即座に答えることができるという「即時性」であり、第三は、「理性のほかに情意的諸能力を持つ全体としての人間」である聞き手に対して、あらゆるトポイに眼を通している話し手は、レトリックにより真理を「真理らしく」見せることにより、「聞き手の心の琴線に触れる」説得力ある弁論を展開できるという「話し手と聞き手の関係における説得力」である。したがって、清水＝ヴィーコによれば、このような「包括性」「即時性」「話し手と聞き手との関係における説得力」という三つの利点をもつ、「論拠の在り場所の発見」に関わる技術である「トピカ」を可能にするためには、論点のストックであるトポイを豊富にし、「実践的判断（実践理性）」と「雄弁」の双方の規準となる「共通感覚（常識）」を増大させ、想像力と記憶力をともに鍛えるべきであるから、「真・偽の判断」＝「妥当性の吟味」に関わる「方法としてのクリティカ」が青年の教育や法廷での実践において、「トピカ」に先行したり優先したりすることは、極めて「有害」であるので決して認めることはできない。清水は次のように言う。「デカルト派に支配される現代の教育は、トピカを冷たく無視して、青年に理性的な批判の方法のみを強制しているが、ヴィーコによれば、それは青年の精神的発達の事実を無視するものである。老人が理性的能力に優れているのに対して、青年は記憶力および想像力において優れている。……教育の方法は、この自然的事実の上に打ち樹てられなければならない[47]」。

「プラトン以来、ソフィストやレトリックの教師は悪役になった」と言う清水は、次のようにソクラテスを批判する[48]。「プラトンによって仕立てられたソクラテスは、真実と真実らしく見えるものとを絶対的に対立させる。彼にとって、両者は重なり合うことも溶け合うことも出来ない。もし真実らしく見えるものと溶け合い重なり合うものがあるとすれば、それは虚偽である。しかし、真実らしく見えるものは、一体、誰にとって、そう見えるのか。レトリックは、誰にとって通用するのか。ソクラテスによって代表される哲学者にとって、真実らしいものは決して真実らしく見えず、ただ虚偽と見え、また、真実らしく見せるための技術としてのレトリックは哲学者には何の効果もない」。

したがって、「私には、対話篇に登場するソクラテスの方が、口先だけ達者で、底意地の悪い、愛嬌のない人物で、彼こそ悪い意味のソフィストのように思われ、昔から嫌いである」とも語る清水にとって、理想とすべき人物は、哲学者の祖として称えられるソクラテス――彼もデカルトとは異なる意味においてではあるが「レトリックの敵」であることには疑問の余地はない――ではない。丸山＝福沢にとって憎むべき「親の仇」は「巧言令色鮮矣仁」と語った孔子に始まる儒学であったが、清水＝ヴィーコにとってそれは「レトリックの存在価値を否定する」ソクラテスやデカルトに代表される哲学となる。むしろ、「政治学という『高貴で重要な学問』が誰からも顧みられない」ことを嘆く清水にとって理想となるのは、古代ローマの雄弁家にして政治家であったキケロである。

キケロが「沢山の小さな論点〔トポイ〕の用意を怠らなかった」ことを確認したうえで、清水は次のように論じる。「ヴィーコは、ミロの裁判を例に挙げる。ティトゥス・アニウス・ミロは、ローマの護民官で、クロディウスの敵である。クロディウスは、ギャングのボスで、ローマとその近郊とに恐怖政治を行っていた。紀元前五二年一月二十日、ミロはクロディウスの部隊と戦って、これを亡ぼした。マルクス・ブルートゥスとキケロは、法廷のミロを救いたいという点では全く一致していた。ところが、ブルートゥスは、ストア派で、『現代によく似た一種の哲学的合理主義批判の訓練』を受けていたため、裁判官の気持ちに任せておけば大丈夫、と考えた。共和国に尽した優れた功績、ローマをクロディウスから救った功績、それを理由にミロが釈放を求めれば、彼は許されるであろう、とブルートゥスは信じた。これに対して、トピカに長じたキケロは、当時の諸条件を深く考慮して、ブルートゥスの方法が危険であることに気づき、むしろ、これらの諸条件との関係から効果的と推測される理由に基づいてミロの無罪を徹底的に立証しようと考えた。不幸にして、キケロは弁論を行うチャンスを失い、ミロはマシリア〔マルセーユ〕へ流されることになったが、この事件は、ヴィーコにとって、シンボリックな意味を持っている。……黙っていても、真理は、自ら真理として認められるものであるか。正義は、必ず勝つものであるか。真理であること、正義であることだけで、私たちは安心してよいのか。然り、と答えるのが、批判の人たちであり、否、と答えるのが、トピカの人たちである。

批判の人たちは、すべての人間に平等に与えられている理性——恐らく、良心も——を信じ、トピカの人たちは、理性や良心とともに人間の全体を組み立てている感情や欲望や野心のことを知っている。前者は、真理のために作られた書斎に、後者は、生活の場所としての街頭に属している。ヴィーコは言う。『私どもは、誰を信じたらよいのでしょうか。アルス・トピカを斥けるアルノーでしょうか。それとも、自分の雄弁は、多くの有効な論点を巧みに挙げる技術によるものである、と説くキケロでしょうか。』……現代のアルノーか、古代のキケロか。ブルートゥスと重なり合って見えたアルノーは、再びデカルトと重なり合い、キケロはヴィーコ自身と重なり合って見える」[49]。われわれは急いで付け加えよう。査問所法廷で法廷技術を駆使する政治家として頭角を現わしていったキケロはヴィーコと重なり合い、そのヴィーコに清水自身が重なり合って見える、と。今や、われわれは、清水=ヴィーコではなく、清水=ヴィーコ=キケロと表現すべきなのかもしれない。しかし、実は、その等号が誤りであることが、後に明らかにされるであろう。つまり、清水もヴィーコも、共和政理念を反映した査問所法廷が存在したからこそ、キケロが雄弁家として活躍できたという重大な事実に、まったく目を向けようとしないのである。これは致命的な誤りである。

ところで、「習慣可変説」を前提とする「〈話し〉の〈道理〉への先行性」命題を主張する丸山=福沢のレトリック=スピーチ擁護論と、「〈トピカ〉の〈クリティカ〉への先行性」命題を主張する清水=ヴィーコのレトリック=トピカ擁護論では、「蓋然的なもの」=「真実らしいもの」——アリストテレスの言う「社会通念」に相当する——の評価・位置づけが根本的に相違する。前者において、それは、「内在的価値の無批判的信仰」である「惑溺」に陥ることのないようにレトリック=スピーチによって実現されるべき「多事争論」により批判的に吟味され続けなければならないものである。後者において、それは「実践的判断（実践理性）」および「雄弁」の双方の規準としてレトリック=トピカのために回復されるべき「共通感覚（常識）」を生み出すものとして無批判的に受け入れなければならないものである。つまり、「無議の習慣」あるいは「古習の惑溺」を克服対象とする丸山=福沢理論は、レトリックによりその実現が目指される「多事争論」という広義の基底的コンフリクトの生産性を主張し、歴史・伝統・慣習・制度・

タブー等からの個人の自由・独立を要請するものであった。他方、「方法としてのクリティカ」あるいは「哲学的批判」を克服対象とする清水＝ヴィーコ理論は、レトリックのためにその復権が目指される「共通感覚（常識）」という広義の基底的コンセンサスの必要性を主張し、歴史・伝統・慣習・制度・タブー等を個人が尊重・受容することを要請するものであった。丸山＝福沢理論と清水＝ヴィーコ理論は、ともに卓抜なレトリック擁護論ではあるが、その「基底にあるもの」は、このように根本的に相違しているのである。

四　真理論

いまだ達成されていない「パースペクティヴの多様性」を実現するために「多事争論」の果たす役割の重要性を主張する丸山＝福沢のレトリック＝スピーチ擁護論と、既に蓄えられている（筈の）「多様なパースペクティヴ」＝「トポイ」を利用して「共通感覚（常識）」に合致した合意形成の必要性を強調する清水＝ヴィーコのレトリック＝トピカ擁護論では、「少数者」の主張する異説の存在意義についての理解および評価が根本的に異なる。なぜなら、共同体の多数者が前反省的に受け入れている通念である「共通感覚（常識）」そのものを敢えて疑問化し、「実践的判断（実践理性）」と「雄弁」の双方の規準としての妥当性を根底から批判する少数者のレトリック実践こそが、いわゆる「異端妄説」により「多事争論」を活性化させ、その内容を豊かにするものだからである。

それゆえ、「共通感覚（常識）」を批判的に吟味することなく増大させるべきであると言う清水＝ヴィーコとは異なり、「（共同体の成員はすべて感覚や）意見が一致するはずだ、というたて前」を斥けて、「人がちがえば、他人だから（感覚や）意見がちがうのは当然だ」という前提から出発する丸山＝福沢は、秦の始皇帝が「宰相李斯の意見にしたがい、李斯の奉ずる『法家』の立場から儒教を弾圧し、儒者を穴に埋めた」いわゆる「焚書坑儒」を「法家というイデオロギーが儒家という特定のイデオロギーを弾圧した」出来事とは見ずに、むしろ「百家の異端争論（そのもの）」を

〔天下の秩序に害があるものとして〕禁じようとした」ことと捉える。つまり、「焚書坑儒はイデオロギー内容の問題では必ずしもなくな」り、「どんな内容の思想であれ、他の思想に対する自由と寛容という問題」となる。[50]

この「焚書坑儒」の事例を引用して、丸山＝福沢は、「国家によって唯一の真理とされている学説の単一支配」＝「真理の独裁」からは「自由は原理的に生じ」ず、「自由の気風はただ多事争論――それは、もちろん、必ず反対意見が自由に発表され、少数意見の権利が保障されているところにのみ起こりうる――の中からしか出てこない」ことを強調する。この「自由は多事争論の間に生ず」という重要命題は、福沢が、「無議の習慣」の支配により「多事争論」がまったく実現していない当時の日本社会を、その大多数の成員が「物に対して疑いを発する勇気がない」という観点から痛烈に批判したことと結びついている。[51]「疑い」の精神こそ、福沢が擁護した「実学」の根底に位置すべきものである。

すなわち、丸山によれば、「江戸時代に用いられた身辺実用の学」という意味ではなく、「懐疑の精神に裏づけられた学問」という意味での「実学」を「発明の基を開く」ものとして重視した福沢は、「文明の進歩は、天地の間にある有形の物にても無形の人事にても、その働きの趣を詮索して真実を発明するに在り」と述べて、その広義の「発明」が「〔なぜだろうという〕疑い」から出発していることに注意を促す。丸山＝福沢によれば、「ガリレオが天動説を疑って地動説を発明し、ニュートンがリンゴが落ちるのを見て重力の理に疑いを起した」こと等は「疑い」と「発明」の結合を典型的に例証するものであるが、その「疑いの路に由って真理の奥に達」することを可能とする結合は、「〔有形の〕自然現象」に限らず、「〔無形の〕人事」に関しても、同様に見出される。つまり、「マルチン・ルターの宗教改革、フランス革命、アメリカ独立などもそれぞれ、ローマ宗教の妄誕、貴族の跋扈、英国の成法に疑いをもった」ことから出てきた「発明」である。したがって、丸山＝福沢は、「〔宗教改革等の出来事は〕何も疑わなかった習慣に疑いを発したのだ。習慣だとルーティンになりますから、当り前だと思っている。それを『不思議なこと』として、なぜかを問うたところに今日の西洋の進歩があった」と考えるが、[52] これまでの「習慣」に疑問を発することなく

「当り前」だと信じ込む心性が「内在的価値の無批判的信仰」である「惑溺」に陥ることと密接に関連していることは言うまでもなかろう。それゆえ、「惑溺」の原因となる「無議の習慣」を克服し、「多事争論」を実現しようとする丸山＝福沢のレトリック＝スピーチは、「パースペクティヴの多様化・流動化」を可能にする「疑い」の重要性に立脚している。かくして、「疑い」の「惑溺」批判機能に着目する福沢は、『学問のすゝめ』第一五篇冒頭で、「信の世界に疑詐多く、疑の世界に真理多し」という真理論上の重要命題――それは、「デカルトの敵」であるヴィーコが力説する「蓋然的なものは殆どつねに真理である」という重要命題と真正面から対立する――を提示するのである。「天動説を疑った」ガリレオや「重力の理に疑いを起した」ニュートンそして「ローマ宗教の妄誕を疑った」ルター等々は、まさにその当時の共同体の大多数の成員が「当り前」の「真理」として信じている「習慣」――清水＝ヴィーコの言う「共通感覚（常識）」から生じる――に敢えて「疑い」を発することにより「真理の奥に達した」少数者である。しかし、だからこそ、ガリレオやルターは、しばしば多数者の有する「共通感覚（常識）」によって正統化されている宗教的ないし政治的権威――丸山によれば、M・ヴェーバーの言う「伝統的支配」や「カリスマ的支配」も「虚威への惑溺」の典型である(53)――により、直接的ないし間接的に弾圧・破門・抑圧等々を受けて精神的・肉体的に大きなダメージや不利益を蒙ることになる。それゆえ、「自然現象」に関してであれ、「人事」に関してであれ、「共通感覚（常識）」として沈澱することにより形成される「伝統」＝「習慣」を打ち破り、「惑溺」批判が展開されるためには、「疑い」を発する勇気をもった「自由探究の精神」が存在することが必要となる。

丸山＝福沢理論とはまったく異なる思想的文脈においてであるが、清水＝ヴィーコ理論においても、レトリックに対して「発明」＝「発見」のもつ重要性は承認されている。このことを、両者のF・ベーコン思想への着眼点の相違という観点から、確認しておこう。

丸山は、『学問のすゝめ』を「功利主義的個人主義的思想の通俗的紹介」と捉える和辻哲郎の見解を斥け(54)、「真理原則」を「個別的な状況のなかで絶えず具体化されて行く過程」と見て、「事物の価値を……つねにその具体的環境への機能性によって決定して行く」福沢の思惟方法と、「近代自然科学を産んだルネッサンスの実験精神の直接的継承者」であるプラグマティズムの親縁性を強調する。つまり、福沢が「いろいろの果てしない論争が『議論の本位を定める』ことによって実際的に解決されて行く例を挙げているところは、W・ジェイムズの有名な栗鼠の比喩を思い起こさせ」るし、「およそ事物試みざれば進むことなし」というその実験主義は、「デュウィを連想させるものがある」が、それはプラグマティズムが「一九世紀以後、機械論的決定論の泥沼のなかに埋没した科学主義をばベーコンの伝統への復帰によって主体的行動的精神と再婚させようとする意味を持っている」からである。[55] 丸山にとってのキー・パーソンである福沢の理論とプラグマティズムの親縁性を田中王堂は強調したが、そのプラグマティズムの教育論の日本の思想界への本格的な紹介者が清水幾太郎であることは、単なる偶然ではなく、〈話し〉と〈トピカ〉の各々の〈道理〉と〈クリティカ〉へのそれぞれの先行性を唱える両者が教育とレトリックの結びつきをともに注目しているという点で、看過しえない問題を提起することになる。しかし、丸山＝福沢の〈話し〉重視と清水＝ヴィーコの〈トピカ〉重視の微妙な相違は、それぞれのベーコン評価の力点の置き方の対立に影を落とすことになる。

ベーコンの思想を、丸山が「経験」概念の能動的モメントを重視しつつ、それを「客観的自然」を「人間にのしかかって来る『鉄のごとき必然性』としてよりも、むしろヨリ多く人間の主体的操作（実験）によって不断に技術化されるべき素材として」捉えることを可能にする「実験精神」＝「主体的行動的精神」の再生を齎すものと把握するのに対し、清水は、「人間的自然」と結びつく「共通感覚（常識）」において重要な役割を演じる「経験」概念の受動的モメントにも関心を向けながら、それを抽象的＝非物質的な「裸の真理」の弱さを「言葉および論点の発見」の技術であるトピカによって具体化＝物質化して強化する可能性を示唆するものとして捉える。清水によれば、「ベーコンの〔丸山が着目する帰納法をはじめとする学問の革新に関する主張などではなく〕トピカに出会わなかったら、……デカルトの数学的哲学に自己を対立させる立場がなかったであろう」ヴィーコは、「ことによると、デカルトの味方から敵へ廻ることが出来なかったかも知れぬ」のである。[56]

『学問の進歩』において、哲学を「神を取扱う部門、自然を取扱う部門、人間を取扱う部門の三つに分類」したベーコンは、最後の部門を「肉体の方面と精神の方面の二つに分類」し、さらに後者を「悟性、理性の研究と、意志、欲望、感情の研究とに分類」した。清水は言う。「前者の中心にある論理学においては、知性の技術として四つのものが分類されている。曰く、発見、判定、保存、伝達。第一の発見（invention）は、二つの種類に分類され、一つは技術および科学の発見、もう一つは、言葉および論点の発見である。ベーコンに従えば、……後者は、本来の意味では、発見と称し難いものである。なぜなら、発見というのは、未だ知られていないものについて言えることなのに、これは、既に〔トポイ・カタログの中に〕知られているものを探し出すことであるから。それゆえ、この場合のinventionは、着想とか発想とか訳すべきなのであろう(57)」。

丸山＝福沢が重視する「発明」は明らかに主に「技術および科学の発見」であるから、当然それは「経験」概念の能動的モメントと結びついている。しかし、清水＝ヴィーコの場合は、「共通感覚（常識）」の中に既に蓄えられている「言葉および論点の発見」が注目されるのであるから、それは「発見」というよりむしろ「着想とか発想」等と称すべきものとなる。

「よく用いられる論点（トポス）を平常から用意しておく」こと＝「準備」と「〔トポスが〕私たちの精神に刺戟を与えて、以前に集めた知識を現在の目的に適うように取り出させる」こと＝「示唆」により、「理性と想像力」を結合させるベーコンの言うトピカは、「大いにヴィーコを励ましたであろう」と述べて、清水はさらに続ける。「ベーコンにおいては、記憶力、想像力、理性の三者が心という全体に属する三つの能力であって、記憶力から歴史が、想像力から詩が、理性から哲学が生れる。といっても、これらの能力が相互に孤立しているのではない。少くとも、レトリックにおいては、理性と想像力とが結合している。……レトリックは、理性の命令を想像力に伝えて、意志や欲望に刺戟を与えようとするものである。理性だけから産まれた産物は、エーテルのような抽象的なもので、人間の心を動かす力に欠けている、とベーコンは考える。彼も『裸の理性』の弱さに気づいているのであろう。もし理性が本当に世を支配すべきであるならば、抽象的なものを具体的なものたらしめねばならぬ。非物質的なものを物質的なものたらしめねばならぬ。それがレトリックの仕事である」(58)。

丸山＝福沢理論が、「パースペクティヴの多様化」を実現するという「課題性」を担っているのに対して、清水＝ヴィーコ理論は、「既に知られているもの」という「多様なパースペクティヴ」がトポイ・カタログとして存在しているという「所与性」の性格を帯びる。したがって、前者の言う「発見」＝「発明」は、「共通感覚(常識)」と対立する少数者の「未来志向的で散文的な想像力」によるのに対して、後者の言う「発見」＝「発想」は、むしろ「共通感覚(常識)」を受け入れている多数者の「過去志向的で詩的な想像力」によるのである。

福沢は言う。「試に見よ、古来文明の進歩、その初は皆いわゆる異端妄説に起こらざるものなし。……ガリレヲが地動の論を説きしときは、世人皆これを妄説として駁したるにあらずや。……昔年の異端妄説は今日の通論なり、昨日の奇説は今日の常説なり、然ば即ち今日の異端妄説もまた必ず後年の通論常説なるべし。学者宜しく世論の喧しきを憚らず、異端妄説の譏りを恐るゝことなく、勇を振て我が思ふ所の説を吐く可し。……必ずしも他人の説を我範囲の内に籠絡して天下の議論を画一ならしめんとする勿れ」。それゆえ、既存の「通論常説」を「疑う」ことによって切り拓かれる知の地平から、しばしば「真理」が現われる。『学問のすゝめ』第一五編にいわく、「信の世界に偽詐多く、疑の世界に真理多し。試に見よ、世間の愚民、……父母の大病に按摩の説を信じて草根木皮を用ひ、娘の縁談に家相見の指示を信じて良夫を失〔ふ〕……。文明の進歩は、天地の間にある有形の物にても無形の人事にても、この働きの趣きを詮索して真実を発明するに在り。西洋諸国の人民が今日の文明に達したるその源を尋ぬれば、疑の一点より出でざるものなし。ガリレヲが天文の旧説を疑つて地動を発明し、……ニウトンが林檎の落つるを見て重力の理に疑ひを起し、……たるが如く、何れも皆疑ひの路に由つて真理の奥に達したるものと言ふべし。ローマ宗教の妄誕を疑つて教法に一面目を改めたるものはマルチン・ルーザなり。フランス人民は貴族の跋扈に疑いを起して騒乱の端を開き、アメリカの州民は英国の成法に疑いを容れて独立の功を成したり」。

ところで、「疑い」を発する勇気を欠くために「習慣」に圧倒されて、政治・社会・文化等々のあらゆる領域において「惑溺」に陥ってしまった日本社会の現状を痛烈に批判する福沢のレトリック実践は、それゆえ、「（文明の進歩に必要な）新鮮な知識の獲得」は「探究の精神」が発揮されることによるが、その「探究の精神」は「懐疑の精神」によって定礎されている、というF・P・G・ギゾーやH・T・バックルの思想に触発されたものであると考えられる。「疑い」を発する勇気をもった少数者の「惑溺」批判を行なう言論の自由・意見発表の自由を前提とする「信の世界に偽詐多く、疑の世界に真理多し」という命題は、丸山が指摘するように、「権力による言論統制よりも、むしろ、『世論』による意見の画一化の危険性」の方に重点を置くものであるから、それは「〔唯一人を除く〕全世界の人がAといい、たった一人だけがBといっても、その一人の意見を抑圧してはいけない」というJ・S・ミルが『自由論』で展開した「リベラリズム」の主張と強く共鳴している[59]。

丸山は言う。「この世に多い、平均的な知性の持主、平凡な人物、それは個人のレヴェルではいいけれども、それが一番数が多いので、集まると非常な力を持って少数意見を圧迫する。ミルは、具体的に、イギリスの議会政治の問題として……多数決による『多数の暴政』の危険性を指摘している……。〔しかし、福沢が強調するように〕古来、文明の進歩は少数者の異端妄説から産まれているではないか……。天下の多数者の意見が歴史を進めたのではなくて、むしろマイノリティが進めたことが多い。その時代においては異端妄説として排斥されたものが、やがて広く認められるようになった……例として、アダム・スミスとガリレオが挙げられる」のである[60]。

このように、「信の世界に偽詐多く、疑の世界に真理多し」という福沢の真理論上の命題は、後にヨリ詳しく論じるように、その「学者宜しく世論の喧しきを憚らず、異端妄説の譏りを恐るゝことなく、勇を振て我が思ふ所の説を吐く可し」という知識人（学者）の在り方に関する命題を導出する[61]。しかし、福沢の知識人論は、清水＝ヴィーコのレトリック＝トピカ擁護論からすれば、歴史や伝統等を軽蔑して「現代の学問という見地から過去を審こう」とする「学者たちの自惚れ」を促進しようとする姿勢を正確に反映するものであるから、厳しく批判されなければならないのである。しかし、その逆に、丸山＝福沢のレトリック＝スピーチ擁護論からすれば、そのような清水＝ヴィーコによる「学者たちの自惚れ」批判は、「内在的価値の無批判的信仰」である「惑溺」という「精神の懶惰」に居直ることを正当化する言説であるから、断固として斥けなければならないものである。

福沢の真理論や知識人論における「少数者の権利や少数意見に対する寛容」の主張は、その「自由は不自由の際に生ず」という自由論上の命題と正確に対応している。「いろいろな自由がお互いに牽制しあって、どの自由も絶対的な力をもたない、まさにそういうところに自由がある」、つまり「自由と専制との抵抗闘争関係そのもののうちに自由があるのであって、自由の単一支配はもはや自由ではない」という「自由の弁証法」と名づけられた「逆説的な命題」は、福沢の思想が「デモクラシーよりリベラリズムの思想の系譜に属」することを雄弁に物語っている。(62)

さて、「信の世界に偽詐多く、疑の世界に真理多し」という丸山＝福沢の真理論上の根本命題と真正面から直接に対立するのは、「蓋然的なものは殆どつねに真理であり、極めて稀にのみ虚偽である」という清水＝ヴィーコの真理論上の根本命題であるが、後者は「真なるものは作られたものである」という真理に関するいま一つ別の重要な命題と密接に関連している。

既述のように、「生活の場所としての街頭」に属する、「論拠の在り場所の発見」に関わる技術であるトピカの意義を正確に捉えるためには、「実践的判断（実践理性）」と「雄弁」の双方の規準である「共通感覚（常識）」の復権が必要となるが、それは「蓋然的なものは殆どつねに真理であり、極めて稀にのみ虚偽である」という命題を受け入れることによって可能となる。「方法的懐疑」に立脚してアリストテレスの「蓋然性」に関する観念をきっぱりと斥けたデカルトは、「蓋然的なものは殆どすべて虚偽である」という命題を示したが、そのさらなる「アンチ・テーゼ」であるヴィーコの根本命題は、真理の領域が、デカルトにとっては、「透明の極端に狭い世界」になるのに対して、ヴィーコにとっては、「半透明の広大な世界」となることを示している。(63) 丸山は、その荻生徂徠論において、「透明の極端に狭い世界」において聖人が「作為」して歴史を作ることを論じたが、清水は、ヴィーコ論において、太古の昔から多数の人間が「半透明の広大な世界」において歴史を作ってきたことを強調する。同じような歴史を「作る」という表現が用いられていても、両者の「作る」という言葉が帯びるイメージは、一八〇度逆方向を指向している。

清水も指摘するように、この「半透明の広大な世界」を前提としてのみ、真理を「正しく使用された（聖人のような）一人の人間の理性が一度に摑むもの」としてではなく、「長い期間に亘る多くの人々の作業を通して漸次的に接近する」ものと見ることが可能となる。(64)

デカルト（および丸山＝福沢）の「構成（設計主義）的合理主義」を批判するハイエクの言う「自生的秩序」と類似する一面をもつ、その「世界」こそ、清水＝ヴィーコの言う「人間と宇宙の全体的な関係における、流れる時間のうちにおける、記憶や想像力や意志と結びついた確実性、……不透明な自然に包まれた人間的確実性」の世界であり、「人間という複雑で曖昧なもの、そういう人間が作り出す歴史という捕えどころのないリアリティ」にほかならない。(65)「真理の半透明の広大な世界」が「（流れる）時間」「記憶」「歴史」「リアリティ」等々の言葉で修飾されていることからも明らかなように、それは共時的に広大であるのみでなく、現実と過去との連続・融合のうえに成立する「人間的確実性」を肯定するゆえに、通時的にも広大なものとなる。

われわれはここで、福沢の秩序観がハイエクの言う「人間の作為＝設計の結果ではないが、人間の行為の結果である領域」を重視する自生的秩序観と通底する側面があることを強調する坂本多加雄の学説には与しない。(66)つまり、坂本によれば、丸山が荻生徂徠の思想を主たる素材として『日本政治思想史研究』において「近代性」の観念の形成という視座から巧みに抽出した「『自然』から『作為』への思惟様式の転換は、社会形成の『作為』の主体として、……『人間』が登場することを意味しており、それは、デカルトに見られるような機械論モデルに基づいた社会観の誕生を伴って」いるから、「そこにおける『作為』とは、……事前の明確な設計に基づいた社会秩序の工学的な『制作』が意味されている」が、「『市場社会』の秩序観は、著しく『近代』に固有の秩序についての言説であるにもかかわらず、『自然』から『作為』への転換の図式に収まりきらない側面を有している」のである。つまり、「自然」から

「作為」への思惟様式の転換の図式を抽出した丸山の徂徠論——そこにはハイエクが批判する「構成(設計主義)的合理主義」の思想がかなり明瞭に反映している——と、試行錯誤を通じて「無限に新らしき生活領域を開拓して行く奮闘的人間」による「作為」の契機が強く前面に押し出される丸山の福沢論は原則的に合致する——それゆえ、丸山は福沢と徂徠の「親和性」を強調する——が、他方、坂本の福沢論はむしろ、「自然」から「作為」へという図式に収まりきれない側面が福沢の秩序観——それはヴィーコと同様にデカルト哲学の鋭い批判者であるハイエクが強調する、「人間の作為=設計の結果ではないが、人間の行為の結果である領域」=「自生的秩序」と類似した、「市場社会」=「人々の欲望が交換関係のうちに相互に媒介されることで秩序の形成が可能になる社会」である、とされる——に存在することを重視するのである。かくして、丸山理論と異なり、坂本理論では、徂徠と福沢の「近代性」の観念に関する断続面にその関心が向けられ、後者の「近代性」の観念から「主体的作為」の契機が消去させられてしまうのである。「(作為=設計でない)人間の行為」と、「交換関係」への着目が坂本の言う「市場社会」にとって重要な意味をもつ要素であることは否定できないものの、それを一応捨象して考えるならば、デカルト批判という点においてヴィーコの「真なるものは作られたものである(verum=factum)」という命題における「作ること」は、むしろともに目的意識的でないことにおいて福沢の思想と限りなく接近してしまうのである。ヴィーコが「イタリアのE・バーク」と称されたことからも明らかなように、バークを媒介にして、ヴィーコとハイエク(そして福沢)は、坂本理論では反革命の保守主義者としてほぼ合体してしまうわけである。もし福沢理論から「主体的作為」の契機を消去させる坂本説を「正しい」ものとして採用すると、ヴィーコと徂徠の思想の両者に「解釈学(ヘルメノイティク)」の契機を見出す加藤尚武説の場合に丸山=徂徠=ヴィーコという等号が成立したように、今度は清水=福沢=ヴィーコという等号が成立してしまい、「丸山眞男-清水幾太郎問題」、ヨリ正確には「丸山=福沢-清水=ヴィーコ問題」がそもそも成立しなくなるのである。したがって、ここでも、加藤説と同様、坂本の学説が「正しい」か否かは「カッコ」に入れられる。

ともあれ、清水＝ヴィーコによりプラスの価値を付与される「人間的確実性」は、丸山＝福沢にとっては原則的にマイナスの価値をその内に含むものと見なされる。つまり、「共通感覚（常識）」の物象化的錯視が「惑溺」を生むことを危険視する丸山＝福沢は、レトリック＝スピーチの実践という「主体的作為」により、歴史・伝統・慣習・リアリティ等々が批判されて不断に疑問に付されて行くべきことを要請するがゆえに、「疑の世界に真理多し」という命題を提示するのに対し、「人間的自然」を支える「共通感覚（常識）」が青年の教育や法廷での実践で果たす役割を重要視する清水＝ヴィーコは、レトリック＝トピカが成立するための基礎を形成する、歴史・伝統・慣習・リアリティ等々がいたずらに疑問視されることなく育成・受容されるべきことを要請するがゆえに、「蓋然的なものは殆どつねに真理である」という命題を提示する。「アリストテレスからデカルトへ」という志向をもつ丸山＝福沢理論は、もちろんデカルトの「方法的懐疑」を全面的に支持するわけではないが、「未来志向的な想像力」と結合する「疑い」を発する勇気のある少数者の「発見」＝「発明」がいわゆる「文明の進歩」のために果たす役割の重大性を承認し、「蓋然性」＝「真実らしいもの」を「虚偽という極端」に強く引きつける。他方、「デカルトからアリストテレスへ」という志向をもつ清水＝ヴィーコ理論は、当然ながらデカルトの「方法的懐疑」をはっきりと拒絶するゆえに、多数者の有する「共通感覚（常識）」を基礎とする、「過去志向的な想像力」と結合する「発見」＝「発想」が「裸の真理」の弱さを克服するために果たす役割の重要性を承認し、「蓋然的なもの」＝「真実らしいもの」を「真理という極端」に強く引きつける。丸山＝福沢が、それを「虚偽という極端」に引きつけるのは、「人間的自然」を、「道（みち）」を媒介にして「社会秩序と自然界を相互的に補強」することにより、「身分的な位階関係が全社会を貫徹」することを許し、「差別に基く社会的秩序の安定性の基礎」となるものとして、否定的に捉えるからである。逆に、清水＝ヴィーコが、それを「真理という極端」に引きつけるのは、「人間的自然」を、「曖昧な人間の作った歴史という捕えどころのないリアリティ」を理解するために、思い上がった学者のように現代から過去を審くことなく、「遠い昔の濃い闇に生きた人々の精神、言葉、行為の中に入って行」くための基礎となるものとして、肯定的に捉えるからである。[67]

かくして、今や、「蓋然的なものは殆どつねに真理であり、極めて稀にのみ虚偽である」という根本命題は、「真なるものは作られたものである」という命題と容易に結びつけられる。清水は言う。「かつては、verum=factum の原理は、神については自然というリアリティにおいて、人間については数学というフィクションにおいて成り立っていたのであるが、〔ヴィーコの最後の著作である『新しい学』においては、諸国民の世界を作ったのは人間であるから、その諸原理は私たち自身の心の諸形態のうちに見出せる、という真理が示されているゆえに〕人間もまた社会というリアリティの王となる[68]」。

K・レーヴィットも指摘するように、ヴィーコが『新しい学』において学問的に基礎づけようとしたものは、「〔デカルトより〕さらに大きな、真理への接近であり、人間についての歴史的学問のさらに根本的な学問性」であった。「透明な自然における数学的確実性」と「不透明な自然に包まれた人間的確実性」――レーヴィットの指摘するようにデカルトとヴィーコは「学問的な確実さをもって知られるものに関して、このように、厳密に正反対の結果に到達した」と言えよう[69]。I・バーリンも、ヴィーコが「真なるものは作られたものである」という真理論上の命題を「歴史研究に適用した」ことを「真に革命的な一歩」と見なして、次のように言う。「ヴィーコはおそらく、〔verum=factum という〕鍵を、ホッブズの中に見出したのであろう。しかし、ホッブズの『市民の学は論証可能である。なぜなら、市という協同体はわれわれ自ら作ったものだから』という言葉は、意識的な計画や調整、人間の精神による骨組みや設計図などの構築物、例えば幾何学の図形のように、文字通り頭で考え出したものゆえ、完全に解る、『証明できる』ものを、指しているようである。ヴィーコはこの概念を拡張して、人類の集団的・社会的意識の中での成長、特にその合理主義以前の半ば無意識的な層にまで、つまり原始時代以来人間の思考と感情を支配した夢・神話・イメージにまで及ぼすことによって、この概念を遥かに巨大な規模と深さを持つものに仕上げた（同時にその危険な思弁的特徴を助長した）のである。……〔『人間社会という世界は確かに人間の作ったものであり、それゆえこの社会の原理もわれわれ人間精神の変容の営み（modification）の内にある』というヴィーコの叙述の中で用いられている『人間精神の変容の営み』――清水はそれを『心の諸形態』と訳出している――という言葉で〕ヴィーコは、現在ならば人間の思考・想像力・意志・感情の発展ないしは範囲・指向の諸段階とも言うべきものを意味しているようであり、かつ相当な『想像力（fantasia）』（および理性的方法で獲得した知識）を具えた人なら誰でも『参加』できるもの、を考えているらしい。……われわれは人間の行動や作品については『内側から』見られるのである。もし、ヴィーコの提唱する方法が、人間の相互伝達の能力――これによって人間は、同一の文化に属する場合も、歴史的にも、つまり時代や文化の違いを超えても、互いに理解し、また誤解しえるわけだが（ディルタイのいわゆるVerstehen）――と無関係だとしたら、ヴィーコは一体何を言っていることになるのだろう。ヴィーコの言うfantasia ――われわれの世界とは異なる経験に、想像力豊かに、『参入する』能力――は、誤りを犯すこともあろうし、いずれにせよ、歴史的事実に到達するための十分条件ではないから、通常の研究方法による検証が必要である。しかし、これは、必要条件ではないだろうか。というのも、もしこの能力がなかったら、われわれが求めているもの――ある在り得べき世界、一社会・一世代の鳥瞰図――が何かを知ることさえ出来ないであろう。……確かにわれわれは、他人を理解することによってしか、われわれ自身を理解し得ないし、われわれがどこからどのようにしてやって来たかを知ってのみ、われわれの現状を理解し得る。だが、同様に、われわれは、他人を、そのわれわれ自身およびわれわれの世界との関係を通してのみ理解できるのだし、人類の過去を、現在から遡ることによってのみ理解し得るのだ[70]」。

このバーリンの見解に、上村忠男は「果たしてそうであろうか」と疑問を呈する[71]。「想像力によってほかの人間たち、それも原始の人間たちの心的状態のなかに入ってゆくことができるなどと、どこでヴィーコは述べているのか。……かえって『それを具体的に心のなかに表象（imaginare）してみることはわれわれにはまったく拒まれており、ただ辛うじて頭で理解（intendere）することだけが許されている』とこそヴィーコは述べているのではないのか」。上村は言う。「なるほど、ヴィーコの方法は内的な理解の方法ではある。諸国民の世界の本性をかれは内在的に理解しようとする。そして、それは可能であるとかれは言う。この諸国民の世界ないしは国家的制度の世界は人間たちによって作られたものであるからという理由によってである。だから、その諸原理ないしは作られる際の様式……は、その世界を作った最初の人間たちの知性の諸様態のうちに見出されるはずである、と。しかし、その際にヴィーコが用いようとした方法――それは……バーリンが想定しているような想像力による自己移入の方法ではない。それはこれとはまた別種のひとつの独特な方法である。すなわち、『多種多様な分節化された言語すべてに共通の或るひとつの知性のうちなる辞書……』とこれを用いて構想される『諸国民すべての時間のうちなる歴史の起源をなす永遠の理念的な歴史……に依拠した方法がそれである」。上村によれば、この「知性のうちなる辞書」の編纂を可能にしてくれるものは、語源学と神話学であると言う。この上村の見解は、前記の加藤尚武説とも比較検討する価値のある重要なものであることは否定できない。しかし、「知性のうちなる辞書」が、I・カントの言う先験的範疇のようなものでない限り、それは語源学と神話学によって「理解（Verstehen）」されるべきものなのではないだろうか。したがって、われわれは、「知性のうちなる辞書」を用いて構成される「永遠の理念的な歴史」も、やはりW・ディルタイの「理解」の方法を必要としていると考える。

ところで、清水によれば、「多くの人々が人間的自然を社会から孤立させていることを許すことが出来なかっ」たがゆえに、「原始未開の昔から遠い未来に及ぶ時間の流れの中にさまざまな人間と制度を据え、これらの人間および制度がそれぞれの時代に持ったユニックな意味を是が非でも明らかにしようとした」ヴィーコにとっては、「生れ、育ち、働き、衰え、死んで行く生命体が歴史のモデル」となるのである。[72] ヴィーコは、明らかに歴史を「有機体モデル」として捉えているが、三木清によれば「理解」を重視するディルタイの「解釈学（ヘルメノイティク）」は、「弁証法」ではなく「有機体説」に属するのである。そして、歴史に関する「真なるものは作られたものである」というヴィーコの命題は、デカルトの「蓋然的なものは殆どすべて虚偽である」ではなく、まして丸山＝福沢の「信の世界に偽詐多く、疑の世界に真理多し」でもなく、連続・融合の契機が優位する有機体説を反映する「蓋然的なものは殆どつねに真理であり、極めて稀にのみ虚偽である」という根本命題を前提として、初めて成立することになる。

このように、「未来志向的な想像力」による「発見」＝「発明」の重視と結びつく丸山＝福沢の真理論上の命題は、「自由の弁証法」を強調することにより、三木の言う歴史の弁証法的発展を反映し、「過去志向的な想像力」による「発見」＝「発想」の重視と結びつく清水＝ヴィーコの真理論上の命題は、「生命体」を歴史のモデルとすることにより、有機体的発展を反映する。これらの互いに相剋する真理に関する根本命題はそれぞれ、説得術＝雄弁術であるレトリックをめぐる知識人の在り方に関する本質的に異なる根本命題――前者のそれは学者に「異端妄説」を主張することを促し、後者のそれは「学者たちの自惚れ」を戒める――を導出することになる。

五　知識人論

「信の世界に偽詐多く、疑の世界に真理多し」という丸山＝福沢の真理論上の根本命題と、「蓋然的なものは殆どつねに真理であり、極めて稀にのみ虚偽である」という清水＝ヴィーコの真理論上の根本命題はそれぞれ、真理探究に携わる学者（知識人）の「あるべき姿」に関して本質的に異なるテーゼを導出することになる。

「信の世界に偽詐多く、疑の世界に真理多し」という命題からは、学者に「衆論の惑溺」を批判する役割が課される。つまり、「君主が有智有徳ならば天下は治ま」り、「君主が蒙昧不徳ならば天下は乱れる」という「統治の根本の前提」を指導者本位とする伝統的な考え方を、丸山＝福沢は逆転させて、「指導者は人民の『衆論』の関数」だと捉え直し、その「『衆論』を……『諫めて』是正すること」を、学者の任務と考える。丸山によれば、政府の長官や官吏がしばしば失策を犯すのは「衆論の『惑溺』にひきずられているからだ」という福沢の診断は、「衆論の向ふ所は天下に敵なし」という第一命題と「現実の衆論は絶対的あるいは固定的なものではなく、変革可能なものだ」という第二命題を、前提としている(73)。

既述のように、「無議の習慣」という「レトリックの敵」を克服するために「習慣可変説」を支持した福沢は、「衆論」ないし「人民の気風」についても当然、「可変説」に与する。「衆論」は、「プラスの方向にでもマイナスの方向にでも変革可能性を内在している」から、現実の「衆論」が仮に非であるならば、それに媚びることなく、その「方向を変革すること」が大事となる。

「衆論可変説」は、丸山＝福沢理論が「デモクラシーよりもリベラリズムの思想の系譜に属する」ことを反映するゆえに、「衆論の変革可能性の前提になるのは、少数意見の尊重であり、その意味で……『学者宜しく世論の喧しきを憚らず、異端妄説の譏りを恐る、ことなく、勇を振て我が思ふ所の説を吐く可し』……というテーゼと結びつく」のである。この命題は、「福沢が『明六社』創設のときから一貫して主張している『学者職分論』ないしは『学問独立論』の根拠」となるものである。つまり、福沢は、「刻々起ってくる問題に優先順序をつけて即刻決断していかなければならない」という「現在性」をその任務とする政治と「思考と検証の無限のプロセス」をその本質とする学問を明確に区別し、自らその火付け役となった「学者職分論」についての論争において、「〔学者は〕文明開化の先頭に立つために、積極的に明治政府の中に入っていくべき」であるという見解を斥け、学者は政府の中へ入らずに「『在野』でもって学者としての職分を果すべきで」あるという主張を強力に展開した。丸山によれば、福沢の言う「学問の独立とか学者の在野性というのは、必ずしも政府にタテつくことでは」なく、「学者の職分ということから必然的に出てくるもの」である。つまり、福沢が「攻撃するのは、お上と一緒にならなければ何もできない」として「学者がみんな政府の中に入ろうとする傾向」であるが、この「日本伝来の気風」となってしまった「〔上からの統治を万能とする〕儒教の治国平天下の思想」こそが、「根本的な『惑溺』」なのである。「衆論」ないし「人民の気風」の変革が学者の職分である以上、「政治権力志向を改めないかぎり、学者は学問の本当の職分を果せないし、権力からの独立もできない」から、福沢は「孔孟の教であれ、プラトンの政治哲学であれ、『学者政治』にたいしては、あきらかに否定的」なのである。(74)

このように、「リベラリズム」と緊密に結びついた「学者職分論」を展開する丸山＝福沢によれば、西欧社会が

「(『惑溺』に陥りがちな)満場一致社会」と異なるのは、前者では「簡単にある智者の説が支配的になることはなく、たえず異論によって挑戦されて」おり、「その百戦錬磨の中でわずかに一時の異説を圧したのが国論なのだ」と考えられていることである。ゆえに、「衆論可変説」に与する福沢の、「(『衆論』変革という使命をもつ)学者は、異端であることを恐れてはいけない、昨日の異端は今日の正統である、世論に束縛されずに少数意見を述べよ」という主張は、丸山によれば、「福沢における人民主義」と「知識人の使命観」を結びつけ、「多事争論」=「百家争鳴」のすすめへと論理必然的に展開していく。(75)

レトリック=スピーチにより「人民の智徳を鞭撻」しうる「衆口の喧しき」状態が存在して初めて、「古習の惑溺」を生む「満場一致社会」が打ち破られ、「無議の習慣」ではなく「多事争論」が「人民の気風」となって、「自由」を齎す「パースペクティヴの多様性」が確保される。したがって、「自由は不自由の際に生ず」という「自由の弁証法」を重視する福沢は、J・J・ルソーに反して、学者あるいは狂信的革命家による「自由の単一支配」=「自由の強制」を断固として斥け、「人民にいかなる絶対価値を押し付けることなく、彼らを多元的な価値の前に立たせてみずから思考しつつ、選択させ、自由への途を自主的に進ませることにおのれの終生の任務を見出した」のである。それゆえ、歴史的現実としての日本社会において、「あらゆる形態における精神の化石化」と「そのコロラリーとしての社会的価値の一方的凝集」を見出した福沢は、「日本にくまなく見られる社会と精神のしこりを揉み散らす」いわば「マッサージ師のような役割」を知識人としての自らに課したからこそ、「(悪魔的な執拗さをもって)微細な社会関係のなかにも喰い入っている『権力の偏重』をば逃さず摘発して行」くと同時に、「一度ならず時の『衆論』と反対の立場に立ち、わざわざ時代的風潮と逆の面を強調するような『天邪鬼』的態度を示した」のである。(76)

ゆえに、福沢が、いわゆる「流出論理」と「機能論理」を対比させて、「心情の純粋性よりも、何に貢献したかという業績を、価値判断の中心」に置いて忠誠問題に接近し、著名な「楠公権助」論議を惹起したのも、「順逆の理を『系図』や『家柄』に求める歴史観(とそれを支える多数者の『虚威への惑溺』に陥ったために化石化してしまった精神)にたいする〔『天邪鬼』的態度からする〕痛烈な批判」の具体例であるといえよう。[77] かくして、「社会意識の凝集化傾向」に対して「ほとんど本能的な警戒と反撥を示す」福沢が提示した、「たとえ異端妄説であっても学者は勇気をもって自説を主張すべきである」という命題は、「信の世界に偽詐多く、疑の世界に真理多し」という「疑い」による「真理」の「発明」に関する命題や、「自由は多事争論の間に生ず」および「自由は不自由の際に生ず」という「自由の弁証法」に関する命題と密接に結びついて、「リベラリズム」の精神をもった「あるべき知識人」の姿勢を明確に指し示しているのである。[78]

丸山＝福沢理論と同様、清水＝ヴィーコ理論における「蓋然的なものは殆どつねに真理であり、極めて稀にのみ虚偽である」という真理論上の根本命題も、「過去を現代の学問という見地から審く者は『学者たちの自惚れ』に陥っている」という「あるべき知識人」の姿勢に関する命題を導出する。右記のヴィーコの命題は、いわゆる「古代・近代論争」と関連している。一六八七年に、シャルル・ペローは、フランスのアカデミーで「ルイ大王の世紀」という詩を朗読し、「ホメロスやウェルギリウスの上に当代フランスの群小作家を据え」て、「古代に対する近代の優越」を主張したが、他方、ボワローは、それに反対する論陣を張った。このようにして開始された「古代人と近代人の何れが優れているかに関する（幾らかナンセンスな）論争」は、結局、「前者（近代派）の勝利に終った」が、ヴィーコが修辞学教授として「開講の辞」をほぼ毎年発表していたのも、この論争の渦中においてであった。[79]

第六回の演説（一七〇六年）において「精神を浄めるという機能を数学に認め、数学の方法を物理学に適用」したヴィーコは、いまだ「デカルトの従順な弟子」であったが、『われらの時代の学問方法について』（一七〇八年）を発表することによって、ようやく「デカルトの敵」へと転向した。人間の歴史のような「リアリティ」とのタッチを確かめようとして「論理から経験へ」転向したヴィーコは、「近代派」の「方法としてのクリティカ」により否定された「蓋然性」の観念と「共通感覚（常識）」を復権させなければならない。「絶対に疑うことが出来ない直覚と絶対に確実な演繹だけが知識への道である」と考えたデカルトとは異なり、「古代派」に与する清水＝ヴィーコは、「実践的判断

〈実践理性〉」や「雄弁」――それら双方の規準が「共通感覚〈常識〉」である――が極めて重要な役割を演じる「不透明な自然に包まれた人間的確実性」の世界を問題とする。「人間の選択というのは、本質的に甚だ不確実なもので、それが確実なものになり、確定するのは、……人間の欲求や効用に関する共通感覚〈常識〉を通してである。共通感覚〈常識〉とは、反省を伴わぬ判断のことで、階級全体、民族全体、国民全体、人類全体が共有するものである(80)」。「蓋然的なもの」＝「真実らしいもの」や「共通感覚〈常識〉」が「人間の選択」が働く実践的領域でもつ意義を否定し、レトリック＝トピカが果たす重要な役割を正確に捉えられなかった哲学者として、清水はデカルトとともに、ソクラテスの名を挙げる。「〔ソフィストやレトリックの教師を悪役として戯画化した〕プラトンの学説などに何の義理もない後代の人たちまでが、ソフィストおよびレトリックに対するプラトンの軽蔑をそのまま受け容れている様子を見ると、この伝統は、プラトンの思想などとは関係なく、広くインテリに共通の或る態度に支えられているのであろう。……正直のところ、対話篇に登場するソクラテスの方が、口先だけ達者で、底意地の悪い、愛嬌のない人物で、彼こそ悪い意味のソフィストのように思われ、昔から嫌いであるが、しかし、世間の見方は違うようである」。このように語る清水は、カリクレスのような政治が得意な「現実生活の幸福や権力に生き甲斐を感じる多くの人々」は「人を信じさせるもの」＝「真実らしいもの」を問題にすると指摘し、他方、ソクラテスのような哲学が得意な「現実を超えた真理への愛に生き甲斐を感じる少数の人々」――それは「現実に背を向けた人々」とされる――は、「真実らしいもの」が何ら「真理」と関係がないことを強調する、と主張する(81)。

レトリックの「助力も必要とせずに、独力で、裸のままで、それ自ら真理」である「〔現実を超えた〕真理」への愛に生きるゆえに、例えば「法廷において擁護されるべき真理」、つまりレトリックによりそれに相応しい衣服を身に纏うことで本当に「真理」として人を信じ込ませる力をもつ「真理」に眼を向けることのないソクラテスは、「肝腎のレトリックを軽蔑しているためか、〔『対話篇』での〕話し方にいかにもレトリックが不足している」ように感じられる、と清水は言う。つまり、「少しでもレトリックを尊重し、自分の言葉を読者の気持の深いところに伝えようと思ったら、もっと控え目な表現が選ばれたであろう。最初から超現実的な価値を信じている読者であったら、ソクラテスの高飛車な主張に快く同意するであろうが、本当に説得されねばならぬ筈の、汚れた現実の底に沈んでいる読者であったら、そういう人間への理解や同情で和らげられた表現でなければ、これを本心から受け容れることはないであろう。これはレトリックというもののイロハである。けれども、こういうことは、ギリシアの昔と限らず、高い価値の世界を信じる人々が低い現実に生きる人々に示す、いつも変らぬ一般的な態度である(82)」。

ソクラテスの「高飛車な主張」に向けられる清水の批判の矛先は当然、「楠公権助」論議を惹起した福沢の「天邪鬼」的言説にも向けられよう。そして、ヴィーコと自らを重ね合わせる清水からすれば、ソクラテスの「高飛車な主張」に快く同意する「超現実的な価値を信じている読者」——それがいわゆる「精神的貴族」と呼ばれる存在である——に、福沢の「天邪鬼」的言説に快く同意する丸山眞男を擬えることができよう。福沢の示す「天邪鬼」的態度を、「価値の凝集化傾向」をもつ日本社会に見られる「精神のしこり」を揉み散らすレトリック実践として、丸山が高く評価するのに対して、清水＝ヴィーコのレトリック＝トピカは逆に、「低い現実に生きる人々への理解や同情」を欠く思い上がったものとして厳しく断罪することになろう。つまり、清水＝ヴィーコ理論からすれば、ソクラテスの展開する「高飛車な主張」や福沢の示す「天邪鬼」的態度は、まさに「共通感覚（常識）」の訓練を欠いた知識人が不可避的に陥ることになる「奇矯傲慢なる行動」の典型にほかならない。しかし、逆から言えば、丸山が福沢の「天邪鬼」的言説を高く評価するのは、清水＝ヴィーコ理論が重視する「共通感覚（常識）」が物象化して「惑溺」や「精神のしこり」を齎し、「真実らしいもの」を疑問の余地なき「真理」と見る錯視を多数者に生じさせることにより、その「真実らしいもの」に「疑い」を発しようとする少数者の意見すなわち異端妄説を抑圧・排除することになる事態が起こることを何としても防がなければならないと考えるからである。

清水は言う。「ヴィーコは知識と分別（prudenza）とを区別する。前者に優れた人々は、多くの結果を一つの原因に還元することに成功した人々であり、後者に優れた人々は、一つの事件の背後に出来るだけ多くの原因を探して、その何れが真であるかを推測し得る人々である。知識は最高の真理に関係し、分別は最低の真理に関係する。これを基礎にして、ヴィーコは、人間に四つのタイプを区別する。曰く、愚者、狡猾にして無智なるもの、分別のない学者、賢者。愚者とは、最高の真理も最低の真理も知らぬ人々、狡猾で無智なるものとは、最低の真理のみ知って、最高の真理を知り得ない人々、分別のない学者とは、最高の真理から最低の真理を演繹する人々、賢者とは、小さな真理から最高の真理を導き出す人々。ヴィーコが自分を賢者に擬しているか否かは明らかでないが、分別のない学者というのは、やはり、デカルト主義者を指しているのであろう[83]」。

「一般的真理から直ちに個別的真理に進む」ゆえに「人生という曲りくねった道を真直ぐに突進する」であろう「分別のない学者」=「クリティカの徒」は、曖昧かつ不透明で曲りくねってはいるが各々の時代に特殊的で「ユニックな意味」をもつ人間社会の「歴史」というリアリティを、現代の学問の一般的=普遍的規準から審こうとする。清水によれば、「(『学者たちの自惚れ』に陥ったものは)過去を現代の眼で見ている。現代に引き寄せて見ている。しかし現代の学問という見地から過去を審く時、歴史はもう歴史ではなくなる。歴史は、過去そのものの中で見られるのでなければ、見られたことにはならない。その生命を回復したことにはならない」。したがって、「分別のない学者」=「クリティカの徒」を批判して、「デカルトからアリストテレスへ」という志向をもち、「過去の死者」と「現在の生者」のそれぞれの経験の融合を重視し、「過去志向的な想像力」の重要性を強調する清水=ヴィーコは、「現代の学問を離れ、己れを空しくして、遠い昔の濃い闇に生きた人々の精神、言葉、行為の中へ入って行こうとする」のである[84]。

「包括性」「即時性」「話し手と聞き手の関係における説得力」を「トピカ」の先行性の根拠として挙げる清水=ヴィーコ理論はもちろん、「認識の本位を定むる」ことにより「問題を具体的状況に定着させる」ことの必要性を力説する丸山=福沢理論も、いわゆる「実践的判断(実践理性)」が定位する「状況的思惟様式」の規準である「分別」=「賢慮」のもつ重要性は、当然、認めている筈である。しかし、清水=ヴィーコ理論からすれば、「古習の惑溺」を批判しつつ「楠公権助」論議を提起した丸山＝福沢のレトリック実践は、「低い現実に生きる人々」＝「庶民」への理解や同情を欠いた「分別のない学者」による過去・伝統・慣習等の一方的裁断と見られることになろう。それは『倫理学ノート』の「余白」に記された「精神的貴族」による「大衆」の一員である「庶民」への一種の服従要求とすら考えられることになろう。それは、何故か。この矛盾を解くヒントは、丸山と鶴見俊輔の〈特殊性〉と〈普遍性〉に関する見解の相違に見出せるであろう。すなわち、鶴見は、吉本隆明や長谷川宏や色川大吉に近い立場から、丸山理論に見られる「〈普遍性〉の〈特殊性〉への先行性」命題に疑問を呈し、認識プロセスとしての「〈特殊性〉の〈普遍性〉への先行性」を主張する。しかし、丸山は、認識プロセスに関しては鶴見に同意するものの、あくまで「どんな特殊な命題のなかにも、論理的に普遍的なものが含まれている」という見解を堅持する。[85] ただし、「日本的なもの」ではなく「日常的なもの」という意味での「特殊的なもの」の意義を承認する点では、両者は対立しない。両者の見解の相違は、「〈普遍性〉の強調による誤解――丸山理論を批判する吉本や色川の言う「虚構の権限」＝「幻想の西欧」の設定[86]――の方が、〈特殊性〉の強調による誤解――「特殊的なもの」＝「日本的なもの」＝「万邦無比の国体」という等号の成立――よりも悪くない」と考える丸山が、「日本社会は〈普遍性〉という発想と縁遠い」と診断するのに対して、鶴見が「日本社会では〈特殊性〉よりも〈普遍性〉の方が俗耳に入りやすい」という正反対の診断を下すことに起因している。[87]「近代日本において、ブルジョワジーはかつて一度も普遍主義やヒューマニズムにコミットしたことは」ないと断言する丸山が、「八っつあん、熊さん」にも言及しつつ「普遍的なもの」を強調するのは、丸山自身認めているように、福沢諭吉の「天邪鬼」精神を受け継いでいるからである。[88] ゆえに、丸山による「〈普遍性〉の〈特殊性〉への先行性」命題の主張は、まさに「議論の本位を定」めて、「〈普遍性〉を受け容れない日本社会において〈特殊性〉を強調することは危険であるという実践的判断を下した」ことの帰結である。だが、清水＝ヴィーコ理論からすれば、丸山が擁護する「〈普遍性〉の〈特殊性〉への先行性」命題は、「分別のない学者」の自惚れを反映する「〈一般性〉の〈個別性〉への先行性」命題と大幅に重なり合うから、丸山＝福沢理論では、〈個別性〉のもつ具体的特徴を免れえない実践的領域において「分別」＝「賢慮」が果たす重要な役割が正確に理解されていないということになろう。

丸山＝福沢の「たとえ異端妄説であっても学者は勇気をもって自説を主張すべきである」という命題と清水＝ヴィーコの「過去を現代の学問という見地から審く者は『学者たちの自惚れ』に陥っている」という命題は、「近・現代日本の歴史」という舞台において、具体的に言えばいわゆる「戦後民主主義」とそれと負の相関関係にある「治安維持法」の評価において、両者に架橋しがたい立場の相違を齎す。ただし、清水も、一九五〇年に発表した論文「運命の岐路に立ちて」において「国体と私有財産制度とを守る目的をもって生れ」た治安維持法ほど「われわれの内部に深く沈澱して、われわれの行為と意識とを強く支配して来たもの」はなかったと指摘し、われわれが、当時の日本人を「正義や知性に従って行動するよりも先に、恐怖の感情に追われて行動」させた治安維持法を、敗戦後「自分たちの力で……廃止することができなかった」ことを問題にしている。「われわれと同じ意見を持つもののための思想の自由ではなく、われわれの憎む思想のための自由」の尊重を説くO・W・ホームズのリベラルな主張に共鳴していた若き清水は、この時点では、丸山＝福沢の提示する知識人に関する命題を本質的に支持していたと考えられる[89]。しかし、清水にとっての「キー・パーソン」であるヴィーコとの出会いを一つの大きな契機として、「〔科学的＝啓蒙的な〕常識」から「〔日本の大地からの叫びや伝統・神話と結びついた〕常識」＝「共通感覚」へと重心を移行することにより、清水は、『戦後を疑う』において戦後民主主義と治安維持法についての以前の評価を根本的に変更する。

杉山光信は言う。「治安維持法が恐怖の感情をひきおこした人びととはだれであったのか。『庶民』なのか『知識人』なのか。〔『運命の岐路に立ちて』において〕清水は『庶民』について語っていつつ、じつはかれを含めての知識人の体験を表白していたのではなかったか。……〔『戦後を疑う』において〕戦前・戦中の『知識人』の体験が『日本人の常識〔共通感覚〕』によって否定されていくのである。……治安維持法をめぐる最大のドラマのひとつ、一九三三年の佐野・鍋山転向が、この論文では『日本人の常識〔共通感覚〕』にかなったことといわれるのである。……佐野・鍋山が『転向』し日本人の『常識〔共通感覚〕』に立ちもどって以来、多数の人びとの『転向』が雪崩のように生じたのはなにも不思議はない、ということになる。こうなれば『転向』が提起した一切の問題、『転向』を強いられた人びとのもった『良心』のうしろめたさ、『転向』が照明した日本人の思考の『非近代性』などは、はじめから存在しなかったことになる。『戦後＝啓蒙時代』の『常識〔共通感覚〕』による否定……の完成を『オーギュスト・コント』と『戦後を疑う』は示している」[90]。

杉山の指摘からも窺われるように、「学者たちの自惚れ」に関する命題に着目すれば、『倫理学ノート』は、清水＝ヴィーコ理論の理論篇であるのに対して、戦後民主主義批判を内容とするポレミカルな著作である『戦後を疑う』は、その日本近・現代史への応用篇である、と考えられる。つまり、慣習・伝統・歴史を軽蔑する「クリティカの徒」である学者たちの「自惚れ」を批判するヴィーコの視座と、わが国固有の慣習・伝統・歴史を尊重しない（戦前・戦中そして戦後の）日本の知識人の「自惚れ」を批判する清水の視座は、ともに「〔〈一般的〉＝〈普遍的〉な〕理性や科学を規準にして過去を眺め、そこに無智と迷信と神話と野蛮とを見出す」啓蒙思想を否定するという点において、完全に一致している。

しかし、治安維持法によって「共通感覚（常識）」に戻ることを求めて「真綿で首を締める」ように「転向」を求めることは、奥平康弘が批判するように、「『ソフト』であるだけに、国家権力は限界をもたずに人の内面に立ち入り、より深く人間の尊厳をきずつける」のである[91]。丸山が荻生徂徠論で強調したのは、まさに「近代」が「国家権力が限界をもたずに人の内面に立ち入ること」の禁止を求めることであった筈である。その「近代」批判こそが、『倫理学ノート』のヴィーコ論において、清水によって準備されていたのである。

実際、清水は、『戦後を疑う』において、啓蒙思想を「理性乃至科学の崇拝と、歴史の軽蔑との結合」および「人間性善説と制度批判の結合」として特徴づけたうえで、デカルトの『方法叙説』の一部を引用して、それが「理性崇拝や科学崇拝と結びついて、その後の滔々たる歴史軽蔑、反歴史主義のスローガンになってしまった」ことについて、『倫理学ノート』の参照を求めているのである。つまり、「理性や科学を規準にして過去を眺め、そこに無智と迷信と神話と野蛮とを見出した」人々は、「過去を一括して捨ててしま」い、「過去の諸事実を丹念に研究することを愚かな徒労として笑うようにな」った。このような「学者たちの自惚れ」に陥った少数の知識人にとって、治安維持法の時代に生きた人々——「低い現実に生きる人々」＝多数の「庶民」——の「身になる」ことなどは「笑止の至り」となる。この清水の「身になる」史観には、確かにヴィーコの「真なるものは作られたものである」等々の諸命題がしっかりと反映している。(92)

ヴィーコのように「生れ、育ち、働き、衰え、死んで行く生命体」を「歴史のモデル」と捉える時、現代に生きるわれわれの「生命」のみならず、過去に生きた人々の「生命」をも有機的に結合させて、歴史というヨリ大きな「生命」へと融合させる「共通感覚（常識）」の果たす役割は決定的に重要である。清水が、治安維持法の果たした役割と機能を正当化するための鍵概念とするのは、この、われわれのような「現代の生者」と「過去の死者」を結合させる、共時的かつ通時的な社会統合要因である「共通感覚（常識）」である。つまり、清水によれば、治安維持法は、「当時の大多数の日本人の『共通感覚（常識）』に合致した諸価値——『国体』と『私有財産制』である——を、（共産主義者・自由主義者・平和主義者等による）外在的な『批判（クリティカ）』から擁護するための、ごく『自然』な法律であった」にすぎないから、それを「稀代の悪法」＝「万邦無比の悪法」と見るのは誤りである、ということになる。治安維持法は、その時代を生きた日本人の「人間的自然」と合致した法律だったのである。(93)

〈個別性〉＝〈特殊性〉を帯びるゆえに固有の「リアリティ」をもつ特定の時代に「低い現実に生きる人々」＝「多数者」＝「庶民」が陥る（とされる）「古習の惑溺」＝「虚威への惑溺」を、〈一般性〉＝〈普遍性〉を有する（と言われる）正義・自由・平等などの「超現実的な価値の世界を信じる人々」＝「少数者」＝「知識人」＝「精神的貴族」が、「疑い」を発することにより克服しようとすること——「衆論」ないし「人民の気風」の変革——は、清水＝ヴィーコからすれば、思い上がった「分別のない学者」によって〈一般性〉＝〈普遍性〉をもつ（と僭称される）現代の学問の規準により、〈個別性〉＝〈特殊性〉の性格を有するゆえに各々が「ユニックな意味」をもつべき「庶民」の過去を、一方的に審くことにほかならない。しかし、清水＝ヴィーコの「学者たちの自惚れ」批判は、丸山＝福沢にとっては、「この世に多い、平均的な知性の持主、平凡な人々」＝「多数者」＝「（大衆の一員である）庶民」の物象化した「共通感覚（常識）」＝「（治安維持法を自然なものと感じるまでに至った）凝集化した（倒錯的）社会意識」が、「（無形の）人事」に関する「真実らしいもの」について「疑い」を発する勇気をもった「少数者」＝「知識人」＝「精神的貴族」のレトリック実践を抑圧することを許容する「人間精神の懶惰」を正当化するものであるから、断固として斥けなければならないのである。

清水によれば、コミンテルンの指示のような「外国の非常識」を「高い価値の世界における超現実的真理」であると錯覚し、大多数の日本人が長い歴史の中で心の内部に沈澱させてきた「共通感覚（常識）」を「高飛車な主張」によって攻撃してきた佐野学や鍋山貞親が、「低い現実に生きる人々」＝「庶民」への理解や同情を欠いたがゆえに「学者たちの自惚れ」に陥った自らのレトリック実践を反省し、「転向」したことは、「良心を捨てた」＝「権力に屈した」という類いの問題ではなく、単に大多数の日本人の「共通感覚（常識）」に戻ったにすぎない[94]。しかし、「真綿で首を締める」ことは暴力でないと考えるに至った清水は、「デカルトの従順な弟子」から「デカルトの敵」へのヴィーコの「転向」、「外国の非常識」を有り難がる「精神的貴族」から「日本人の共通感覚（常識）」を受容する「庶民」への佐野・鍋山の「転向」、そして『運命の岐路に立ちて』を著した知識人から『戦後を疑う』を著した一人の「庶民」への自らの「転向」を、すべて「リアリティ」とのタッチを確かめるものとして重ね合わせる。

清水は言う。「〔ヴィーコは〕その生涯の或る地点で、デカルトの味方からデカルトの敵に変った。広く好まれている表現によれば、ヴィーコは転向したのである。転向することによって、彼は、思想の発展にとって意味のある人間になった。なぜなら、一般的に言って、古来、思想の発展を担うものは、大部分、転向の能力のある人間に限られているからである。……しかし、いかなる観念もリアリティの抽象的な近似であり、また観念に黙ってリアリティが歩き出すものである以上、リアリティとのタッチを確めようとする人間は、一生のうちどこかで転向しなければならない。それも、一度で済むとは限らない。転向の能力があれば、二度でも三度でも、彼は転向するであろう。少くとも一回、ヴィーコは転向することによって、デカルトの世紀が本当に始まろうとする時期に、デカルトの味方から敵に廻った[95]」。

このように、思想の発展を担うものの一種の宿命として「転向」を正当化したうえで、清水は、戦後の「価値体系」を「治安維持法への復讐」として捉え、「天皇制と資本主義」批判を二大公理とする「戦後思想」への批判を展開するのである。しかし、取調べ中に逃走した高倉輝を匿ったとして一九四五年三月に治安維持法違反で検挙された三木清の釈放をかかげて、「敗戦と同時に、あるいは数日後に、あるいは一ヶ月後に、だれひとりとして……政治犯の収容されている拘置所・刑務所におしかけ」ることなく、「(敗戦の約四〇日後の)三木清の獄死を知って、山崎内相のもとをおとずれたのは、日本人記者ではなく、外国人記者であった」という、日高六郎の言う「悲劇的な事実」は、「日本人の共通感覚(常識)」の観点に立って「転向」し、戦後の「価値体系」を批判する清水理論の「正しさ」の根拠となるものなのだろうか[96]。言うまでもなく、治安維持法のために獄死させられた三木清こそ、清水にとって最大の恩人の一人なのである。

いわゆる「多事争論」をかなりの程度まで実現した「戦後民主主義」を擁護し、「多事争論」の実現を徹底的に阻止した「治安維持法」を拒絶する丸山眞男に、「社会と精神のしこり」を揉み散らすために「天邪鬼」的態度をとることの必要性を教えた福沢諭吉、そして「戦後民主主義」を批判し、「治安維持法」を正当化する清水幾太郎に、共時的かつ通時的な社会統合要因である「共通感覚(常識)」の重要性を教えたG・ヴィーコ。「あるべき知識人」の姿勢に関して「『疑い』を発する異端妄説のすすめ」と「『学者たちの自惚れ』の批判」という各々根本的に相違する独創的な見解を提示する福沢とヴィーコという二人のレトリック思想家は、まさに丸山眞男と清水幾太郎という類い稀な卓越した理論家のそれぞれ独自の思想の形成・発展・展開(あるいは転回)に決定的に重要な役割を演じた「キー・パーソン」なのである。

「異端妄説」をすすめることにより実現される「多事争論」の尊重は、藤原保信が示唆するように、権力闘争によって社会統合が維持できなくなる「倫理的アナーキー」の一歩手前の事態が出現することなのかもしれない。しかし、「共通感覚（常識）」を重視することで実現される社会統合の重視は、杉山光信が示唆するように、万邦無比の「国体」という「ドグマティズム」から帰結される治安維持法肯定論への第一歩を歩み出すことを意味するのである。丸山＝福沢は「ドグマティズム」を嫌悪し、清水＝ヴィーコは「倫理的アナーキー」を回避しようとした。そして両者は、治安維持法の評価で真正面から対立するのである。

かくして、「丸山＝福沢－清水＝ヴィーコ問題」は、レトリックに関する学問論、真理論、知識人論等を経て、丸山の「戦後民主主義」擁護＝治安維持法拒絶の言説と清水の「戦後民主主義」懐疑＝治安維持法肯定の言説との対立において一つのピークに到達したのである。清水＝ヴィーコ理論に見出される「レトリックのパラドックス」は、「レトリック弾圧法である治安維持法によって、レトリック復権を唱えた三木清のレトリック実践が抑圧されることを、G・ヴィーコのレトリック擁護論が正当化する」というものであるから、それを内容的に見れば治安維持法の逆説と言うこともできるのである。

第三章　パラドックス問題について

一　丸山＝福沢の「レトリックのパラドックス」

法哲学者の尾高朝雄は、次のように記す。[1]「ほととぎすという鳥は、自分で巣をつくらないで、うぐいすの巣に卵を生みつける。うぐいすの母親は、それと自分の生んだ卵とを差別しないで暖める。ところが、ほととぎすの卵は、うぐいすの卵よりも孵化日数が短い。だから、ほととぎすの卵の方が先にひなになり、だんだんと大きくなってその巣を独占し、うぐいすの卵を外に押し出して、地面に落してみんなこわしてしまう」。

これは、一九四八年に出た『民主主義』と題する文部省著作『教科書』からの引用である。宮沢俊義によれば、その文章は、次のように続く。「多数を占めた政党に、無分別に権力を与える民主主義は、おろかなうぐいすの母と同じことである。そこを利用して、独裁主義のほととぎすが、民主主義の巣ともいうべき国会の中に卵を生みつける。そうして、はじめのうちはおとなしくしているが、一たび多数を制すると、たちまち正体を現わし、すべての反対党を追い払って、国会を独占してしまう。民主主義は、いっぺんにこわれて、独裁主義だけがのさばることになる。ドイツの場合は、まさにそうだった。こういうことが再びくり返されないとは限らない。民主国家の国民は、民主政治にもそういう落し穴があることを、十分に注意してかかる必要がある」。

宮沢は問う(2)。「民主制は、人権を保障し、ことに、政治的な言論の自由や、集会の自由や、結社の自由を保障する。これらの保障は、『ほととぎすの卵』が、それと気づかれずに、うぐいすの巣の中に入り込むこと……の可能性を提供する。こうした可能性を利用して、反民主主義勢力が、民主的な政治機構の内部に入り込み、機を見て、民主制そのものを破壊してしまおうとする危険に対して、民主制は、どのようにして、みずからを守ることができるか」。このような問題意識に立脚して、宮沢は「闘う民主主義」について議論を展開していく。以下の分析対象である丸山＝福沢のレトリック＝スピーチ擁護論をめぐるパラドックスは、宮沢の言う「民主制のジレンマ」と構造的にパラレルである。ゆえに、以下では、宮沢の「民主制のジレンマ」に関する議論の内容を多少詳しく見ていくことにする。

民主主義といううぐいすの巣に、「ほととぎすの卵」が生みつけられることがないかどうかをチェックする役割の一端は、第二次世界大戦終結後に、ほととぎすという独裁者を警戒する眼をもつ民主主義・平和主義に与する学者たちに委ねられることになる。一九四六年九月、文部省人文科学研究課に設置された人文科学委員会の常任委員に任命された若き学者たちは、ほととぎすがうぐいすの巣に再び卵を生みつけないように眼を光らせることを期待されていたと言えよう。その陣容は、以下の通りである(3)。

第一部（文学）○西尾実　渡辺一夫　中野好夫　近藤忠義　第二部（史学）○今井登志喜　梅原末治　山本達郎　坂本太郎　第三部（哲学）○岸本英夫　池上鎌三　戸川行男　清水幾太郎　第四部（法学）○尾高朝雄　川島武宜　久保正幡　丸山眞男　第五部（経済学）○杉本栄一　大塚久雄　山田盛太郎　岸本誠二郎（なお、○印は部会の主任である）。

そして、その頃、実際に、戦前・戦中の軍国主義者・軍国主義の支持者・「大東亜共栄圏」思想の推進者であった教授・助教授たちの追放が開始された。「追放」になる可能性がある思想傾向の者で丸山や清水にとって関係の深い人物としては、矢部貞治（東大・政治学）、安井郁（東大・国際法）、新明正道（東北大・社会学）、高山岩男（京大・哲学）、鈴木成高（京大・歴史学）等々の名が挙げられる。

事柄の性格上、丸山自身は語りたがらないが、丸山自身が、実際に、先輩の教授・助教授たちの戦前・戦中の言動が「ほととぎすの卵」に該当するか否かを審く立場に立たされたのであった。清水は、丸山のように現実に審く立場には立たなかったが、新明正道が「ほととぎすの卵」として東北大学を追放になった後、その後継者となって仙台に赴任することが予定されていた。(4) 東京を離れることを嫌がる家族の強い反対で、東北大学への転任は実現することはなかったが、それでも象徴的な意味では、清水も丸山と同様、人文科学委員会の常任委員として、戦前・戦中の「ほととぎすの卵」を審き、戦後に再び「ほととぎすの卵」が出現しないよう目を光らせる立場となったのである。

しかし、うぐいすの巣に卵を生みつける「ほととぎすの卵」とは一体何者であるのかについて、自由主義＝民主主義＝平和主義を標榜する者たちの間にも、完全なコンセンサスは存在しなかったのである。

そのコンセンサスの欠如は、ＧＨＱの占領政策の転換＝逆コースによる「短い春」の終わりにより現実化した。ＧＨＱ内部に、占領初期から理想主義派＝ニュー・ディール派である民政局（日本国憲法草案の作成に関わったCh・ケーディスなどが属した）と現実主義派＝冷戦重視派である参謀部の争いが存在していたことは周知の事実であるが、軍国主義者・軍国主義の支持者の追放に熱心で、人文科学委員会を支持していた民政局が次第に、参謀部の勢力に後退を余儀なくされるという事態が生じていた。そして、参謀部は、「かつての特別高等警察の資料を入手して、治安維持法の容疑者を対象とする追放候補者のリストを作」り、「朝鮮戦争勃発とともに、新聞社・通信社・ＮＨＫなどからレッド・パージ」を開始したのである。その圧力の下、閣議は九月に、公務員の「レッド・パージ」を決め、そこには当然、国立大学の教官も含まれていた。法学部では、川島武宜、辻清明とともに、丸山もその対象となっているという情報が流れた。(5)

福田歓一によれば、その「レッド・パージ」には、前触れのようなものがあった。前年、一九四九年に、ＧＨＱ民間情報教育局顧問だったW・C・イールズは、「学問の自由の名において」共産主義者・共産主義の支持者である教授の追放を各大学で行なった講演で繰り返し堂々と勧告していたのであった。しかし、イールズの言う「『学問の自由』の敵」とは、丸山＝福沢流に言えば「『多事争論』の敵」そのものとなるのではないか。これは明白な矛盾である。もっとも、その時点では、一年後に、「川島、丸山、辻など後に近代主義者のレッテルを貼られる先生方、さらには文学部の渡辺一夫、中野好夫、森有正という方々まで、共産主義者とされるなどとは夢には思っていませんでした」と、福田は回想する。(6)

当時の東大総長であった南原繁がGHQに強く抗議したこともあり、結局、丸山たちのパージは現実のものとはならなかった。しかし、かつて人文科学委員会の常任委員として、平和国家として生まれ変わった日本のために活動することが期待された、丸山眞男、川島武宜、渡辺一夫、中野好夫等がこぞって「レッド・パージ」の対象となりかけたことは、GHQ内部の勢力争いが露骨に反映しているとはいえ、誰が「ほととぎすの卵」であるのかの認識がどうしようもなく混乱していることを強く印象づけたのであった。かつて「民主制の敵」ないし「『多事争論』の敵」を「審く」立場にあった丸山自身が、数年後に「民主制の敵」ないし「『多事争論』の敵」として「審かれる」立場に置かれようとしたことは、歴史の皮肉である。

学習院大学教授であった清水は国立大学の教官ではなかったので、このレッド・パージ騒動とは直接には関係がなかったが、それでも「逆コース」は清水にとっても、大きな問題を投げかけたのであった。竹内洋は言う。(7)「この年(一九五二年)のはじめには、こんなこともあった。前年、学習院長安倍能成は和辻哲郎や小宮豊隆……らと相談して哲学者の高山岩男……を学習院大学に招聘する案を教授会の席上で発表した。高山は、戦後、教職追放で京都帝国大学文学部教授を免官になっていた。これを聞いた清水は、高山は大東亜共栄圏の思想的基礎づけをおこなった京都学派のリーダーであり、追放が解除になったとはいえ学問の府にむかえることは納得できない、『容れられなければ私自身進退を考えねばならない』とした。高山は結局、学習院に招聘されることはなかった……」。この時、清水は学習院大学教授であったから高山をいまだ「審く」立場でいられたが、もし東北大学に転出していれば、丸山と同様「審かれる」立場に置かれかねなかったのである。

このように、「ほととぎすの卵」は、民政局が優位に立っていた占領初期は、矢部貞治・安井郁・新明正道・高山岩男等であると考えられたが、参謀部が実権を握った「逆コース」時には丸山眞男・川島武宜・渡辺一夫・中野好夫こそがそれに該当すると見なされたのである。

「ほととぎすの卵」とは、丸山＝福沢のレトリック＝スピーチ擁護論で重視される「多事争論」をその内部から侵蝕する「敵」と見なすことができる。その「敵」は、はたして軍国主義者・軍国主義の支持者なのか、あるいは共産主義者・共産主義の支持者なのか。この点に関して、丸山は『「文明論之概略」を読む』において、次のように語っている。(8)

「フリートリヒ・ハイエクという経済学者がいます。だいぶ以前に、この人の『隷従への途』という書物……を読んでいたら、こういうところが非常に印象に残りました。――ハイエクいわく、ヒトラーは自分たちこそが本当の民主主義者だ、今、民主主義者だといっている連中はみなニセ者だといった。またナチは、自分たちこそ本当のナショナリストだ、他のナショナリストといっている連中はいかさまだといった。同様にナチは、自分たちこそ本当の社会主義者で、社会民主党や共産党の社会主義は欺瞞だ、といった。自分たちこそ本当のキリスト者だ、とさえいった。ただ一つ彼らがいわなかったのは、『自分たちこそ本当のリベラルだ』ということ――これだけはいわなかった、というのです。非常に鋭い見方です。ハイエクは社会主義を否定していたので、左翼からは評判のわるい経済学者ですが、そこのところは、ナチズムの、あるいは全体主義というものの本質を鋭くいい当てていると思います。これがつまり異説あるいは他の世界観に対する寛容の問題です」。

そして、福沢の「故に単一の説を守れば、其の説の性質は仮令ひ純精善良なるも、之れに由て決して自由の気を生ず可からず。自由の気風は唯多事争論の間に在りて存するものと知る可し」という文章を引用し、次のように続ける。(9)

「マルクス・レーニン主義が公認されるということは、マルクス主義が真理であるからいいではないか、という考え方がよくありますが、どんなに純精善良な説であっても、それが政治権力と合体して正統とされたときは、思想的自由は原理的には生じない。権力によって容認される限り事実上許される、というだけのことです。自由の気風はただ多事争論の中からしか出てこない。必ず反対意見が自由に発表され、少数意見の権利が保証されるところにのみ存在する。いわゆる市民的自由というものが『形式的』自由であるといわれる理由がここにあります。つまり、特定の思想内容に係わらない、いかなる説でも自由に表明されるべしということです。ここでは必ず複数の考え方の共存と競争が前提となるわけです。……『婦人公論』がいろいろな人に頼んで各人の好む格言を載せたことがあります。その際、私は右の『単一の説』云々のところを探って出しました。私の狙いは当時さかんだったマルクス主義者の考え方への疑問があったわけです。『其の説の性質は仮令ひ純精善良なるも』という点がミソなのです。むろん多事争論ですからマルクス主義を唱える自由も必ずなければならないわけです」。

丸山は、マルクス主義者ではない。しかし、彼が重視する「多事争論」の構成要素としては、当然、マルクス主義の言説も含まれることになる。それは、日本の思想状況に「議論の本位を定める」と、左翼側にウイングを拡げて、「多事争論」の中にマルクス主義の言説を含める方が、日本のリベラリズムの発展にとって有益である、とする丸山の価値判断の反映である。しかし、丸山ゼミ出身の政治学者の水谷三公は、このような丸山の価値判断に次のように異議を唱える。(10) いわく、「丸山が引用したハイエクを借用して言えば、ソ連当局、あるいはソ連の現実を批判するマルクス主義はともに、共産主義こそ真の民主主義（人民民主主義、あるいは民主集中制こそ人類が到達した最高の民主主義）であると主張したし、林達夫のお見立て通り、スターリン・ソ連は自らを真のナショナリスト・愛国主義者だと（時にウルトラ・ナショナリストと見分けがつかないほど強烈に）主張した。別の機会には、マルキストは国籍のない真のインターナショナリストだと誇った。真の科学主義の体現者だとも豪語した。しかし、ナチス同様、ついに自らを『真のリベラル』だと主張することはなかった」と。丸山と水谷のそれぞれのハイエク観と関連づけて図式化して言えば、日本国憲法草案の「学問の自由」規定についても関与したケーディスの「学問の自由」観は丸山のそれに近く、いわゆる「レッド・パージ」を声高に唱えたイールズの「学問の自由」観は、丸山ではなく、どちらかと言えば水谷のそれに近かったのである。水谷は、共産主義者は、「自分たちこそ本当のリベラルだ」とは言わないから、「多事争論」のために丸山のように左翼側にウイングを拡げることには賛成できない、と主張しているわけである。つまり、「多事争論」を内部から侵蝕する「ホトトギスの卵」は、「超国家主義の論理と心理」や「軍国支配者の精神形態」において軍国主義（者）の病理を鋭く剔出してきた丸山にとっては軍国主義者・軍国主義の支持者の言説であり、共産主義者・共産主義の支持者の言説ではなかったが、水谷にとってはともに全体主義の信奉者である点においては変わらない軍国主義者・軍国主義の支持者および共産主義者・共産主義の支持者双方の言説なのである。ここに、「多事争論」というリベラルな価値を護るために、われわれはいかなる思想や言説を「寛容」すべきであり、いかなる思想や言説を「寛容」すべきでないかという、「闘う民主主義」の観点からして最も重大な問題が潜んでいる。

日本社会のリベラル化を推進しようとしたGHQ内部の民政局と参謀部の間、そして共産党（共産主義者）が戦争を防止できなかった結果責任を指摘しつつも、否、責任ある存在だからこそリベラルな社会にとって共産党（共産主義者）の果たす役割を肯定的に捉えた丸山眞男と、丸山門下生でありながら「容共」的な丸山の思想に皮肉な眼差しを向ける水谷三公の間には、誰を「闘う民主主義」にとっての敵＝「ほととぎすの卵」として「寛容」の対象から除外するかについて、まったくコンセンサスは存在しなかったのである。そして、丸山が水谷を「自由の途を自主的に歩ませよう」とする以上、丸山ゼミ出身者である水谷の見解を「誤り」と断じることは、理論上できないのである。

このような「敵」の問題は、宮沢の指摘するように、「民主制を守るための……たたかいが、かならずしも功を奏せず、それらの諸民主制が、その代表選手としてのワイマアル憲法の運命が示すように、ファシズムに屈服をよぎなくされるに至ったこと」によってはっきりと浮上した。第二次世界大戦後、「民主的な政治体制そのものを利用して、……『合法的』に、その政治体制を破壊し」て、独裁体制を確立したナチスを意識して、ファシズム追放に成功した諸国は、いわゆる「ワイマアルのいましめ」を具体化を試みるようになった。宮沢はそれを「ボンのそなえ」と呼ぶ。西ドイツのボン基本法第一八条によれば、「意見の自由、とくに出版の自由、教授の自由、集会の自由、結社の自由、信書および郵便の秘密、財産権ならびに亡命権の基本権は、それらが『自由主義的・民主的基本秩序に対するたたかいのために乱用』されるときは、その効力を失ってしまう。こういう規定を設けるという考えは、憲法制定の過程を通じて、つねに支持されていた。さらに、人権宣言の中で、二つの基本権に関する規定は、この第一八条の規定以上に出て、民主制と憲法への特別の拘束を定めている。教授の自由を保障する規定（五条三項）には、『教授の自由は、憲法に対する忠誠を免除するものではない』という制約がついている。この規定を入れることは、ワイマアル時代に、共和制を破壊する意見をひろめるために教壇が利用されたことに対する反省として、主張された。この規定は、しかし、他面、学問の自由や、思想の自由を侵す恐れもあるので、それに対しては、反対論もあったが、いろいろ議論の末、置かれることになった。……結社の自由の規定（九条二項）についても、『目的もしくは活動が刑法律に違反する団体、または、憲法的秩序もしくは諸国民間の理解の思想に反する団体は、禁止される』という制約がついている。ワイマアル憲法では、結社の自由について『予防措置によって制限してはならない』と定め、また、結社は『政治的目的を追求』するからといって、権利能力の取得を拒否されてはならない、と定め、それを特に強く保障した。ところで、かように憲法が手厚く保障した自由を利用ないし乱用して、ワイマアル体制を破壊することに協力した団体が、無数にあったことを考えると、ボン憲法の作者たちが、結社の自由について、こういう民主秩序の確保のための特別の規定を入れた理由がよくわかる。……ボン憲法は、ワイマアル時代の経験を考慮して、右のような規定を設けたが、それらの民主制を守る諸規定をいったいだれが実施するのか。ワイマアル憲法では、大統領がその任務をもっていたといわれるが、ボンの立法者たちは、その役割を裁判所に与えることにした[11]」。

　しかし、ここには、「民主制の本質から出てくるジレンマ」が存在する。「ソ連や、人民民主制諸国の憲法には、しばしばその国家体制の基本を守るための強い規定がある。『個々の人間および個々のグルウプが、社会主義革命の制度をそこなうように権利を行使したときは、かれらからその権利をとりあげる』（一九一八年ロシヤ社会主義連邦ソヴエト共和国憲法第一三条）とか、『祖国に対する叛逆、すなわち、宣誓違反、敵への逃亡、国家の軍事力の毀損、スパイは、最も重大な罪として、法の峻厳な処罰を受ける』（一九三六年ソ連憲法一三三条）とかいう規定は、この例である。これらの規定が、もし文字どおり厳格に実施されるとすれば、――実際には、おそらく、厳格に実施されていると推測されるが、――それらが、さきに引かれた西方型民主制諸国の憲法の規定にくらべて、憲法の基本体制を守るために、はるかに強い実効性をもちうることは、たしかである。しかし、それらが強い実効性をもてばもつほど、そこでは人権の保障そのものが、……したがって、民主主義そのものが、それに応じて、放棄されてしまう恐れがあることが、注意されなくてはならない。……そもそも、この民主制のジレンマは、解決できるものなのであろうか。いったい民主制は、民主制であることをやめずに、民主制への攻撃に対して有効にたたかうことができるだろうか。『民主制が、その政治的反対者をたおすためにでも、民主制の性格を失うことなしに、反民主的な手段を使うことができないところに、民主制の悲劇性がある』といった人もある。また、『民主制が、そういう手段に訴えざるを得なくなるとき、その没落は、決定される』という言葉も聞かれる。もし、民主制が民主制であることをやめずに、民主制への攻撃に対して有効にたたかうことができないとすれば、右にのべられた民主制のジレンマは、解決できないことになる。はたして、そうだろうか。もし、そうだとすれば、民主制は、その本質上、解決できないジレンマをかかえているわけで、今日の世界において、健康な存在をもちつづけることは、きわめてむずかしいはずである[12]」。

少し長く引用したが、宮沢はこのように問いかけたうえで、「わたしは、かような民主制のジレンマの解決は、非常に困難ではあるが、決して不可能ではなく、したがって、民主制は、今日の世界において、じゅうぶんな生存能力を有する、と考える」と述べている。すなわち、宮沢は、「民主制が、民主制であることをやめずに、『ほととぎすの卵』……の手口を使っての民主主義への攻撃に対して、みずからを守ることは、決して不可能ではない」と断言するが、第二次大戦後に西ドイツで採られた方式の適切さにも疑問を呈したうえで、それを「心がまえ」の問題に還元することは、安易な見解であると言わねばならない。宮沢は言う。「日本国憲法の言葉でいえば、民主制は、『人類の多年にわたる自由獲得の成果』であり、『過去幾多の試練に堪』えてきたものである（九七条）。それは、今後も、『国民の不断の努力によって、これを保持しなければならない』（一二条）。民主制に対しては、多くの敵がある。民主制は、たえずそれらの攻撃の前にさらされている。それらに対して、民主制は、つねにみずからの存立を守るためにたたかわなくてはならない。その意味で、民主制は、『たたかう民主制』でなければならない。しかし、民主制は、人権の保障をその本質とする。それは、どのような場合にも、この本質を捨てることはできない。したがって、民主制は、たとえ『ほととぎすの卵』……の手口を使う敵とたたかう場合でも、決して人権に対してたたかうべきではなく、どこまでも人権によってたたかわなくてはならない。それが実際問題としてどのようにむずかしくても、民主制は、民主制であるかぎり、この心がまえをもちつづけなくてはならない[13]」。

宮沢の言う「民主制のジレンマ」が結局「心がまえ」に還元されるのであれば、その「ジレンマ」と構造的にパラレルな困難をもつ、丸山＝福沢のレトリック＝スピーチをめぐるパラドックスも、「心がまえ」の問題として処理しなければならなくなるのであろうか。まず確認しておかねばならないことは、丸山＝福沢のレトリック＝スピーチをめぐるパラドックスも、「民主制のジレンマ」と同様、二段階の構造を有するということである。

第一段階。丸山＝福沢のレトリック＝スピーチ擁護論において最大の価値が与えられるのは、「多事争論」の保障ということである。しかし、丸山が中国の諸子百家による「百家争鳴」を「多事争論」の観点から評価したことからも窺われるように、その「争論」の主体には、いつかは「多事争論」自体を終わらせて自説の独裁を実現しようとする論者も含まれている。そのような論者の言説として、丸山のように軍国主義者の言説のみを考えるか、水谷のように軍国主義者の言説のみならず共産主義者の言説も含めて考えるかに意見の対立はあるが、「多事争論」を至上の価値とする限り、そのような「『多事争論』の敵」の言説も、「多事争論」の観点からその存在を保障されなければならないのである。しかし、そのような「『多事争論』の敵」である言説は、いわば「ほととぎすの卵」として機能し、

「多事争論」自体をその内部から侵蝕して、いつの間にか「言説の単一支配」＝「真理の独裁」を齎すかもしれないのである。「多事争論」にはまさに「異説」を寛容するという「リベラリズム」の精神が反映しているが、「ナチは『自分たちこそリベラルだ』とは言わなかった」（丸山）、あるいは「マルクス主義者は『自分たちこそリベラルだ』とは言わなかった」（水谷）という事実は、ナチス（や軍国主義者）およびマルクス主義者が、「『多事争論』の敵」＝「ほととぎすの卵」であることを、自分自身が承認していることを意味している。しかし、「多事争論」である以上、たとえ「言説の単一支配」＝「真理の独裁」を目論む反リベラルな軍国主義者の言説や共産主義者の言説であっても、それらの「『多事争論』の敵」の言説を「寛容」すべき相手とみることをやめて「多事争論」のアリーナから追放することはできない。これが「多事争論」の実現を重視する丸山＝福沢のレトリック＝スピーチ擁護論をめぐる第一のレトリックのパラドックスである。

次に第二段階。これは、レトリック＝スピーチ擁護論における「ワイマアルのいましめ」ないし「ボンのそなえ」によるパラドックスと言うべきものである。「『多事争論』の敵」である軍国主義者の言説ないし共産主義者の言説が、「多事争論」自体をその内部から侵蝕して、いつの間にか「言説の単一支配」＝「真理の独裁」を齎すのであれば、例えばそのような言説を法的に禁止して、「多事争論」のアリーナから追放することで、「多事争論」を護ればよい、ということになる。しかし、そのようにして護られた「多事争論」は、その重要な構成要素であるべき軍国主義者の言説や共産主義者の言説を欠くものとなるから、それは大変に痩せ細った病的な「多事争論」となってしまう。否、丸山＝福沢がレトリック＝スピーチ擁護論から、その実現を期待した「多事争論」は、そこから「自由」が生じるとされる逞しい「多事争論」であるから、軍国主義者の言説や共産主義者の言説を排除した病的な「多事争論」は、そもそも「多事争論」という名に値しないものとなってしまうのである。宮沢が、「民主制は、たとえ『ほととぎすの卵』……の手口を使う敵とたたかう場合でも、決して、人権に対してたたかうべきではなく、どこまでも人権によってたたかわなくてはならない」と論じたように、「『多事争論』は、たとえ『ほととぎすの卵』の手口を使う敵と闘う場合でも、決して、『多事争論』に対して闘うべきではなく、どこまでも『多事争論』によって闘わなくてはならない」のである。

しかし、「闘う民主制」が、しばしば「人権によってたたかう」のではなく、「人権に対してたたかう」ものとなり、結局、「民主制の本質」を喪失することになるように、「闘う『多事争論』」も、しばしば「『多事争論』によって闘う」のではなく、「『多事争論』に対して闘う」ものとなり、結局、「多事争論」を貧弱なものとしてしまうのである。「闘う『多事争論』」は「闘う」ものであるから、本来、逞しく健康なものである筈である。しかし、その「闘い」の結果、逞しく健康な「多事争論」は、多くの「『多事争論』の敵」を追放して、最後には、「多事争論」の名に値しない、弱々しく病的なものへと変質してしまうのである。この弱々しく病的な「多事争論」からは、「自由は多事争論の間に生ず」という命題を帰結することはできない。軍国主義者や共産主義者の言説を「多事争論」のアリーナから追放すれば、そこにはもはや「自由」が存立する余地はなくなるのである。これが、「多事争論」の実現を重視する丸山＝福沢のレトリック＝スピーチ擁護論をめぐる第二のレトリックのパラドックスである。

二　清水＝ヴィーコの「レトリックのパラドックス」

キケロの法廷での実践に着目したG・ヴィーコは、「〈トピカ〉の〈クリティカ〉への先行性」を主張した。清水＝ヴィーコによれば、この「〈トピカ〉の〈クリティカ〉への先行性」命題は、三つの根拠に支えられていた。少し復習しておこう。第一の根拠は、「トピカによって、問題のあらゆる側面を考慮することが出来る」という「包括性」であり、第二の根拠は、「あらゆるトポイ（トポスの複数形）を平常からストックとして用意しておくことにより、切迫した緊急の問題に対しても躊躇することなく即座に答えることが出来る」という「即時性」であり、第三の根拠は、「理性のほかに情意的諸能力を持つ全体としての人間」である聞き手に対して、あらゆるトポイに眼を通している話し手は、レトリックにより、「聞き手の心の琴線に触れる」説得力ある弁論を展開できるという「話し手と聞き手との関係における説得力」であった。

これら三つの根拠を挙げて、清水＝ヴィーコは、デカルトの「方法としてのクリティカ」の支配は、特に青年教育や法実践等の人間的領域において有害であり、いわゆる「近代的思惟」によりその意義を否定された「蓋然的なもの」＝「真実らしいもの」の回復こそが、そして特定の共同体に内属する成員の多数によって前反省的に受け入れられている「社会通念」である「共通感覚（常識）」――それは「実践的判断（実践理性）」と「雄弁」の双方の規準である――の受容・養成・訓練こそが重要な意味をもつのであるから、右記の「〈トピカ〉の〈クリティカ〉への先行性」命題の正しさが無条件に承認されなければならない、と主張したのであった。

この清水＝ヴィーコの「〈トピカ〉の〈クリティカ〉への先行性」命題は、科学思想史家の佐々木力により、論文「ヴィーコの近代科学論」において、「まず（ヴィーコの言う）共同体の共通感覚（常識）を身につけ、自らが所有している認識関心の妥当性を共同体の必要性に照らし合わせて検討することが先決なのであり、その上でその認識関心に沿ってクリティカを機能させせなければならない」と説明されている。(14)しかし、われわれは、佐々木の言う「共同体の必要性」というものを、「不利な立場の少数者」の人権の観点から、それほど信頼してよいのか、疑わなければならないのである。すなわち、佐々木は、「たとえ特定の共同体に内属する多数者が有する『社会通念』や『共通感覚（常識）』（によって受容されている『真実らしいもの』）であっても、それが当該共同体における『不利な立場の少数者』の人格・権利・自由等を侵害したり差別・抑圧を助長したりする虞れがある場合は、それを徹底的かつ根本的に疑うべきである」という一つの論拠――「トポスとしてのクリティカ」と呼ぼう――が必然的にヴィーコの「トポイ・カタログ」から排除されていることを完全に見逃してしまっている。

したがって、「共同体」ないし「共通感覚（常識）」＝「共同体感覚」への「惑溺」に陥ってしまった佐々木により理解されたヴィーコの「〈トピカ〉の〈クリティカ〉への先行性」命題によれば、「民族的少数者や宗教的少数者そしてハンセン病患者を差別・抑圧することは不当である」等々と訴えようとする「不利な立場の少数者」は、「少数者への差別や抑圧を黙認・許容する既存の共同体秩序の正統性を根底から疑問化しようとする自らが所有する認識関心の妥当性を、所与の共同体秩序の正しさを前反省的に受容している多数者から成る当該共同体の必要性――例えば『(民族的少数者や宗教的少数者の存在を見ようとしない)同質社会の神話』あるいは『(ハンセン病患者の強制隔離から目をそむける)健康社会の神話』を信仰することにより、『有利な立場の多数者』にとって居心地が良く安全に暮らせる(?)秩序が安定的に維持されること――にまず照らし合わせる」ことが求められることになる。そして、その照らし合わせで、「不利な立場の少数者」の訴えが、その「少数者」に対して現実に存在する差別や抑圧にまったく関心を払わない多数者が有する「社会通念」や「共通感覚(常識)」に合致しないものであることを確認したうえで、その「トポスとしてのクリティカ」に支えられた訴えを、「社会通念」や「共通感覚(常識)」を「実践的判断(実践理性)」の規準として重視すべきであるという今一つ別の論拠――「トポスとしてのトピカ」と呼ぶ――を、あたかも疑問の余地なき真理と錯覚している当該共同体における多数者に向けて提起することを、断念するように求められることになろう。

「方法としてのクリティカ」に対する先行性の根拠として、第一に「包括性」という特徴を挙げるヴィーコの「アルス・トピカ」――それを「方法としてのクリティカ」と対比する意味で「方法としてのトピカ」と呼ぶことができよう――が、その定義上「トポスとしてのクリティカ」を「トポイ・カタログ」から必然的に排除するゆえに真の「包括性」というメリットを有さないことに、「『トポスとしてのクリティカ』に基づいて異議申し立てを行なう『不利な立場の少数者』のレトリック実践が政治的ないし社会的権力により抑圧されることを、レトリック理論(『社会通念』や『共通感覚(常識)』を重視せよと説くヴィーコの『方法としてのトピカ』)が正当化する」という「レトリックのパラドックス」が発生する原因が潜んでいる。これは、われわれが既に確認しておいた清水幾太郎の治安維持法肯定論に見出されたパラドックスと同型のものであるゆえに、それを、清水＝ヴィーコのレトリック＝トピカ擁護論をめぐるレトリックのパラドックスと呼ぶことができる。それにしても、佐々木は、「丸山眞男を超えて」という副題が付された論文「福澤諭吉の学問思想」において、フランス象徴派の詩人J・A・ランボーが、その『地獄の季節』の中の「別れ」という詩でうたった「断じて近代人でなければならぬ」という言葉を、「ポストモダニズム」批判と絡めて、肯定的に引用するにも拘わらず、何故、「古代派」に与して「近代人」を攻撃したヴィーコの言う「共通感覚（常識）」という曖昧な概念に「惑溺」し、簡単に「レトリックのパラドックス」に陥る結論に達してしまったのであろうか。「共同体」の「共同体感覚」＝「共通感覚（常識）」をそこに在る「物」として実体化し、その「働き」の是非を考慮することなく、その「物」を賛美することは、丸山＝福沢の言う「惑溺」にほかならない。佐々木は、丸山＝福沢理論の限界を清水＝ヴィーコ理論の「共通感覚（常識）」で突破することを試みるが、その試みは論理的に矛盾しているような印象を与え、丸山＝福沢理論からはむしろ退行しているように思われる。A・コントの用語を用いて言えば、学問論の地平での「実証的」段階から「形而上学的」ないし「神学的」段階への退行である。清水＝ヴィーコ理論を高く評価する上村忠男が丸山＝福沢理論は「肌に合わない」と正直に告白しているのは、それなりに首尾一貫して自己矛盾は存在しないが、その試みが丸山＝福沢理論を「超える」と豪語する佐々木の福沢論は、それが自分自身のヴィーコ論と自家撞着していることを認識すらできていないのである[15]。藤原保信ならば、佐々木の福沢論からヴィーコ論への展開を「パラダイム転換」として評価するであろうが、佐々木は「断じて近代人でなければならぬ」と語っているのであるから、藤原の立場に与してはいないことになる。それでは一体、ともに学問論である筈の佐々木のヴィーコ論と福沢論は、例えば「近代なるもの」の評価に関して、互いに矛盾することなく論理的に整合する関係にあるのであろうか。まったく不明である。

　このような「レトリックのパラドックス」は、ヴィーコの「アルス・トピカ」を高く評価するTh・フィーヴェクの『トピクと法律学』に着目する田中成明の法理学にも確認される[16]。田中は次のように主張する。「積極的に何が正しいかについて意見の対立があっても、いずれの価値基準に照らしても共通に悪として非難されるべき事柄についての議論の出発点としての社会的合意は、一般に考えられている以上に多い」から、「何らかの実質的正義の実現に直接寄与するよりも、著しく正義・衡平に反する具体的被害の事後的個別的救済を第一目標とする法的議論の出発点として必要な程度の社会的合意は、大抵の場合、十分存在しているとみてよい」であろう。そして、「世論の高まりを背景にプライバシーの権利や環境権・日照権などの新しい権利が認められた事例のように、法的議論がその実質的理由づけにおいて『社会通念』や『共通感覚（常識）』を重視して理性的な社会的合意の拡大に訴えることは少数者の権利主張を促進し支える作用」をもっているから、「現代立憲民主制のもとでは、裁判での法的議論においては、数・力や効率・能率の論理が優先されがちな政治・行政・経済などの領域とは違って、個人の権利義務に関する原理問題、とりわけ少数者や弱者の権利主張に公正かつ理想的な配慮をすべきことが、社会の基本的合意として現実に既に確立しているとみることができる」のである。

確かに、公害に苦しむ人々が、「社会通念」や「共通感覚（常識）」に訴えて社会的合意の拡大を目指し、権利主張を正当化しえた事例は存在するかもしれない。しかし、「社会通念」や「共通感覚（常識）」を重視することも、「数」の論理を優先することになるのではないだろうか。だからこそ、田中も、「社会的合意の拡大」という表現を用いているのではないか。「合意」と「拡大」とはまさに、「数」や「力」や「量」の論理そのものである。この疑問は、「不利な立場の少数者」の中でも、民族的少数者や宗教的少数者やハンセン病（元）患者に特に妥当すると思われる。

このことを、「津地鎮祭違憲訴訟最高裁判決」の多数意見を素材に、確認しておこう。(17) この最高裁判決は、憲法第二〇条の政教分離規定を「制度的保障の規定」として、つまり国民に主観的権利を保障するものとしてではなく、立法権に向けられた制度的保障――それは人権ではないから、高度の制限を課すことができる――の規定として捉えて、その結果、政教分離原則の緩和を可能とした。もちろん、基本的人権保障を中核とする日本国憲法の下で、そもそも制度的保障という概念を採用しうるか否か、また仮に採用しうるとしても政教分離規定をそのように捉えることができるか否か、が憲法解釈学上疑問視され、さらに当該規定ははっきりと人権保障規定として捉えるべきだという学説も有力になるに至っている。しかし、判決は、(特定宗教と関連のある)私立学校への助成、文化財たる神社等の建築物等維持のための補助、刑務所等における教誨活動などの具体例を挙げ、政教の完全分離は不可能・不合理であるとして、政教分離規定は制限が可能な制度的保障の規定であることを前提として、「政教分離原則」の緩和を許容する限定分離説——分離の限界は「それぞれの国の社会的・文化的諸条件」に依存する、とされる——をとった。その場合、憲法第二〇条三項により禁止される「宗教的活動」についての判断規準が問題となるが、本件判決は、「当該目的が宗教的意義をもち、その効果が宗教に対する援助、助長、促進又は圧迫、干渉等になるような行為」であるか否かという「目的・効果基準」を採用した。

もちろん、政教分離規定に、このような「目的・効果基準」を一般的に適用することの妥当性自体について憲法解釈学上鋭い批判が喚起されているが、清水=ヴィーコのレトリック=トピカ擁護論の検討という観点から見て看過できないのは、判決が「目的・効果基準」を適用するに際して、「当該行為の外形的側面にのみとらわれることな」く、「当該行為に対する一般人の宗教的評価」、……等「諸般の事情を考慮し、社会通念に従って、客観的に判断しなければならない」と述べていることである。この最高裁判決が孕む重大な問題点は、「一般人の宗教的評価」「一般人の意識」「一般人の宗教的関心」そして「社会通念」など「数」や「力」や「量」の論理が強調されていることである。もっとも、横田耕一も指摘するように、判決が採用した「目的・効果基準」に基づいて判断しても、いわゆる「靖国神社法案」や総理大臣等の靖国神社公式参拝は違憲である疑いが強いことは確かである。[18] しかし、「一般人の宗教的評価」や「一般人の意識」そして「社会通念」等を宗教的意義の有無・強弱を判断する規準として重視する考え方は、佐藤功が示唆するように、「戦没者の慰霊・顕彰などの行事についても、そのまま利用される可能性があ」り、「一般人の意識」や「社会通念」という「数」と「力」と「量」の論理を拠りどころにして「戦没者の慰霊・顕彰は宗教・宗派を超えた国民的・国家的課題であるという主張」がなされる場合、本件判決は、その「有力な援護手段となりうる」のである。[19]

このような佐藤の危惧は、まさに『閣僚の靖国神社参拝問題に関する懇談会報告書』(以下、報告書と略す)が提示されることにより、現実のものとなった。奥平康弘は、報告書が「内閣総理大臣その他の国務大臣の靖国神社参拝の在り方について、憲法上の論点、国民意識とのかかわりなどを幅広く検討し、意見を述べる」ことを主題として規定している点を確認したうえで、「憲法上の論点」と「国民意識」とが同列に置かれていることに、着目する。しかし、両者の同列並置はあくまで形式的なものである。実際、報告書は、「閣僚の靖国神社公式参拝の憲法適合性」を判断するに際して、「津地鎮祭違憲訴訟最高裁判決」が、憲法第二〇条三項で禁止される「宗教的活動」に特定の行為が該当するかどうかを検討するにあたっては「当該行為の外形的側面のみにとらわれることなく、諸般の事情を考慮し、社会通念に従って客観的に判断すべきである」と述べていることを重視して、「憲法上の論点」を「国民意識」「国民感情」そして「社会通念」によって実質的に支配させるのである。かくして、「社会通念」論によって「ありうるいっさいの異論を斥け」た報告書が、次のような結論に到達するのは、必然的である。すなわち、「以上の次第により、政府は、この際、大方の国民感情や遺族の心情をくみ、……国民の多数により支持され、受け入れられる何らかの形で、靖国神社への公式参拝を実施する方途を検討すべきであると考える」と。

奥平は、以上のような報告書の論理の展開を次のように適切に総括する。つまり、報告書は、「まず『憲法上の論点』と『国民感情』とを並列におき、しかるのち最高裁のいわゆる『社会通念』を媒介とすることによって、『国民感情』こそが『憲法上の論点』を決定する要素であるとみて、『国民感情』が望んでいるから合憲だ」という結論を導出するのである。[20]

したがって、この最高裁判決や報告書から確認される法的思考を見ても、田中の見解と異なり、「数」や「力」や「量」が優先される「政治」の領域と同様、「共通感覚(常識)」や「社会通念」を重視する場合は「法」の領域においても多数者の「国民感情」等が反映されて露骨に「数」や「力」や「量」の論理が貫徹されることになる。

佐々木力や田中成明の議論をそのまま展開すると、例えば「ハンセン病患者の人権をしっかりと保障せよ」というハンセン病患者の訴え＝レトリック実践は、「ハンセン病は治療することができない恐ろしい病気である」という多数者（健常者）の有する誤った「共通感覚（常識）」や「社会通念」によって「多事争論」のアリーナに登場することを妨げられ、また「宗教的少数者の人権を尊重し、政教分離原則を厳格に適用せよ」という宗教的少数者の訴え＝レトリック実践も、「大方の遺族の心情と比較すれば政教分離は何ら重要な事柄ではない」という（宗教的）多数者の有する「共通感覚（常識）」や「社会通念」によって「多事争論」のアリーナに登場することをやはり妨げられるのである。

このように、最高裁判決や報告書を簡単に検討しただけでも明らかになったように、「共通感覚（常識）」や「社会通念」――「一般人の意識」や「国民感情」はそれと極めて類似した概念である――は、わが国の法実践では、ヴィーコが示すような弁論や議論の促進＝活性機能を果たしているわけではまったくなく、むしろ逆に、現実に弁論や議論の抑圧＝阻止機能を強力に果たしているのである。つまり、政府が、「違憲ではないかとの疑いを否定できない」公的行為について、あらかじめ官房長官の下に設置された私的諮問機関である「靖国懇」から当該行為は日本人の「共通感覚（常識）」や「社会通念」に適合しているから違憲ではないという答申を受けたり、人権保障の最後の砦であるべき最高裁判所が、社会的少数者が提起した違憲訴訟において政府高官の当該行為は日本人の「共通感覚（常識）」や「社会通念」に合致しているゆえに合憲であるという判決を次々に下しているが、これらの法実践においては、「共通感覚（常識）」や「社会通念」は、特定の公的行為の憲法適合性に関する疑義が公的な「多事争論」のアリーナに登場することをあらかじめ可能な限り封じたり、たとえそれが法的議論が闘わされる憲法裁判という「多事争論」のアリーナに提起されたとしても、社会的少数者の人権保障の観点から十分に真剣に検討することなく、巧妙かつ権力的に斥けるための根拠として利用されているのである。まさに「共通感覚（常識）」や「社会通念」は、社会的少数者の自由を保障するための「切り札」としての「権利」（R・ドゥオーキン）とは完全に逆の機能、すなわち多数者――「（大方の）国民感情」の所有者である「一般人」――が自らの選好を擬制された合意に依拠して社会的少数者に強制するための、「権利」よりも遥かに強力な、「数」や「力」や「量」の論理に支えられた「切り札」としての機能を果たしている。

アリストテレスやヴィーコによれば、弁証的推論の出発点としての「共通感覚（常識）」や「社会通念」のもつ意義を認めることが、雄弁術＝説得術であるレトリックないしトピカが「法」を含む実践的領域で果たす役割の重要性を正確に理解するための前提である。ところが、わが国の法実践では、弁論や議論の促進＝活性機能を果たす筈の「共通感覚（常識）」や「社会通念」は、逆にその抑圧＝阻止機能を果たしているという倒錯した事態が起こっている。この「レトリック＝トピク理論（が重視する『共通感覚（常識）』や『社会通念』）により、レトリック実践の抑圧が正当化される」という逆説は、まさに「レトリックのパラドックス」と呼ぶべきものである。それは、ヨリ正確には、二段階から構成される丸山＝福沢のレトリック＝スピーチ擁護論をめぐるレトリックのパラドックスと区別するために、清水＝ヴィーコのレトリック＝トピカ擁護論をめぐるレトリックのパラドックスと呼ぶべきものである。その理由は、その「レトリックのパラドックス」の典型が、清水幾太郎の治安維持法肯定論に明確に見出されるからである。

清水のレトリック＝トピカ擁護論と治安維持法肯定論を結びつけるのは、共時的かつ通時的な社会統合要因である「共通感覚（常識）」（ヴィーコ）であった。すなわち、清水は、戦後民主主義とそれを支える思想が、その価値体系の中核に、「治安維持法への復讐」という日本人の「共通感覚（常識）」と対立する不当な前提をもつことを理由に、それを厳しく批判する。清水の『戦後を疑う』が、その「近代的思惟（モデルネ）」批判の社会哲学的・認識論的基礎をA・コント理論とともにヴィーコのレトリック＝トピカ擁護論に据えている事実の中に、この「レトリックのパラドックス」は潜んでいる。清水によれば、治安維持法は、「当時の大多数の日本人の『共通感覚（常識）』に合致していた（天皇制や私有財産制のような）諸価値をマルクス主義のような外在的な批判（クリティカ）から擁護するためのごく『自然』な法律であった」にすぎないから、そもそも「悪法」と呼ぶことが誤っているのである。「（思想取締法および言論弾圧法である）治安維持法」＝「悪法」という等式を根本から疑うべきだという清水の問題提起が妥当なものであるか否かについては、奥平康弘による詳細な批判的検討が存在するので、ここで吟味することはしない。しかし、その問題提起の根底に存在する、人間観・社会観そして歴史観の転換の要請が、名著『倫理学ノート』において清水が鮮やかに描ききったヴィーコの「アルス・トピカ」の延長線上に位置するものであることを考える時、それは藤原保信や田中成明の実践哲学的レトリック論にとっても極めて重大な難問を投じることになる。杉山光信が示唆するように、『戦後を疑う』において、治安維持法による戦前・戦中の「知識人」——清水によって「精神的貴族」と揶揄されるようなマルクス主義者のみでなく、平和主義者や自由主義者も当然、そこに含まれる——の恐怖・抑圧体験を否定するために利用されるのが、「庶民」すなわち大多数の日本人がもつ「共通感覚（常識）」という概念装置である。そして、その概念装置こそ、まさに『倫理学ノート』において主役を演じる、レトリックの擁護者であるヴィーコが、「レトリックの敵」であるデカルトの「哲学的批判（クリティカ）」と対決する際に、「トピカ」の意義を強調するためにその重要性を指摘した「共通感覚（常識）」にほかならない。つまり、伝統や歴史を軽蔑する「クリティカの徒」である学者たちの「自惚れ＝思い上がり」を批判するヴィーコの視座と、天皇制のようなわが国固有の伝統や歴史を尊重しない（戦前・戦中そして戦後の）日本の知識人たちの「自惚れ＝思い上がり」を批判する清水の視座は、ともに「理性や科学を基準にして過去を眺め、そこに無智と迷信と神話と野蛮を見出す」啓蒙思想を否定するという点において、完全に一致している。それゆえ、『倫理学ノート』はヴィーコのレトリック＝トピカの理論篇であり、『戦後を疑う』はその日本近・現代史への応用篇である、と考えられるのである。したがって、庄司興吉が、「近代合理主義の祖デカルトの敵対者ヴィーコにまで溯った」清水の知的営為が、「リベラリズムにも近代ヒューマニズムにもデモクラシーにもとどまらず、どこまで遡るとも知れぬ日本的伝統に回帰していくのにほとんど戦慄を覚える」と述べている事実の重みは、繰り返し確認しておかなければならない。

ともあれ、佐々木力や田中成明の言説においてと同様、『戦後を疑う』での清水の治安維持法肯定論には、「レトリック＝トピカ理論（が重視する『共通感覚（常識）』や『社会通念』）により、レトリック実践の抑圧が正当化される」というレトリックのパラドックスが明確に見出されるのである。

三 「術」と「学」をめぐるパラドックス

このような「レトリックのパラドックス」が発生した原因は、二つあると思われる。その第一の原因は、雄弁家であるキケロが活躍できた法廷レトリックにとって好都合だった諸条件を、キケロの法廷での実践に着目したヴィーコはもちろん、ヴィーコの「アルス・トピカ」を高く評価した清水幾太郎も、まったく無視していることに求められる。ヴィーコが、「アルス・トピカ」と呼ばれる法廷技術を駆使して活躍した時代は、刑事裁判は査問所手続という構造の下で行なわれるものであった。この手続を、キケロ暗殺後しばらくして成立したローマ帝政における特別審理手続と比較すると、キケロの活躍がまさに当時の刑事裁判が行なわれた法廷を構成する手続の特殊性に依存したものであったことが明らかとなる。それゆえ、以下では査問所手続と特別審理手続を比較しながら、前者のみがキケロのような弁論家に法廷での実践を可能にしえたことを明らかにしたいと思う(21)。

査問所手続は、ローマ共和制時代に重要な役割を演じた民会の決定により個々に制定される査問所設置法を根拠とするものである。その個々の法律によって定められた特定の犯罪類型が裁判の対象となる。つまり、拡大・類推解釈によって含ませられない新しい行為を刑事制裁の対象とする時は、新しい査問所設置法の制定により刑罰を定めることが必要になる。ここに、共和政理念を反映した罪刑法定主義の萌芽を認めることができる。

他方、特別審理手続は、皇帝の権力を根拠とする。「皇帝は法の上に立つ」という帝政理念を反映した思想の表われとして、法的・制度的な裏づけは必要とされない。裁判の対象も、特に限定されない。従来からの実定法規を中核として、それに変形を加えて犯罪類型が形成されたが、新しい犯罪類型も創出された。加えて、皇帝は、勅法により必要に応じて加罰行為の範囲を任意に増減することができた。刑罰は勅法により形式的には規制されたものの、全体として増加し、帝政の思想を反映して犯行の状況を斟酌しつつも、厳しくなっていった。ここに、共和政理念を反映して成立していた罪刑法定主義の萌芽は、完全に放棄される。

査問所手続は、ローマ市民を対象とする。すなわち、ローマ市在住の有産市民または上流階層に属する市民のみが対象となる。その手続においては、私人訴追者が訴訟を追行するという原則が貫かれている。実際は、弁論術の素養を有する上流階層（例えばキケロが属した騎士階層）に属する市民が訴追を行なうという弾劾主義の特徴を有する。そして、判決を下すのは、私人審判団である。私人と言っても、やはり上流階層（元老院階層または騎士階層）に属する人々である。ゆえに、殆どの場合、被告人と同じ階層の市民たちが、審判人団となって、犯罪事実の有無を確定し、判決を下すことになる。したがって、この手続では、私人訴追者、被告人（プラス弁護人）、指揮政務官、私人審判人団の四者が、手続に関与することになる。特に、当事者主義の構造を反映する前二者の対抗関係が手続の中軸を形成する。この「市民が市民を裁判する」構造において、後二者は公平な第三者の地位に立つ。そのため、審判人団が私人訴追者や弁護人の弁論術に大きく影響され、様々な政治的圧力に屈しやすいという私人訴追に伴なう欠陥が生じる。

他方、特別審理手続では、対象となるものは、特に限定されない。もっとも、皇帝が直接裁判に関与することは次第になくなり、皇帝の支配に服する司法官僚が訴訟を追行するようになる。その際、専門官的な下級官吏が司法官僚を補佐するようになる。判決を下すのも、私人ではなく、皇帝に服する司法官僚である。つまり、被告人を訴追する司法官僚自身が、犯罪事実の有無について事実審理を行なったうえで、判決を下すという職権主義の構造を有する。かくして、司法は、私人の手を離れて、文官化した県長官等の高級官僚にとっての最も重要な職務となる。皇帝のもつ権力が司法に反映され、皇帝がその支配下にある国民を裁判するという構造をもつゆえに、裁判担当の司法官僚と被告人のみが、手続に関与する。それゆえ、キケロのような弁論家が、私人訴追者ないし弁護人として活躍する余地はまったく存在しなくなる。かくして、弾劾主義の特徴は失われ、糺問主義の構造をもつようになる。この手続は、一応完成された刑事手続ではある。法的安定性は、勅法による手続規制や専門的知識をもつ者の助言などによって支えられているが、皇帝自身が恣意的な決定や指図を行なう時には、それに対抗する防御手段はまったく存在しないことになる。

法学と刑事裁判との関係が殆どない査問所手続では、共和政理念（上流市民階層による共和制支配という水平的理念）を背景とするゆえに、当事者主義・弾劾主義が顕著であり、司法手続において国家権力は単に指揮・監督の役割を果たすのみである。私人訴追者と被告人（プラス弁護人）の対等な対抗関係が手続の中軸となるゆえに、キケロのような弁論家が私人訴追者ないし弁護人として法廷技術を駆使しながら活躍するための議論のアリーナはしっかりと保障されている。

他方、法学の素養をもつ者が、官僚機構の内部に組み込まれて司法官僚を補佐する特別審理手続においては、帝政理念（主権者である皇帝が服従者である国民を支配するという垂直的理念）を背景とするゆえに、司法手続は国家権力の支配下に完全に収められ、職権主義・糺問主義がすべてのプロセスで貫かれている。すなわち、皇帝権力が司法を完全に制覇しているこの手続では、司法官僚が被告人を訴追し、犯罪事実の有無について事実審理を行なったうえで、その同じ司法官僚が判決を下すという構造を有するゆえに、キケロのような私人の弁論家が法廷技術を駆使しながら活躍するための議論のアリーナはまったく成立する余地がなかったのである。

ローマ法学者にしてキケロ研究家の柴田光蔵は、著名な「ウェッレース裁判」に関して、査問所手続下で活躍した政治家＝弁論家の典型であるキケロの行動を、大略、次のように分析している(22)。

M・T・キケロは、前一〇六年、騎士階層に属する家庭で生まれ、前四三年、第二回三頭政治成立の犠牲となって暗殺された。キケロは、当時の閥族政治の真只中にあって、騎士階層の出自にまつわる不利な状況を弁論の才覚によって克服し、前六三年には執政官の顕職にまで昇進した。それ以後、既に滅びるよう運命づけられていた共和政を護持するために奮闘し、ついにマルクス・アントニウスの凶刃によって悲劇的な最期を遂げた。

若き日のキケロは鳥占官や大神官に師事しながら、法学者の実務にも触れるところがあった。その後、一時軍務にもついたが、、研究者に転じ、弁論術の大家A・モローに接した。そして、さらに高度な弁論術の知識を身につけた後、主として騎士階層の代弁者として活躍した。そして、弁論家としての活躍により得た名声を地盤として、シキリア属州の財務官に任命され、官界への道を踏み出したのである。キケロのような「貴族」出身ではない「無名の人」にとっては、庇護者や知人を獲得して官職を昇進していくためには、弁護の労を惜しむことはできなかった。「新人」であるキケロは、『義務論』に次のように記している。「雄弁を必要とする機会の種類は多〔いが〕、最大の賞讃は法廷において与えられる。その弁論の様式は二つある。すなわち、訴追と弁護である。それらのうちで、弁護の方がヨリ賞讃に値するけれども、しかし、訴追もまた、しばしば是認されるものである。……しかし、訴追をあまりしばしば行なってはならず、国家のためか、不正に対する報復のためか、われわれがシキリアのために行なったように保護関係に基づくか、でなければ決して行なってはならない」。このように語るキケロが、ウェッレースの訴追を引き受けた動機としては、柴田によれば、ⓐ名誉欲、ⓑ先例模倣、ⓒ保護関係、ⓓ正義感の四要因が推定されている。

ちなみに、被告人G・ウェッレースは、前八四年の財務官、前七三年の市民係法務官で、前七三年から三年間シキリア属州長官の職にあった。属州長官として君臨する者が、属州を搾取することは通常の事態であったが、そのため任期終了後にその不法利得行為という非行の責任を査問所法廷で問われることもしばしばであった。ウェッレースは、奴隷の大反乱スパルタクス戦争を鎮圧するのに功績があったとも言われ、L・C・スッラ体制下で出世した象徴的な人物である。キケロが、この大物政治家であるウェッレースの訴追を引き受けた動機は、具体的に次のようなものと考えられている。以下では、柴田の分析を、それに全面的に依拠しながら、要約しつつ引用する。

ⓐ名誉欲——キケロは、前七六年に財務官となり、帰任して元老院に列席する資格を得たが、その後、官職歴任梯における上位の官職＝按察官の地位が望まれるところであった。財務官としてシキリアの内情に精通していたキケロにとって、ウェッレースの有罪を獲得することは容易であると判断されたのかもしれない。実際、勝訴の結果として、キケロは、ウェッレースの有していた元法務官の地位を襲い、元老院では被告人と同じ資格を得て、その席次で列席することができたのである。キケロの目標は、政務官に就任して元老院に入り、そこで執政官として「国家の第

一人者」となることであったが、騎士階層出身の彼にとって開かれた途は、軍事的才能によって頭角を現わすか、弁論家としての修業を積んで政治家となるか、の二つしかなかった。ウェッレースを弁護すると公言していた者の一人であったホルテンシウスは、この時最大の弁論家であり、キケロによって「法廷を支配し、法廷で君臨している」と評されるほどの大物であった。したがって、ウェッレースの非行に関する今回の事件は規模が大きく、政争の焦点となる可能性を孕んでいるため国民の関心も極めて高かったため、ホルテンシウスによるウェッレース弁護を公開の法廷で論破して、ウェッレースの有罪を判決させることができれば、キケロはホルテンシウスという第一級の弁論家を打倒するという大きな成果を挙げることができるのである。当時、刑事裁判は、訴訟当事者を擁立する政治勢力の葛藤であると同時に、双方を代弁する弁論家同士の対抗戦でもあった。さらに、裁判の政治化に伴って、勝敗の帰趨は、証拠となる客観的な事実よりも、私人訴追者ないし弁護人である自分自身の主張を信じさせる弁論能力にかかっていたのである。キケロのような「貴族」＝名門の出身でない者には、スッラによって築き上げられた「閥族」による寡頭的支配は出世のための妨げとなるものであったが、その悪い面の象徴的存在とも言えるウェッレースに対する激しい敵意を胸に秘しつつ、弁護人であるホルテンシウスの弁論を論破して有罪に追い込むことは、同時に、キケロにとって「新人」に至る途を切り開くことでもあった。

ⓑ先例模倣――キケロ以前の有能な弁論家たちの先例も、キケロを訴追に導いた要因と考えることができる。当時、ローマでは、私人訴追が敗訴すれば、彼は社会的に不名誉を蒙るばかりか、時には積極的な不利益すら課されることがあったので、既に高い地位にある弁論家＝政治家はこの危険を犯すことは好まず、むしろ若くて比較的経歴の少ない者が、政治経歴を開始し、自身の名を高めるために、この役割を引き受けていた。キケロは、この時、既に三六歳で、このような訴追を行なうのに相応しい年齢を遥かに過ぎていた。しかし、執政官の地位を目指すキケロにとって、元財務官の低い地位を脱して、次位の按察官に昇進するためには、受動的な弁護よりも、積極的に訴追によって局面を打開することが必要であった。M・P・カトーやC・C・カルドゥスのような、下級の出自のために上流「貴族」

から敵意を抱かれながらも、それを克服して執政官という最高の栄職に就任した者が存在したことを挙げ、同じ境遇にある者は、その先例を手引きとして、訴追から生じる反感を怖れてはならない、とキケロは自分自身を鼓舞したのである。

ⓒ保護関係――キケロは、財務官の任地シキリアを去る時、将来も属州民に援助を与えることを約束していた。

ⓓ正義感――キケロは、最良の時代に、優れた人たちが、友好関係にある都市や国家を不正から守り、その利益を擁護することを重要な任務としていたことを想起させ、また、特にシキリア属州がローマにとっていかに重要な役割を果たしてきたかを述べている。そして、不当利得罪に関する法律が属州民の利益のために制定されたことを強調して、この法律を遵守する義務を説いたのである。

キケロが活躍した時代に、キケロと同時代の優れた法学者のA・ガッルスは、古代ローマの法格言の一つと見なすこともできる「これは全くわれわれに関係せず、キケロに関係する」という言葉を残している。(23) 当時は、法「学」と弁論「術」が、具体的な訴訟事件の解決をめぐって主導権を争っていた時期である。この言葉は、「法学者は、諮問してきた人に事実の性質について法的な説明を与えるが、提示された事実がはたして真実であるかの問題は関知するところではなく、それは弁論家であるキケロの専門に属する」という意味である。

弁論家が弁護人として活動する際には、訴訟当事者と一体となって査問所法廷に出るから、時として勝訴を得るために事実を曲げて論ずることすらあった。この激動の時代に、法学者は、名門出身者として身に帯びている保守性と、伝統的に法「学」に付着している形式尊重的厳格主義によって社会の要請に十分対応できなくなりつつあったが、他方、弁論家は、法律の知識が十分でなくとも、弁舌巧みに法廷技「術」を駆使して、主として事実問題の領域で、自身の陣営に有利な解釈を主張して、勝訴にもち込むことも少なくなかった。したがって、この言葉は、無報酬で「解答(レスポンデーレ)」などの活動に従事し、当事者の一方に与することなく、あくまで中立公平の立場を貫いた法学者であるガッルスが、キケロに代表される弁論家たちを、その「巧言令色鮮矣仁」という性格について皮肉ったものと見ることもできる。保守的な「学」と現実的な「術」の対立である。共和政理念を反映した査問所手続においては、キケロらの「術」が優位したが、皇帝の権力により法的安定性を維持するという帝政理念を反映する特別審理手続の時代になると、既存秩序の現状を肯定する「学」は司法官僚を通して法廷に大きな影響を及ぼすようになる。

ところで、清水は、『倫理学ノート』において、「トピカの人たちは、理性や良心とともに人間の全体を組み立てている感情や欲望や野心のことを知っている」と記していた。前記のキケロの「正義感」はその「理性や良心」に対応するものであろうが、もともと上流階層出身であるので出世を欲する必要がそもそもないゆえに中立公平な立場をあくまで貫くことができた「法学者」たちと異なり、強い上昇志向を有するキケロの「名誉欲」こそが、その「トピカの人」がもつとされる「感情・欲望・野心」そのものであったと言えよう。つまり、キケロはガッルスのような名門「貴族」でもなければ、冷たい「精神的貴族」でもなかったのである。しかし、キケロがそのような「名誉欲・感情・欲望・野心」を心に抱いていたのは、その「名誉欲・感情・欲望・野心」を満足させられる可能性が現実に存在したからであり、その可能性は共和政末期の特殊な社会・政治状況によって齎されたものである筈である。しかし、清水は、そのキケロの「名誉欲」や「野心」を叶えるような社会・政治状況の在り方について考察することは一切していないのである。

そもそもキケロを含む「野心」に満ちた政治家=弁論家たちの間に激しい権力闘争・政治対立が渦巻いていた共和政末期のローマにおいて、存在していたのは「同胞倫理」を可能にする健全な「共通感覚(常識)」などではなく、むしろ藤原保信が嫌悪する「倫理的アナーキー」の一歩手前とも言える「多事争論」が成立している社会・政治状況であったのではないだろうか。ヴィーコの言うようにキケロは「共通感覚(常識)」の中で教育や訓練を受けたのではなく、むしろ「多事争論」が闘わされる政治的激動の中で執政官への昇進を目指したのである。当時のローマは、後に犠牲者となるキケロ自身を含めて要人の暗殺が相次いでいた。また、民会における政治闘争や査問所における法廷闘争に敗北した多くの有力政治家たちが、処刑は免がれたかもしれないが、ローマから次々と追放されていく不穏な時代でもあった。ウェッレースがその鎮圧に活躍したというスパルタクスの大反乱も、少し昔の出来事にすぎない。キケロが関与できなかったゆえに敗訴したと清水＝ヴィーコの言うT・A・ミロ裁判や、キケロが関与したG・ウェッレース裁判は、そのような法廷闘争の典型である。偶然の一致かもしれないが、興味深いことに、裁判の敗訴者であるミロとウェッレースはともに同時に「権力政治」の敗北者としてマシリア（マルセーユ）に流されていったのである。ここに存在するのは、やはり藤原が嫌悪する「権力政治」の横行そのものである。ローマの共和政理念が「倫理的アナーキー」に至る一歩手前まで「多事争論」の実現を保障し、「名誉」を求めて政治家＝弁論家の経歴を開始した若者たちが「権力政治」が渦巻く中で官職歴任楷梯における上位の官職を得ようと努力することを可能にしたからこそ、騎士階層という下級身分出身ではあるが「名誉欲」や「野心」に満ちみちていたキケロが、その法廷技術を駆使しながら査問所で訴追や弁護を行なうことによって、執政官という顕職までの昇進を目指すことができたのである。つまり、ローマの政治的議論のためのアリーナである民会の存在が活発な「多事争論」を実現する場を保障していたように、法的議論のためのアリーナである当事者主義的な査問所の存在が私人訴追者や弁護人が縦横無尽の活躍をするための自由な「法廷弁論」の場を保障していたのである。それゆえ、弁論家であるキケロの法実践の「自由」は、福沢の「自由は多事争論の間に生ず」という命題の正しさを証明しているのである。

実際、キケロ暗殺後に成立した帝政において設置された特別審理手続に基づく法廷では、キケロに政治家＝弁論家としての法廷技術を駆使しつつ活躍するための場を提供した当事者主義的な査問所法廷とは異なり、保守的な法学者の影響を受けた司法官僚による訴追に始まり、司法官僚による犯罪事実の有無の認定を経て、司法官僚による判決に至るから、この帝政理念を反映する職権主義的な法廷（日本流に言えば一種の「お白洲」）においては、キケロが活躍すべき法的議論のアリーナは、もはや存在しえなくなっていたのである。この時、「術」としてのレトリックは、もはや完全にその役割を終えていたのである。それは、帝政時代には、共和政時代において政治的議論のための重要なアリーナであった民会が、完全にその役割を終えたことと正確に対応している。つまり、帝政ローマにおいて、青年は

「皇帝は偉大である」という帝政理念を反映する「共通感覚（常識）」の中で教育されたであろうが、彼らにはもはやキケロのように「術」としてのレトリックを駆使して官職歴任階梯を昇進する途は開かれていなかったのである。したがって、キケロの査問所法廷での活躍からわれわれが学ぶべきことは、「共通感覚（常識）」の重要性などではなく、むしろ「権力政治」の嵐が渦巻くほど自由な共和政下の社会・政治状況の存在なのである。しかし、キケロの法廷での実践を重視する論者は、すべて「術」としてのレトリックとは結びつかない「共通感覚（常識）」の重要性を口を揃えて主張している。それは、何故であろうか。

清水幾太郎『倫理学ノート』、藤原保信『政治理論のパラダイム転換』、佐々木力『近代学問理念の誕生』、田中成明『現代法理学』等々——これらの著作のタイトルから分かるのは、それらがすべて「学」＝「理論」水準の現実から遊離した抽象的な議論を展開していることである。「倫理《学》」、「政治《理論》」、「《学問》理念」、「法理《学》」——「学（問）」や「理論」という言葉の使用からも明らかなように、清水・藤原・佐々木・田中はすべて「悪役」デカルトの「方法としてのクリティカ」に対抗するために、キケロの法廷での実践に注目するヴィーコの「アルス・トピカ」を「方法としてのトピカ」という「学」＝「理論」的水準に半ば無意識的に組み替えて議論しているのである。「アルス」は「術」を意味するから、「アルス・トピカ」は本来、「トピカの術」の筈である。そして、法廷等での「トピカの《術》」＝「法廷技《術》」は、「倫理的アナーキー」の一歩手前の「多事争論」すらが保障されていた民会という政治的議論のためのアリーナや、私人訴追者や弁護人が法廷弁論を闘わせて活躍することが認められていた査問所法廷という法的議論のためのアリーナが存在することを前提としていた。しかし、清水・藤原・佐々木・田中の「方法としてのトピカ」という「学」＝「理論」は、「術」としてのトピカ・「術」としてのレトリック・法廷技「術」が成立するために必要な議論のアリーナの存在という現実的条件をすべて無視して、そのような議論のアリーナとはむしろ対立すると考えられる「共通感覚（常識）」の受容・教育・訓練を重視すべきことを、「共通感覚（常識）」が「自己本位」的性格をもつと言う木村敏の警告をまったく配慮することなく、一致して主張することになる。デカルトの「方法としてのクリティカ」からのパラダイム転換を説くということは、そのパラダイムを転換したものが、「方法としてのクリティカ」と同じ「学」＝「理論」の抽象的水準で「方法としてのトピカ」として成立することを意味している。それは、キケロの法廷での実践、すなわち「術」としてのトピカ・「術」としてのレトリック・法廷技「術」の現実とはまったく異質なものとなる。

周知のように、雄弁「術」ないし説得「術」であるレトリックは、一方で、修辞「学」や文彩「学」などとも訳されている。ここから窺えることは、レトリックには常に、その抽象的な「学」的契機と現実的な「術」的契機の緊張・対立が見出されるということである。キケロはもちろん、ギリシア哲「学」の優れた紹介者であり、一時は『ヘレンニウス弁論書』という「学」的水準の高い作品の著者と目されてはいたが、たとえキケロ自身が「共通感覚（常識）」について言及していたとしても、その本質は査問所法廷で弁論「術」を駆使して活躍する法廷技「術」家である。そのキケロの法廷での実践に注目するヴィーコは、「開講の辞」などでナポリの有力者を前にして自分自身の雄弁「術」を披露してきたが、その本質は、デカルトの「方法としてのクリティカ」を批判するために『新しい学』を著した「学」者（思想家）なのである。ところが、ヴィーコの「アルス・トピカ」で重視される「共通感覚（常識）」に着目する清水以下の各論者は、キケロとヴィーコの間に存在する現実的な「術」と抽象的な「学」の緊張関係に目を向けようとはしていないのである。

しかし、もちろん、清水も、その研究生活の初期においては、現実的な「術」としてのレトリックに関心を向けなかったわけではない。『社会学批判序説』では、「法律家達はこの（フランス）革命哲学の結論を『雄弁』という技術に依つて実践的に遂行した人人に外ならない」と述べている。[24] ここでは、キケロが活躍したローマ共和政末期の混乱の時代と同様、初期清水が注目したフランス革命の時期は「倫理的アナーキー」の一歩手前と言えるほどの「多事争論」を可能にしている社会・政治状況が現われた激動の時代であり、そのような時代であってこそ、法律家たちが「術」としてのレトリックを用いつつ、フランス革命の成功を目指して政治的な実践を行なったことが正しく清水により理解されている。また、M・ヴェーバーが、フランス革命において、法律家たちが「術」としてのレトリックを武器に活躍したことと、その「術」としてのレトリック自体を高く評価していた事実も、見逃してはならないだろう。[25] ところが、反革命の立場に理論的根拠を与えた「思想家」であるゆえに「イタリアのE・バーク」とも言われるヴィーコとの運命的な出会いによって、後期清水は特定の社会・政治状況における「闘争」と結びついていた「術」としてのレトリック観を放棄し、「デカルトの敵」であるヴィーコの「共通感覚（常識）」を重視する「有機体説」的な「学」としてのレトリックへと立場を転換したのである。そして、清水は、そのヴィーコ理論の日本の近・現代史への適用に際しても、あくまで「自己本位」的な「共通感覚（常識）」とは無縁な「術」としてのレトリック実践が可能となるための社会的・政治的諸条件についての考察を一切行なうことなく、治安維持法が多数の日本人の有する「自己本位」的な「共通感覚（常識）」に反する共産主義者・平和主義者たちの「非常識」な「術」としてのレトリック実践を抑圧することを「自然」なこととして抽象的な「学」の立場から正当化したのである。それは、現実的な「術」的次元を捨象しつつ、もっぱらその「学」的次元のみに定位しながら、高所から戦前・戦中の日本の社会秩序を肯定するために抽象的な議論を展開する「思想家」に特有の罪なのかもしれない。

ところで、戒能通孝は、ずばり『法廷技術』と題された著作を刊行している。[26] もちろん、戒能の著書は、古代ローマの弁論家であるキケロではなく、近代英米を代表する弁論家であるJ・チョート、Th・アースキン、D・オコンネル等の法廷技「術」――「術」としてのレトリック――を詳細に分析したものである。しかし、当事者主義に貫かれた純粋な説得の場である「法廷」と、職権主義に支配された単なる嘆願・泣き落としの場であるにすぎない「お白洲」を理念型的に区別したうえで、前者でのみ言葉の厳密な意味での法廷技「術」は可能となり、その説得の技「術」である法廷技「術」によって暴力や取り引きや泣き落としを追放するためには、「お白洲」となりがちな日本社会全体を「法廷化」しなければならないと主張する戒能の見解は、古代ローマの共和政理念を反映した査問所手続とその帝政理念を反映した特別審理手続を対比し、前者でのみキケロの法廷技「術」は可能であり、ローマの社会・政治状況が「野心」に満ちたキケロが昇進するための途を開く「多事争論」の実現を可能にするものでなければならなかったことを明らかにしたわれわれの考察と正確に一致する。したがって、キケロのレトリックの精神は、清水の言うように抽象的な「学」を展開する「思想家」であるヴィーコにではなく、柴田光蔵が、ウェッレース側の「必死の術策を破った」のは「キケロの法廷技術の巧みさ」であったと正しく分析している事実が明確に証明しているように、むしろ戒能が着目した英米の「法廷」で現実的な「術」を駆使する実務家として活躍したチョートやオコンネルにしっかりと受け継がれていると考えるべきなのである。

したがって、「お白洲」と「法廷」という術語は歴史的範疇ではないことが注目されねばならない。『法廷技術』に「河合氏の裁判で驚かされるのは、のっけから裁判がお白洲的に運ばれていることである。……公判の記事はまさに河合氏の思想調査である」と記されていることからも明らかなように、戒能は、政治権力が河合栄治郎の思想を「上から」一方的に審いた職権主義的な裁判の姿を、「お白洲」と見ているのである。

われわれは、ここで、『法廷技《術》』において、戒能が、抽象的な「学」の次元に定位する「思想家」に示した次のような厳しい見解を見ておかなければならない(27)。いわく、「『自由』でも『原則』でも、表現は何でもよいが、生活の中に根をもった国民は、法規のなかにおいてしか自由をもたない国民に比較して、一つの固定した立場をもち続け得るという事実である。況んや法規すら抜道だらけにできていて、『公共の福祉』という言葉一つから、打出の小づちのようにあらゆる立法のひき出されるところでは、信頼すべき原則が余りに乏しいため、個人が……動揺することは、全く当然の帰結である。このような動揺を前にした場合、人は何といっても『思想家』を要求する。なぜならば『思想家』の思想に頼ることそのことは、同様に頼った人にとっては責任免除行為であり、再びまた任意に自己の欲する結論を打ち出す手段になるからである。法律学の世界にこの事実を適用すれば、『思想家』が『実務家』を指導することは、『実務家』がしばしば原則からとびだして、流行の浪に身を投ずることのある事実を暗示する。これは裁判にとっての一つの危機である。……『思想家』は一つの流行に外ならない。しかも流行の変化が激しければ激しいほど、『思想家』として成功する人の模範になるものは、……曖昧な観念、『人生観』、『世界観』を残しておくものである。だが曖昧な観念を残す最上の手段となるものは、いうまでもなく実証的研究を排除して、正義、自然法、信義誠実等々の何とでもとれる一般的条項を、広く残置させることである。だとしたら、『思想』は理論においては、『実務』を指導しているのであるが、しかし実際においては『実務』を全く野放しにしてお〔くことになる〕。……裁判の実務が思想家・学者によって指導されるのは、いってみれば一つの悲劇である」。

もちろん、キケロは、ラテン散文を完成させた当時随一の文筆家であり、ギリシア哲「学」の有能な紹介者でもあった。しかし、既述のようにキケロの本質は、法廷技「術」を駆使しつつ査問所で私人訴追者ないし弁護人として活躍する「実務家」にこそ存するのであった。ところが、そのキケロの法廷での実践に着目した「思想家」＝「学者」のヴィーコは「アルス・トピカ」から現実的な「術」の要素を捨象して「方法としてのトピカ」に組み替えて「共通感覚（常識）」という「曖昧な観念」をわれわれに残してしまったのである。そして、それを清水以下の日本の最高知性と言うべき「学者」＝「思想家」たちが抽象的な「学」＝「理論」の水準における「パラダイム転換」の中核的な術語としてヨリ洗練・精緻化を行なったうえで使用したのである。

ヴィーコの「アルス・トピカ」に着目したTh・フィーヴェクの『トピクと倫理学』を高く評価する法哲「学者」＝「思想家」の田中成明も、「共通感覚（常識）」を重視して理性的な社会的合意の拡大に訴えることの必要性を強調していた。ここには、「術」＝キケロ→ヴィーコ→フィーヴェク→田中＝「学」という言説の抽象化の段階構造が存在し、次第に抽象的な「学」的水準が高められる一方、現実的な「術」の前提となる社会的・政治的条件の考察は確実に捨象されていく。その結果、ナチスが多用した「健全な民族感情」のような概念とも類似した、戒能の言う「共通感覚（常識）」のような「何とでもとれる一般的条項」が、例えば「政教分離原則」の緩和等に悪用され、宗教的少数者の権利侵害を正当化するという帰結が導かれるのであった。「学者」＝「思想家」である田中には、その著作に例えばハンセン病（元）患者を苦しめ続けた「らい予防法」が登場することは決してないという事実に象徴されるように、法的思考の合理性を誤って過度に強調する傾向があるが、「共通感覚（常識）」が「不利な立場の少数者」に対して果たす「負」の機能にまったく眼を向けようとしないのも、法律学すなわちヴィーコの言う法「賢慮」(juris-prudence)の素晴らしさを手放しで礼讃してしまう「学者」＝「思想家」特有の抽象的な既存秩序肯定的オプティミズムを反映していると考えられる。丸山と同じように「（内部で個人の析出を許さない）共同体」観に与しながら法的思考の不合理性を鋭利に剔出した川島武宜について、あたかも「（最高の真理から最低の真理を演繹する）クリティカの徒」＝「法的思考に相応しくない『科学』を追い求める分別（賢慮）のない学者」と見なしているかのような批判的叙述を行なう田中は、自分自身を、清水幾太郎の言う「賢者」＝「小さな真理（賢慮＝実践理性）から最高の真理（法的思考の合理性）を導く者」に擬しているのかもしれない。しかし、清水の治安維持法肯定論は、この田中の「共通感覚（常識）」重視の法理「学」と、完全に同型の論理構成によるものなのである。清水の倫理「学」においても、田中の法理「学」においても、「『学』としてのレトリック＝トピク『理論』（が重視する『共通感覚（常識）』や『社会通念』）により、『術』としてのレトリック実践の抑圧が正当化される」という「レトリックのパラドックス」が一致して見出されるのである。特に、清水の場合、「低い現実に生きる人々」＝「庶民」の立場から、歴史を審く「高い価値の世界を信じる人々」＝「学者」たちの「自惚れ」を批判するという構図をとるため、その「レトリックのパラドックス」の「パラドックス性」は一層高められることになる。

清水＝ヴィーコのレトリック＝トピカ擁護論をめぐるレトリックのパラドックスが発生する第一の原因は、このように、清水が、レトリックにおける現実的な「術」的契機と抽象的な「学」的契機の緊張を見逃してしまったことである。

したがって、清水幾太郎の言う「Bタイプの社会科学→Cタイプの社会科学」というパラダイム転換、藤原保信の言う「丸山眞男の近代政治学→実践哲学的政治学」というパラダイム転換、田中成明の言う「川島武宜の『科学としての法律学』→実践哲学的法理学」というパラダイム転換の主張はすべて、キケロの法廷技「術」に着目するヴィーコの「アルス・トピカ」を重視するとはいえ、「術」とは言説の位相差をもつ「学」＝「理論」水準に各論者が無意識のうちに移行してしまっている議論なのである。ここで、注目すべきは、田中が克服対象とする川島の『科学としての法律学』も、清水の言うBタイプの社会科学の典型と見なすことができるということである。川島の著作のタイトルが『科学としての法律学』であるように、丸山の『増補版・現代政治の思想と行動』第三部には、「科学としての政治学」と題された論文が収録されていることを想起されたい。そして、ヴィーコの「アルス・トピカ」に拠りつつCタイプの社会科学の構築をこぞって試みる清水・藤原・田中はすべて、レトリックの抽象的な「学」的契機と現実的な「術」的契機の緊張関係を完全に無視しているため、転換されたそれぞれの抽象的な「学」的地平において「レトリックのパラドックス」の発生をどうしても回避することができないのである。「術」の現実的実践から「学」の抽象的観照への退行が、まさに「退行」として「学者」＝「思想家」によって正しく認識されることは不可能なのである。

「レトリックのパラドックス」が発生するもう一つの原因は、既に少し言及しておいたように、「〈トピカ〉の〈クリティカ〉への先行性」命題の正しさの根拠として、清水＝ヴィーコが第一に挙げる「アルス・トピカ」の（有するとされる）「包括性」というメリットが、実はその「アルス・トピカ」が定義上、「トポスとしてのクリティカ」を論理必然的に排除してしまうゆえに、「包括性」という特徴を現実にはもたないことに求められる。「アルス・トピカ」も、「トポスとしてのトピカ」に支えられた単なる一つの言説にすぎないのである。「トポスとしてのトピカ」とは、「特定の法秩序に内属する多数者が受け入れている『共通感覚（常識）』や『社会通念』を重視して理性的な社会的合意の拡大を目指すべきである」という論拠である。しかし、この「アルス・トピカ」は、「たとえ特定の法秩序に内属する多数者が受け入れている『共通感覚（常識）』や『社会通念』であっても、それが当該法秩序における『不利な立場の少数者』の人格・権利・自由を侵害したり差別・抑圧を助長したりする虞れがある場合は、それを徹底的かつ根本的に疑うべきである」という「トポスとしてのクリティカ」を論理必然的に排除することになる。清水の治安維持法肯定論や田中の「政教分離原則」緩和肯定論に見出される「レトリックのパラドックス」の発生は、まさに「アルス・トピカ」が「包括性」という特徴を有するというヴィーコの誤った言説を両者が安易に信じてしまい、「アルス・トピカ」が「不利な立場の少数者」の人権保障にとって必要不可欠な「トポスとしてのクリティカ」という重要な論点を排除している事実を見逃してしまったことに起因する。この事実を正しく認識することと、「自己本位」的性格を免れない「共通感覚（常識）」のような「曖昧な観念」の無条件的な尊重を説く「思想家」＝「学者」により齎されるであろう「悲劇」を警告する戒能の主張に耳を傾けることが、清水＝ヴィーコのレトリック＝トピカ擁護論をめぐるレトリックのパラドックスを解消するための作業を開始する第一歩となる。

「術」としてのレトリック＝法廷技「術」を実践した弁論家のキケロを批判したガッルスは、形式尊重的厳格主義を唱える「保守的」な法「学者」であった。キケロの「アルス・トピカ」＝「術」としてのレトリック＝法廷技「術」に着目した筈のヴィーコは、歴史を「有機体モデル」で捉えたゆえに反革命の根拠を与えた思想家＝「イタリアのE・バーク」と見なされるほど「保守的」なレトリック「学者」であった。そして、ヴィーコが重視した「共通感覚（常識）」を無条件で尊重せよと、清水・藤原・佐々木・田中等の現代の「学者」たちが主張する。『共通感覚論』の著者である中村雄二郎を含め「共通感覚（常識）」の明るい《光》の側面にのみ眼を向ける右記の各論者は、庄司興吉・杉山光信・木村敏が的確に剔出した「共通感覚（常識）」のもつ恐ろしい《闇》の現実的な側面を真剣に検討することはない。つまり、彼らは、「共通感覚（常識）」の「働き」について冷静に分析することなく、「共通感覚（常識）」を「物」として実体化し、その「物」（がもっと彼らが信じる素晴らしい「属性」）に「惑溺」してしまっている。憎き「近代の知」の祖＝デカルトの論敵であるヴィーコの言うことであるから、「アルス・トピカ」が「包括性」というメリットを有するということも、「共通感覚（常識）」を尊重せよということも、「正しい」ものとして「信仰」してしまっているのである。しかし、丸山＝福沢の言うように「信の世界に偽詐多く、疑の世界に真理多し」なのであるから、まずヴィーコの言うことを無条件に「正しい」と信じることをやめて、ヴィーコの抽象的な言説すらを「疑問」に付すことが必要だったのである。すなわち、「共通感覚（常識）」とは共同体の「（有利な立場の）多数者」がたまたま前反省的に受け入れている「自己本位」的な社会通念を意味している。したがって、抽象的な「学問」＝「理論」の水準で「自己本位」的な「『共通感覚（常識）』を尊重せよ」と主張することは、「共通感覚（常識）」のもつ抑圧的な「自己本位」性をまず疑うべきであるという「不利な立場の少数者」が「トポスとしてのクリティカ」に基づいて訴える異議申し立てという現実を、「有利な立場の多数者」の立場から問答無用に却下することを意味することになる。それゆえ、清水・藤原・佐々木・田中等の現代の「学者」たちも、ガッルスやヴィーコという過去の「学者」たちと同様、すべて既存の「共同体」的価値を無条件に肯定する「保守的」な存在となる。「有利な立場の多数者」の「自己本位」的な通念を肯定する「保守的」な学者たちは、政治の現状に満足し、既存の社会秩序を維持しようとする傾向が強いから、民族的少数者・宗教的少数者・ハンセン病患者等々の異議申し立てを行なう「不利な立場の少数者」の存在自体に目を向けることはない。清水の重視するA・コントの図式で言えば、宮沢や川島によって法的思考の合理性の限界について認識する「実証的」段階にまで漸く到達した議論を、抽象的な「共通感覚（常識）」という「曖昧な観念」を重視することで再び「不利な立場の少数者」の存在について実証的に検討することを拒絶する戦前・戦中の「形而上学的」ないし「神学的」段階の議論にまで回帰させることは断じて許されない。かくして、①レトリックにおける抽象的な「学」的契機と現実的な「術」的契機の緊張を完全に見逃してしまったこと、およびそれと関連する②「アルス・トピカ」が「包括性」という特徴をもつというヴィーコの誤った主張を安易に「正しい」ものであると考えてしまったこと――この二点において、右記の「共通感覚（常識）」を重視しつつ実践哲学の復権を唱える各「学者」＝「思想家」の諸著作から深刻な「レトリックのパラドックス」が発生してしまうという事態は本質的に回避不可能なものとなってしまうのである。

その意味で、戒能が、「術」としてのレトリック＝法廷技「術」の援助が本当に必要とされるのは、いわゆる「権力政治」の只中で「世のあらゆる人々から非難され、窮境のどん底にある人々である」と強調していることが注目される。[28] 例えば「らい予防法」下のハンセン病患者のような「世のあらゆる人々から『業病患者』＝『国辱』として批判され、『強制隔離』という窮境のどん底にある人々」＝「不利な立場の少数者」こそ、「トポスとしてのクリティカ」に基づく「術」としてのレトリック＝法廷技「術」によって、時には当該共同体の「(有利な立場の)多数者」が受け入れている「共通感覚(常識)」を徹底的に打破してまでも、その自由を保障し、その権利を擁護すべき人々だったのである。すなわち、キケロの「術」としてのレトリックは、「共通感覚(常識)」を重視するヴィーコの抽象的な「アルス・トピカ」によってではなく、いわゆる「同質社会の神話」を信仰する民族的多数者・宗教的多数者・思想的多数者・健常者などの「自己本位」的な「共通感覚(常識)」すらも疑う必要のあることを説く戒能の法廷技「術」によってこそ、真に再生することができるのである。その現実に眼を向けようとする「実証的精神」の尊重を力説する戒能による再生においては、もちろん、「レトリックのパラドックス」が発生することはありえない。「トポスとしてのクリティカ」に基づいて「不利な立場の少数者」のために「異端妄説」を述べる意見を、「多事争論」のアリーナから排除することを当然視する「学者」＝「思想家」たちの悪しき既存秩序肯定的「保守性」も、それによってのみ克服されることになろう。

四　「社会的パラドックス」としての「レトリックのパラドックス」

「『異端妄説』の主張を含めて『多事争論』のアリーナを実現させたうえで、『強靱な自己制御力を具えた主体』＝『理想の市民』を多元的な価値の前に立たせて自らの思考を促しつつ、選択させ、自由への途を自主的に歩ませよう」とする丸山＝福沢理論の限界、そして「『共通感覚(常識)』の教育・訓練を行なうことにより、『低い現実に生きる人々』＝『実在する庶民』が原始未開の昔から遠い未来への時間の流れの中に位置する共同体の共時的かつ通時的な統合要求にしっかりと合致する実践的判断を下すように促がそう」とする清水＝ヴィーコ理論の限界はそれぞれ、これらの「レトリックのパラドックス」に明確に現われるのである。丸山＝福沢の「レトリックのパラドックス」は、「市民」の「個別性」によるものであり、清水＝ヴィーコの「レトリックのパラドックス」は、「庶民」の「全体性」によるものである。前者は清水の言う「庶民」が進むべき方向を決定できずに迷うというリベラリズムの価値判断の「カッコ入れ」の病いであり、後者は丸山の言う「市民」が進むべき方向を指示されることを嫌うというコミュニタリアニズムの価値判断の「横並び強制」の病いであると言い換えることもできよう。すなわち、「コミュニ（タリアニ）ズム」を奉じる梅本克己や藤原保信が論難する「多事争論」のアリーナの中で特定の価値判断を下すべきかについて固く口を噤む丸山＝福沢理論の病理と、「リベラリズム」に与する奥平康弘や杉山光信が危惧する「共通感覚（常識）」によって「真綿で首を締める」ように特定の価値判断を下すように強制する清水＝ヴィーコ理論の病理である。丸山＝福沢理論では、「ほととぎすの卵」がどれであるかを判断することは自由への途を自主的に歩むとされる「市民」の主観に委ねられているゆえに共同体がそれを決定することはできないが、清水＝ヴィーコ理論では「共通感覚（常識）」によって「ほととぎすの卵」がどれであるかの判断は「庶民」の主観のいかんに拘わらず共同体が有無を言わせずに決定してしまうのである。もちろん、清水＝ヴィーコは、「共通感覚（常識）」の定義上、「庶民」にはそのような主観の対立は存在しないと考えている。このように、これら二つの病理は正反対のベクトルをもつが、ともにレトリックの息の根を止めて、それを殺害してしまうのである。かくして、「丸山眞男－清水幾太郎問題」は、治安維持法論という第一のピークへと至ったが、それは「レトリックのパラドックス」論という第二のピークへと連なっているのである。

かくして、「レトリックのパラドックス」においては、どれが「ほととぎすの卵」であるかを誤ることなく「特定」することこそが、決定的に重要であることが理解されよう。しかし、現在世界各地に生息する驚くほど多種の（ありとあらゆる）小鳥たちが生む（無限に存在するとすら思える）膨大な数の「卵」の中から「ほととぎすの卵」のみを正確に「特定」することは、「市民」にとっても「庶民」にとっても、極めて困難な作業となることが十分に予想される。実際、ケーディスとイールズは異なる小鳥をほととぎすと信じて、追いかけようとしたのだから。その困難さこそが、「レトリックのパラドックス」を、リベラリズムでもコミュニタリアニズムでも〝解決〟ないし〝解消〟することが不可能であるという印象を与える、「パラドックス」の名に真に値するものとするのである。

われわれは、このように、丸山＝福沢のレトリック＝スピーチ擁護論をめぐるレトリックのパラドックスと、清水＝ヴィーコのレトリック＝トピカ擁護論をめぐるレトリックのパラドックスの存在を確認してきた。それらの「レトリックのパラドックス」は、われわれの社会がリベラルかつ公正で民主主義に合致したものであることを妨げるものであるから、大変に深刻な事態であると言わなければならない。そこで以下では、これらのパラドックスの構造をまず解明し、その後、その構造をヨリ詳細に検討することによってパラドックス〝解決〟ないし〝解消〟の方法を考察していくことにしたい。

社会的現実との関連が特に強いパラドックスを、市井三郎に倣って、「社会的パラドックス」と呼ぶことにしよう。[29]「レトリックのパラドックス」も、社会的パラドックスの一種と考えて差し支えないであろう。K・J・アローが提示した「非独裁的な（アロー派）社会厚生関数の不存在」という「（アローの）一般可能性定理に関わるパラドックス」[30]や、A・K・センが提起した「パレート派リベラルの不可能性」を示す「リベラル・パラドックス」[31]、そしてA・ギバートとM・サターウェイトが明らかにした「戦略的操作（不）可能性に関するパラドックス」もまた、典型的な社会的パラドックスと見なすことができるが、これらはともに社会的選択理論の研究者＝「学者」等に対して、著しく高度な「学」知的レヴェルにおいて強力なインパクトを与え続けている。[32]

以下で検討を試みる幾つかの「レトリックのパラドックス」が、それらと比較して、極めて単純な論理構造を有していることは否定できないであろう。しかし、このことは、「レトリックのパラドックス」が、現実の政治的ないし社会的状況でわれわれの生活に及ぼすインパクトの重大さを否定するものでないことは、もはや繰り返すまでもなく明らかであろう。むしろ、その逆こそが真理である。すなわち、「レトリックのパラドックス」や、（後に論究するようにそれと基本的に同型の）「寛容のパラドックス」「（多数者支配的）民主主義のパラドックス」等の比較的単純な論理構造をもつ社会的パラドックスこそが、われわれの日常生活を構成する人間関係の社会的・政治的・経済的側面において極めて深刻な影響を与える、克服することが著しく困難な矛盾した事態を現実に惹起する、と考えることができる。[33]「（アローの）一般可能性定理に関わるパラドックス」やセンの「リベラル・パラドックス」等では、そのインパクトは主に研究者＝「学者」の抽象的な「学」知的レヴェルにとどまるのに対して、「レトリックのパラドックス」や「寛容のパラドックス」等では、そのインパクトは平凡な「市民」ないし「庶民」であるわれわれの日常の現実的な政治活動や社会生活のレヴェルにまで及ぶのである。

「レトリックのパラドックス」のもつ社会哲学的・認識論的意義を正確に解明するためには、まずそれがK・R・ポパーが『開かれた社会とその敵』で示した幾つかの「社会的パラドックス」と基本的に同型の論理構造をもつことを確認したうえで、さらにそれらの「社会的パラドックス」といわゆる「意味論的パラドックス」の性格の本質的相違を理論的に明らかにしなければならない。

ポパーは『開かれた社会とその敵』第一巻においてプラトン哲学を批判的に検討しているが、その第七章「指導者制の原則」において、「自由のパラドックス」「（多数者支配的）民主主義のパラドックス」「寛容のパラドックス」「主権者のパラドックス」等の興味深い「社会的パラドックス」を提示して、それらに鋭い分析のメスを加えている。これらの「社会的パラドックス」の内容をあらかじめ検討しておくことは、「レトリックのパラドックス」の論理構造を解明するための有益で必要不可欠な前提作業となると思われるので、以下では、それらに関するポパーの見解を、主にその論述に即して、少し詳細に見ていきたい。

〈自由のパラドックス[34]〉

いかなる拘束的な統制すらないという意味での《自由》は、強者が弱者を奴隷化する《自由》を齎すから、その

《自由》の行使によって、極めて大きな拘束（＝《自由》の否定）へ行きつくことになる。

〈（多数者支配的）民主主義のパラドックス〉[35]

すべての事柄を多数者の決定に従わせるという意味での《（多数者支配的）民主主義》は、多数者が政治支配を単一（もしくはごく少数）の人間に委ねるという《多数決》をする可能性をもつから、その《多数決》自体によって、独裁者（＝《（多数者支配的）民主主義》の否定）が出現することになる。

〈寛容のパラドックス〉[36]

不寛容な人々の言動も認めるという意味での無制約な《寛容》は、不寛容な人々の（社会から《寛容》された）攻撃によって、《寛容》を認める社会そのものの壊滅（＝《寛容》の否定）を齎すことになる。

〈主権者のパラドックス〉[37]

《最も賢明（または善良）なる者》が主権者であるべきだと仮定すれば、その《最も賢明（または善良）なる者》は、自分ではなく《人民の多数派》が主権者として支配すべきだという決定（＝《最も賢明（または善良）なる者》が主権者であることの否定）を下すかもしれないし、また他方、《人民の多数派》が支配すべきだと仮定すれば、その《人民の多数派》が、《最も賢明（または善良）なる者》に支配を委ねるという多数決（＝《人民の多数派》が主権者であることの否定）をする可能性がある。

さて、ここで、後に比較検討する「意味論的パラドックス」とは異なり、右に示した幾つかの典型的な「社会的パラドックス」のいずれにも、論理的矛盾は何ら存在しないから、それらはすべて「パラドックス」という名に値しないのではないか、という疑問が生じるかもしれない。例えば、「自由のパラドックス」に即して言えば、「人間は自由であるべきだ」という価値規範が特定の共同体において各成員により公認されることと、その価値規範の下で共同体の多数の成員が現実に「自由」を喪失するという事態が惹起すること（＝当該価値規範の否定）とは、確かに論理的矛盾の関係にあるのではまったくないように思われる。[38]

しかし、市井は、次のような理由を述べて、「自由のパラドックス」のような「社会的パラドックス」が、「パラドックス」という名に立派に値することを強調する。

「人間の社会で、ある価値規範が公認されるときには、その公認によって当の価値が以前よりもよりよく実現されるであろう、という期待が多数の人間によっていだかれるのは当然」なのであるが、「その期待を、経験的予測のかたちで言明した」ものを「A言明」と呼ぶことにする。[39]「他方で、その期待が裏切られるにいたった状況を叙述した言明を、B言明と呼ぶことに」すると、「B言明はかならずA言明の否定を含むのであり、両言明を互いに矛盾するものとみなすこと」は、論理的にも当然なのである。[40]

大略、このように述べたうえで、市井は、「社会的パラドックス」に関して次のような注目すべき指摘を行なうが、それは「レトリックのパラドックス」の論理構造を解明し、その社会哲学的・認識論的意義を探究する試みにとっても、極めて重大な意味をもつものである。

「社会的パラドックス」について重大なことは、「当の価値規範が公認されたにもかかわらず、人々がその規範にしたがわなかったから期待が裏切られたのではなく、まさにその反対、つまり人々がその規範どおりに行動した（あるいは行動しようとした）からこそ、所期の期待が裏切られるような帰結が生じた」ということである。[41]「したがって、《ある規範の社会的実践が当の規範の否定を導き出した》などと表現しても、けっして不適当とはいえないだろう」。[42]

この市井の指摘を参考にして、さきに見た「社会的パラドックス」の各々を、「価値規範」「価値規範の社会的実践（価値規範どおりの行動）」「価値規範の否定（パラドクシカルな帰結）」というその三構成要素に分解したうえで、それぞれを改めて整序し直してみることにしよう。

○価値規範

「人間は《自由》であるべきだ」
「（多数者支配的）民主主義に合致した社会的意思決定は《多数決》で行なうべきだ」
「人間は《寛容》であるべきだ」
「《最も賢明（または善良）なる者》が主権者であるべきだ」
○価値規範の社会的実践（価値規範どおりの行動）――ヨリ厳密に言えば、価値規範の可能な社会的実践（価値規範どおりの行動）の「集合」の（自己破壊的という意味で病理的な）一つの「元」
「強者が弱者を奴隷化するために、《自由》を用いる」
「《多数決》によって、単一（もしくはごく少数）の人間に政治的支配を委ねる」
「不寛容な人々が寛容な人々を攻撃することを、《寛容》する」
「《最も賢明（または善良）なる者》が、人民の多数派が主権者として支配すべきだという決定を下す」
○価値規範の否定（パラドクシカルな帰結）
「弱者の奴隷状態＝《自由》の否定」
「（《多数決》を否定する）独裁者の支配＝《（多数者支配的）民主主義》の否定」
「《寛容》な社会の壊滅＝《寛容》の否定」
「主権者である人民の多数派の支配＝《最も賢明（または善良）なる者》が主権者であることの否定」

以上の簡単な分析により、ポパーが提示した「社会的パラドックス」の根底にはすべて、「自己破壊的自由」「自己破壊的多数決」「自己破壊的寛容」等々という（自己）破壊的な、実現されるべき価値規範の観点から見れば病理的な、「自己言及構造」が見出されることが明らかとなった。それゆえ、「社会的パラドックス」の一種である「レトリックのパラドックス」についても、その根底において、「自己破壊的レトリック」という、病理的な「自己言及構造」が

しよう。

コのレトリック＝トピカ擁護論をめぐるレトリックのパラドックスについて、それぞれの構造の分析を試みることに

それでは、ここで、丸山＝福沢のレトリック＝スピーチ擁護論をめぐるレトリックのパラドックスと清水＝ヴィー

存在するであろうことが容易に推定されるのである。

〈丸山＝福沢のレトリック＝スピーチ擁護論をめぐるレトリックのパラドックス①〉

いかなる意見を提示する《レトリック》もその構成要素であると承認することで実現する《多事争論》は、その《多事争論》を攻撃して「言説の単一支配」を齎そうとする意見を提示する《レトリック》もその《多事争論》の構成要素として承認しなければならないが、その《多事争論》の構成要素であると承認された《多事争論》を攻撃する意見を提示する《レトリック》によって「言説の単一支配」（＝《多事争論》の否定）が出現することになる。

○価値規範

「リベラルな社会にとって必要な《多事争論》は、いかなる意見を提示する《レトリック》もその構成要素であると承認することで実現されるべきだ」

○価値規範の社会的実践（価値規範どおりの行動）――ヨリ厳密に言えば、価値規範の可能な社会的実践（価値規範どおりの行動）の「集合」の（自己破壊的という意味で病理的な）一つの「元」

「『言説の単一支配』を齎そうとする、《多事争論》の構成要素として承認された意見を提示する《レトリック》が、いかなる意見を提示する《レトリック》もその構成要素であると承認することで実現される《多事争論》を破壊する」

○価値規範の否定（パラドクシカルな帰結）

「いかなる意見を提示する《レトリック》もその構成要素であると承認することで実現される《多事争論》の、その《レトリック》による破壊＝リベラルな社会にとって必要な《多事争論》の否定」

〈丸山＝福沢のレトリック＝スピーチ擁護論をめぐるレトリックのパラドックス②〉
《多事争論》を護るためには、《多事争論》を攻撃して「言説の単一支配」を齎そうとする意見を提示する《レトリック》は、《多事争論》の構成要素として承認することなく排除しなければならないが、そのような《多事争論》の構成要素であるとして承認されることなく排除すべき意見を提示する《レトリック》が存在することにより、いかなる意見を提示する《レトリック》もその構成要素として承認することで実現する《多事争論》が破壊することになる。

○価値規範
「リベラルな社会にとって必要な《多事争論》は、その《多事争論》を攻撃して「言説の単一支配」を齎そうとする意見を提示する《レトリック》から護られるべきだ」
○価値規範の価値規範の社会的実践（価値規範どおりの行動）――ヨリ厳密に言えば、価値規範の可能な社会的実践（価値規範どおりの行動）の「集合」の（自己破壊的という意味で病理的な）一つの「元」
「《多事争論》を攻撃して『言説の単一支配』を齎そうとする意見を提示する《レトリック》を、《多事争論》の構成要素として承認することなく排除する」
○価値規範の否定（パラドクシカルな帰結）
「いかなる意見を提示する《レトリック》もその構成要素であると承認することで実現される《多事争論》の（《多事争論》を攻撃して『言説の単一支配』を齎そうとする意見を提示する《レトリック》の排除による）破壊＝リベラルな社会にとって必要な《多事争論》の否定」

〈清水＝ヴィーコのレトリック＝トピカ擁護論をめぐるレトリックのパラドックス〉
民主主義社会において、《レトリック》を支えて弁論や議論の促進＝活性機能を果たすべき「共通感覚（常識）」

や「社会通念」が、むしろ逆に《レトリック》を妨げるものとして、弁論や議論の抑圧＝阻止（の正当化）機能を果たすことになる。

○価値規範

「（共同体の各成員の関心や感情を反映する民主的な）社会的意思決定は、『共通感覚（常識）』や『社会通念』に基づく意見＝弁証的推論である《レトリック》による合意形成で行なうべきだ」

○価値規範の社会的実践（価値規範どおりの行動）――ヨリ厳密に言えば、価値規範の可能な社会的実践（価値規範どおりの行動）の「集合」の（自己破壊的という意味で病理的な）一つの「元」

「『共通感覚（常識）』や『社会通念』に基づく意見＝弁証的推論である《レトリック》により形成された合意によって、雄弁術＝説得術である《レトリック》を、当該共同体における不適切な意思決定方式として抑圧・排除する」

○価値規範の否定（パラドクシカルな帰結）

「雄弁術＝説得術である《レトリック》実践の抑圧・排除＝民主的な社会的意思決定方式としての《レトリック》の否定」

これら丸山＝福沢のレトリック＝スピーチ擁護論をめぐる二段階のレトリックのパラドックスと、清水＝ヴィーコのレトリック＝トピカ擁護論をめぐるレトリックのパラドックスはともに、日本社会がいわゆる「同質社会」であることによって、その三種類のパラドックスをヨリ深刻なものとして現象させることになる。井上達夫等の言う「同質社会」とは、「関心・発想・感情・共感のパターンなどにおける人々の同質性が（実在しないのに）実在するかのようにみなされ、この擬制が、異質な人々や行動様式を現実に排除する力をもつことにより、社会統合が維持されているような社会」である。[43]「同質社会」において存立するとされる「古習の惑溺」ないし「虚威への惑溺」、あるいは「同質社会」において存在するとされる「共通感覚（常識）」ないし「社会通念」はともに、雄弁術であるレトリックに対して、自己《破壊》的で病理的な抑圧＝阻止機能を果たす。すなわち、「同質社会」における既存秩序に「疑問」を発する福沢諭吉の言う「異端妄説」を唱えるレトリックは、「関心・発想・感情・共感のパターンの同質性」があるとして安心している共同体の各成員に嫌悪されるのみならず、特にその「同質社会」においても既に実現している（と錯覚されている）「多事争論」を攻撃する不当な意見として、「多事争論」の構成要素として承認されることなく、「同質社会」的統合の心地良さを楽しむ「有利な立場の多数者」によって「多事争論」のアリーナから排除されてしまうのである。ところで、ヴィーコによれば、レトリックは、「共同体の人々に受け入れられている前反省的な社会通念」である「共通感覚（常識）」に基づく推論である。[44] それゆえ、「同質社会」においては、「関心・発想・感情・共感のパターンの同質性」――それは、一般人の意識、国民感情、日本人の常識等に様々に変形可能である――が実在するという通念が前反省的に共同体の各成員に受け入れられている（とされる）が、だからこそ、その「同質社会」で差別・抑圧されている「不利な立場の少数者」の人権を保障せよ等と訴える「トポスとしてのクリティカ」に支えられたレトリックは、「共通感覚（常識）」に合致しない不適切な主張として、「同質社会」的統合の心地良さを楽しむ「有利な立場の多数者」によってやはり「多事争論」のアリーナから排除されてしまうのである。「口は禍の門」「沈黙は金」「長いものには巻かれろ」「寄らば大樹のかげ」「臭いものには蓋」等々の格言や処世訓の存在が示すように、「異端妄説」を唱えるレトリックや「トポスとしてのクリティカ」に支えられたレトリックは、既存秩序である「同質社会」において存在する（とされる）「和の精神」をいたずらに撹乱し、その統合を著しく困難にするから好ましくないとする「古習の惑溺」ないし「虚威への惑溺」への信仰が一種の基底的合意として半ば無意識裡に共同体の各成員の「共通感覚（常識）」として受容されているのである。かくして、このような「同質社会」においては、「古習の惑溺」や「虚威への惑溺」は言うまでもなく、「共通感覚（常識）」や「社会通念」も、特に「多事争論」を実現すべき「異端妄説」を唱えるレトリックや「トポスとしてのクリティカ」に支えられたレトリックを鼓舞するものとして弁論や議論の促進＝活性機能を果たすことなく、むしろそれらのレトリックを妨げるものとして弁論や議論の抑圧＝

阻止の（正当化）機能を現実に果たすことになるのである。ここに、三種類の「レトリックのパラドックス」が成立する。もちろん、そこにも、「自己破壊的レトリック」という病理的な「自己言及構造」が存在していることは言うまでもない。

以上の分析により、「自由のパラドックス」や「寛容のパラドックス」等の典型的な「社会的パラドックス」と基本的に同一の論理構造をもつ三種類の「レトリックのパラドックス」は、それらと同様、自己《破壊》的という意味で病理的な「自己言及構造」をもつことが確認された。しかし、これらの「レトリックのパラドックス」の成立の機序をさらに一層正確に理解するためには、「社会的パラドックス」と「意味論的パラドックス」双方の論理構造の比較検討へと議論を進めなければならない。「意味論的パラドックス」もまた、その根底に、自己《矛盾》的という意味で病理的な「自己言及構造」を有するが、それと三種類の「レトリックのパラドックス」を含む「社会的パラドックス」のもつ自己《破壊》的という意味で病理的な「自己言及構造」の理論的相違が、われわれにとって、両者のもつ社会哲学的・認識論的意義の特質を解明するための有力な手がかりとなるのである。

五　パラドックスにおける「自己矛盾」と「自己破壊」

「意味論的パラドックス」は、既に分析を試みた「社会的パラドックス」とは異なり、社会的現実との関連は確かにそれほど強くないかもしれない。しかし、「エピメニデスのパラドックス」や「グレリングのパラドックス」等を典型とする「意味論的パラドックス」は、現代の形式論理学や数学基礎論そして哲学的意味論の構築に決定的な影響を与えた、K・ゲーデルの「不完全性定理」[45]やA・タルスキの「（真理概念に関する）定理」[46]等を生み出したのである。これらの「意味論的パラドックス」にもすべて、「自己言及構造」が見出されるが、それは既に確認した「社会的パラドックス」に存在する「自己言及構造」とは、本質的に性格を異にしている。もちろん、両者に見出される「自己言及構造」はともに病理的なものであるが、前者のそれが自己《矛盾》的なものであるのに対して、後者のそれが自己《破壊》的なものである点に、後者の一種である「レトリックのパラドックス」を理論的に克服する重要な鍵が隠されている。自己《矛盾》と自己《破壊》の理論的相違を明らかにするために、以下では「意味論的パラドックス」の典型である「ベリーのパラドックス」「グレリングのパラドックス」そして「エピメニデスのパラドックス」の内容を、W・V・クワインの整理を基礎に、それぞれあらかじめ簡単に紹介しておくことにしたい。

〈G・G・ベリーのパラドックス〉(47)

英語で常用されている有限個の単語により構成できる名詞句で「記述可能」な（自然）数を考えよう。各単語の「音節」に着目するならば、《ten》は一音節、《seventy-seven》は五音節、《the seventh power of seven hundred seventy-seven》は一五音節である。しかし、後者（七七七の七乗）を実際に計算し、その数字を英語で読み替え、すべての音節を数え上げていけば、約百音節になる。今「一九音節より少ない音節で記述可能でない最小の数」を考えてみる。（自然）数には、極めて大きな数や非常に複雑なやり方でないと記述できない数は限りなく存在する。それゆえ、「一九音節より少ない音節で記述可能でない最小の数」は確実に存在する。しかし、それは、《the least number specifiable in less than nineteen syllables》という名詞句で、（一九音節より少ない）一八音節で記述可能である。これは明らかに矛盾である。

〈K・グレリングのパラドックス〉(48)

形容詞について考える。形容詞の中で「自分の表わす性質をもつもの」を《オートロジカル》――自己論理的・自己記述的・自己形容的などと訳されている――、「自分の表わす性質をもたないもの」を《ヘテロロジカル》――非自己論理的・非自己記述的・非自己形容的などと訳されている――と名づける。例えば、日本語の〈短い〉という形容詞は短いから《オートロジカル》であり、〈長い〉という形容詞は長くないから《ヘテロロジカル》である。また、〈English〉という形容詞は英語のものだから《オートロジカル》であり、〈German〉という形容詞はドイツ語のものではないから《ヘテロロジカル》である。〈adjectival〉という形容詞は「形容詞の」という形容詞であるから《オートロジカル》であり、〈polysyllabic〉という多音節の形容詞は「多音節の」という形容詞であるから《オートロジカル》であるが、〈monosyllabic〉という多音節の形容詞は「単音節の」という形容詞であるから《ヘテロロジカル》である。このように考えていくと、すべての形容詞は《オートロジカル》か《ヘテロロジカル》かのいずれかとなるであろう。

ところで、《ヘテロロジカル》もまた、それ自身が形容詞である。それでは、形容詞〈ヘテロロジカル〉は、《オートロジカル》なのか、それとも《ヘテロロジカル》なのか。形容詞〈K〉が《ヘテロロジカル》であるための必要十分条件は、「形容詞〈K〉はKでない」というものである[49]。また、形容詞〈K〉が《オートロジカル》であるための必要十分条件は、「形容詞〈K〉はK（である）」というものである[50]。

仮に〈ヘテロロジカル〉を《ヘテロロジカル》な形容詞と考えると、第一の必要十分条件である「形容詞〈ヘテロロジカル〉はヘテロロジカルでない」を充たさなければならないから明らかに矛盾を生じる。また逆に、〈ヘテロロジカル〉を《オートロジカル》な形容詞と考えると、第二の必要十分条件である「形容詞〈ヘテロロジカル〉はヘテロロジカルである」を充たさなければならないから、やはり明らかに矛盾を生じる。

〈エピメニデスのパラドックス〉[51]

クレタ人のエピメニデスは、「すべてのクレタ人は嘘つきである」と言った。――これが、別名「嘘つきのパラドックス」とも呼ばれる、有名な「エピメニデスのパラドックス」の原型である。この言明には抜け穴が存在し、言い逃れが可能であるから[52]、それを許さない、完全な「意味論的パラドックス」にまで、洗練させることが必要である。それは、まず「すべてのクレタ人は常に嘘をつく」と理解されなければならず、さらに、中村秀吉が示唆するように、「（クレタ人である）エピメニデスが今言っていることは嘘である」と厳密に解釈されなければならない。[53]ところで、「エピメニデスが今言っている『こと』」の「こと」とは、「エピメニデスが今言っていることは嘘である」にほかならないから、それは最終的に、

「エピメニデスが今言っている『エピメニデスが今言っていることは嘘である』は嘘である」……（変形1）

と変形できる。このようにして、古代末期のストア派やメガラ派の論理学者を悩ませ続けた「エピメニデスのパラドックス」は「意味論的パラドックス」として完成されていった。ここで「エピメニデスのパラドックス（変形1）」において、二重鉤カッコで括られた『エピメニデスが今言っていることは嘘である』という言明を『二重鉤カッコ言明』と記し、そのことの内容として『二重鉤カッコ言明』が組み入れられる「エピメニデスが今言っていることは嘘である」という一重鉤カッコで括られた言明を「一重鉤カッコ言明」と記すことにしよう。この「一重鉤カッコ言明」を「偽」と仮定すると、そこでエピメニデスが今言っていることは本当のこととなるから、それは『二重鉤カッコ言明』が「真」であることを含意する。他方、この「一重鉤カッコ言明」を「真」と仮定すると、そこでエピメニデスが今言っていることは嘘となるから、それは『二重鉤カッコ言明』が「偽」であることを含意する。ところが、「一重鉤カッコ言明」も『二重鉤カッコ言明』もその内容は完全に同一であるから、「一重鉤カッコ言明」を「真」と仮定しても、「偽」と仮定しても、矛盾が生じることは回避しえない。

「ベリーのパラドックス」では、「名詞句とそれが名指す対象」との関係が、「グレリングのパラドックス」では、「形容詞とそれが記述するものの性質」との関係が、そして「エピメニデスのパラドックス」では、「文（言明）とそれが表わす事実」との関係が、それぞれ中核となっている。[54]すなわち、内井惣七が指摘するように、これらの「意味論的パラドックス」にはすべて、「いずれにも言語的表現（名詞句、形容詞、文）とそれらによって表わされるもの（対象、性質、事実）との関係が不可欠にかかっている[55]」という共通点が見出せるのであるが、それらの「言語的表現」と「それによって表わされるもの」との関係には、矛盾・二律背反を生み出すという意味で、明らかに病理的な「自己

言及構造[56]」――「自己矛盾的名詞句」「自己矛盾的形容詞」「自己矛盾的文（言明）」――が存在している。

既述のように、「自由のパラドックス」や「レトリックのパラドックス」のような「社会的パラドックス」にもすべて、自己《破壊》的という意味で、病理的な「自己言及構造」が存在していた。かくして、「意味論的パラドックス」と「社会的パラドックス」の双方に、病理的な「自己言及構造」が存在することが確認されたが、前者のそれが自己《矛盾》的であるのに対して、後者のそれが自己《破壊》的であることは、各々の「自己言及構造」から「パラドックス」を導き出す「法則」の性質が、相互に本質的に相違していることを意味する。すなわち、市井が指摘するように、「意味論的パラドックス」で「パラドックス（矛盾）」を導き出すのは、「論理的推理の法則」であるが、「社会的パラドックス」で「パラドックス（価値規範の否定）」を導き出すのは「人間社会にかんする経験法則」である。[57]この「法則」の性格の相違は、両「パラドックス」の本質が根本的に異なっていることを意味しているが、市井はむしろ、両者をそれぞれ対話型に変形することにより、それらの基本的な同一性を強調しようとする。

両者の相違性ないし同一性を、「意味論的パラドックス」の一種である「エピメニデスのパラドックス」と「社会的パラドックス」の一種である「主権者のパラドックス」の双方を対話型に変形することにより、確認しておこう。

さて、「意味論的パラドックス」として論理学的に完成された「エピメニデスのパラドックス（変形1）」は、明らかに「言明の主語が直接その言明を指示している」――「二重鉤カッコ言明」と『二重鉤カッコ言明』の関係を想起されたい――が、それは、中村秀吉や野崎昭弘が示唆するように、（例えば、ソクラテスとプラトンの）二人の対話というかたちに変形――それを「エピメニデスのパラドックス（対話型変形）」と呼ぶ――することにより、「言明の主語が直接その言明を指示」しないものにすることができる。[58]また、ポパーや市井が示したように、「社会的パラドックス」の一種である「主権者のパラドックス」も、やはり広い意味では対話的なかたちに変形――それを「主権者のパラドックス（対話型変形）」と呼ぶ――することが可能である。[59]したがって、それぞれ対話型に変形された双方の「パラドックス」はともに、左記のような「二つの命題」から構成されることになるが、この二組の「二つの命題」の相互関係の比較・検討がなされなければならない。

〈エピメニデスのパラドックス（対話型変形）〉[60]

(a) ソクラテスは言う。「プラトンの言っていることは嘘だ」。
(b) プラトンは言う。「ソクラテスの言っていることは本当だ」。

〈主権者のパラドックス（対話型変形）〉[61]

(A) 原則は言う。「最高の賢者の主張が法となるべきだ」。
(B) 最高の賢者は言う。「(A)の原則を法とすべきではない」。

市井が指摘するように、(a)(b)という「二つの命題」から構成される「エピメニデスのパラドックス（対話型変形）」において、(a)(b)いずれかの一方を「真」であると仮定しても、他方の命題から必ずそれと反対の矛盾した結論が導き出されることは、(A)(B)という「二つの命題」から構成される「主権者のパラドックス（対話型変形）」において、(A)(B)いずれかの一方を「真」であると仮定しても、他方の命題から必ずそれと反対の矛盾した結論が導き出されることに、対応している[62]。この両者の対応を理由に、すなわち「（(a)(b)という）二つの命題」の相互関係と「（(A)(B)という）二つの命題」の相互関係が一致していることを理由に、市井は「『主権者のパラドックス』は正真正銘の意味論的パラドックスである、と確認せざるをえない」という注目すべき結論に到達するのである[63]。もちろん、市井が、このような見解を示したのは、「社会的パラドックス」を単なる「疑似パラドックス」と誤解したうえで、その〝解決〟など極めて簡単なことだと高を括っている論者に、反駁するためである[64]。あらゆる「パラドックスの発見は対処すべき病弊の発見なのである」[65]という市井の主張は確かに支持できるものであるが、その「病弊」への「対処」の仕方が、「社会的パラドックス」と「意味論的パラドックス」では、根本的に異なることを見逃してはならない。

「意味論的パラドックス」の根底に、病理的な「自己言及構造」が存在することは、たとえば「エピメニデスのパラドックス」に即して言えば、エピメニデスの「言明」が、「論理的推理の法則」により必当然的に自己《矛盾》したものとなるように、あらかじめ「特定」化されていることを意味する。つまり「エピメニデスのパラドックス（対話型変形）」について言えば、それを構成する(a)(b)という「二つの命題」、すなわちソクラテスとプラトンの「言明」はいずれも、「論理的推理の法則」により必当然的に「パラドックス（矛盾）」が導き出されるように、あらかじめ論理的に「特定」化されているのである。[66]

しかし、「社会的パラドックス」の一種である「主権者のパラドックス（対話型変形）」においては、事情は根本的に異なる。「社会的パラドックス」で「パラドックス（価値規範の否定）」を導き出すのは、「人間社会にかんする経験法則」であるから、「主権者のパラドックス（対話型変形）」を構成する(A)(B)という二つの命題の「相互関係」は(a)(b)という二つの命題の「相互関係」とは異なり、あらかじめ論理的に「特定」化されたものとはなりえない。(A)命題、すなわち「原則」の言う「最高の賢者の主張が法となるべきだ」という言明は、「（実現されるべき）価値規範」であり、(B)命題、すなわち「最高の賢者」の言う「(A)の原則を法とすべきではない」という言明は、「パラドックス（価値規範の否定）を齎す価値規範の社会的実践（価値規範どおりの行動）」である。仮に今、(A)命題、すなわち「（実現されるべき）価値規範」をあらかじめ「特定」化することにより固定しても、そのことは、(B)命題、すなわち「賢者の言明」が「パラドックス（価値規範の否定）」を必当然的に齎すものとなるように「論理的推理の法則」により「特定」化されることを決して意味しない。

(A)(B)という二つの命題から「パラドックス（価値規範の否定）」が生じるのは、(a)(b)という二つの命題から「パラドックス（矛盾）」が生じる場合とは異なり、「論理的推理の法則」によってではなく、あくまで「人間社会にかんする経験法則」によってであったが、後者の「法則」が成立することは、人間社会で起こる出来事を観察すれば、或る現象や事態――ここでの文脈で言えば「価値規範の否定」というパラドクシカルな事態――が生じる蓋然性がかなり高いと推定することが経験的に可能であることを、意味するにすぎない。つまり、「人間社会にかんする経験法則」に反して、そのパラドクシカルな現象や事態が「現実」に起こらない可能性は常に存在し、それゆえ、「社会的パラドックス」の一種である「主権者のパラドックス（対話型変形）」を構成する、(A)(B)という二つの命題の「相互関係」を必当然的に「パラドックス」を導き出すようにあらかじめ「特定」化しておくことは、まさに社会的現実と連関する「社会的パラドックス」の定義上、不可能なのである。それは、(A)(B)という二つの命題が「べし」という当為で示されていることからも明らかであろう。「べし」命題は、「べし」が現実のものとならない事態が「経験」的に起こりうることを前提とするゆえに、それは「特定」化を常に免れうるのである。したがって、(B)命題は、その他の「社会的パラドックス」の対話型変形における(B)命題に相当する命題群と同様、所与の「価値規範」に関して《可能》な社会的実践の「集合」の一つの「元」――自己《破壊》的という意味で病理的なものである――にすぎないのである。それゆえ、「社会的パラドックス」と「意味論的パラドックス」を同一視する市井の見解は、誤りである。

自己《矛盾》という病理的な「自己言及構造」が《必然》的に成立することが「意味論的パラドックス」を生み出し、自己《破壊》という病理的な「自己言及構造」が実現する《可能》性をもつことが「社会的パラドックス」を存立させる。丸山眞男や宮沢俊義が注目した、「レトリックのパラドックス」を齎すナチスが政権を握ったという事態は、歴史の《必然》の帰結ではなく、歴史の《可能》性が現実のものとなったのである。自己《矛盾》の必然性と自己《破壊》の可能性を比較・検討することは、「レトリックのパラドックス」を理論的に克服する有力な手がかりを提供することになるので、ここで今少し「特定」化の問題について論じておくことにしたい。

「意味論的パラドックス」である「ベリーのパラドックス」の根底には、「（特定の）名詞句が自己《矛盾》的名詞句である（こと）」という病理的な「自己言及構造」が存在するが、それは実は「名詞句を、それが自己《矛盾》的なものとなるように、あらかじめ特定化しておくこと」がなされたことを意味する。このようにしてあらかじめ「特定」化された名詞句――それは例えば「一六音節より少ない音節で記述可能でない最小の数」ではなく、あくまで「一九音節より少ない音節で記述可能でない最小の数」でなければならない――が「論理的推理の法則」によって、「パラドックス（矛盾）」を必然的に齎すのである。「グレリングのパラドックス」においては、自己《矛盾》的な形容詞として、〈短い〉や〈English〉ではなく、〈ヘテロロジカル〉があらかじめ「特定」化されており、同様に「エピメニデスのパラドックス」においては、クレタ人であるエピメニデスの自己《矛盾》的な言明（文）として、「あるクレタ人は嘘つきである」や「すべてのクレタ人は本当のことを言う」ではなく、「すべてのクレタ人は嘘つきである」があらかじめ「特定」化されているのである。(67)「言語的表現」と「それによって表わされるもの」との自己《矛盾》的な円環（＝自己言及構造）は、「特定」化によって、あらかじめ論理的（厳密に言えば、意味論的）に閉ざされ、不確実性をもつ経験的現実を反映する遂行論次元に何ら関わることなく、「パラドックス（矛盾）」は必然的に成立する。

「社会的パラドックス」の場合、「価値規範」と「価値規範の社会的実践」との自己《破壊》的な円環（＝自己言及構造）を、あらかじめ論理的に閉ざすことは定義上不可能であり、それは、経験的現実を構成する一要素である「価値規範どおりの行動」の「集合」の一つの「元」が、価値規範自体の《破壊》という実践を行なう可能性に依存している。「パラドックス（価値規範の否定）」の成立は、必然的なものではなく、「当為」と関係するゆえに、あくまで可能的なものである。それゆえ、「レトリックのパラドックス」を含む「社会的パラドックス」に関しては、「価値規範の否定」が現実に生じる可能性をできる限り減少させることこそが、それを克服する出発点になると考えられる。

「意味論的パラドックス」の場合、「言語的表現」と「言語的表現により表わされたもの」の関係に〝時間〟という契機は介在しない。しかし、「社会的パラドックス」の場合、ナチスが政権を握るというような《可能性》が現実のものとなった事例のように、「価値規範」がその「社会的実践」の「集合」の一つの「元」により《破壊》されるには、何ほどかの〝時間〟を要する。

もっとも、「社会的パラドックス」に関しても、「特定」化の試みがまったくなされていないわけではない。まず、丸山＝福沢のレトリック擁護論をめぐるレトリックのパラドックス①および②から見ておこう。「多事争論」は、意見が異なる意見に対して寛容であることによって実現される。したがって、「特定」されるべきは、「多事争論」の構成要素として承認されているにも拘わらず、「言説の単一支配」を目指して異なる意見を攻撃する不寛容な意見に基づくレトリック実践ということになる。丸山眞男は、ハイエクが「〔ナチスは〕自分たちこそ本当のリベラルだ」ということを言わなかった点に注目し、〔ナチスのような〕軍国主義者の意見こそが、異なる意見に不寛容で「言説の単一支配」を目論む意見であるから、そのような意見に基づくレトリック実践を「多事争論」の構成要素として自己《破壊》的という意味で病理的なものとして「特定」できると考えているような印象を与える。しかし、水谷三公は、ハイエクの言葉を借用して「〔共産主義者は〕自分たちこそ本当のリベラルだ」ということを言わなかったことに注目し、むしろ共産主義者の意見こそが、異なる意見に不寛容で「言説の単一支配」を目論む意見であるから、そのような意見に基づくレトリック実践を「多事争論」の構成要素として自己《破壊》的という意味で病理的なものと「特定」できると考えているようである。丸山と水谷の見解の対立は、軍国主義者を追放したうえで日本国憲法草案の「学問の自由」条項の作成にも関与したケーディスと「学問の自由の名において」共産主義者の教授の追放を勧告したイールズの「ほととぎすの卵」に関する見解の対立と照応しており、それらの対立は結局は「神々の闘争」（M・ヴェーバー）に行きつくものである。したがって、丸山は自己の価値判断が反映する「特定」を唯一の「正しい」ものとして、例えば水谷に強要することはできない。また、佐藤功や奥平康弘は、「共通感覚〔常識〕」や「社会通念」に基づく意見＝弁証的推論は、異なる意見に対して不寛容であるゆえにその意見＝弁証的推論に基づいて形成された合意は、異なる意見に基づくレトリック実践を「多事争論」のアリーナから排除するから、そのような「共通感覚〔常識〕」や「社会通念」に基づく意見＝弁証的推論に基づくレトリック実践を「多事争論」の構成要素として自己《破壊》的という意味で病理的なものとして「特定」できるのではないかと考えている。他方、田中成明や佐々木力は、「世論の高まりを背景にプライバシーの権利や環境権・日照権などの新しい権利が認められた事例のように、法的議論がその実質的理由づけにおいて『社会通念』や『共通感覚〔常識〕』を重視して理性的な社会的合意の拡大に訴える」というレトリック実践は、決して「多事争論」の構成要素として自己《破壊》的という意味で病理的なものとして「特定」できるわけではないと力説している。この佐藤＝奥平と田中＝佐々木の見解の対立も、結局は「神々の闘争」に行きつくことになろう。そして、ここにわれわれは、丸山＝福沢のレトリック＝スピーチ擁護論をめぐるレトリックのパラドックス①および②が、清水＝ヴィーコのレトリック＝トピカ擁護論をめぐるレトリックのパラドックスに滑らかに移行していることを、容易に確認することができるであろう。

「意味論的パラドックス」の場合、「言語的表現」と「それによって表わされるもの」との自己《矛盾》的な円環（＝自己言及構造）は、「神々の闘争」＝「世界観的対立」と何ら関係しない「特定」化によって、あらかじめ論理的（厳密に言えば、意味論的）に閉ざされ、不確実性をもつ経験的現実を反映する遂行論次元に何ら関わることなく、「パラドックス（矛盾）」は必然的に成立するのであった。しかし、三種類の「レトリックのパラドックス」を含む「社会的パラドックス」の場合、「特定」化を試みるとしても、その「特定」化には占領初期の「軍国主義者パージ」やその後の「共産主義者パージ（レッド・パージ）」とも密接に関わる「当為」の地平における「神々の闘争」＝「世界観的対立」が直接に反映しているから、「特定」化によって病理的な「元」を剔出することは論理的に不可能となる。すなわち、三種類の「レトリックのパラドックス」を含む「社会的パラドックス」においては、「価値規範」と「価値規範の社会的実践」との自己《破壊》的な円環（＝自己言及構造）を、「特定」化によってあらかじめ論理的に閉ざすことは定義上不可能であり、それは、「神々の闘争」＝「世界観的対立」が反映している経験的現実を構成する一要素である「規範どおりの行動」の「集合」の一つの「元」が、価値規範自体の《破壊》という実践を行なう可能性に依存することになる。この場合、「パラドックス（価値規範の否定）」の成立は、必然的なものではなく、あくまで可能的なものであり、その「可能性」の査定・評価をめぐって例えば丸山と水谷の間で「神々の闘争」＝「世界観的対立」は闘われるのである。以上の分析に基づいて、「意味論的パラドックス」と「社会的パラドックス」の双方が有する病理的な「自己言及構造」の理論的相違が明らかとなるように、両者を極端に単純化したうえで、図示することにしよう。（**図1**参照）。

既述のように、「意味論的パラドックス」の場合、「言語的表現」と「言語的表現により表わされるもの」の関係に

図1

〈意味論的パラドックス〉

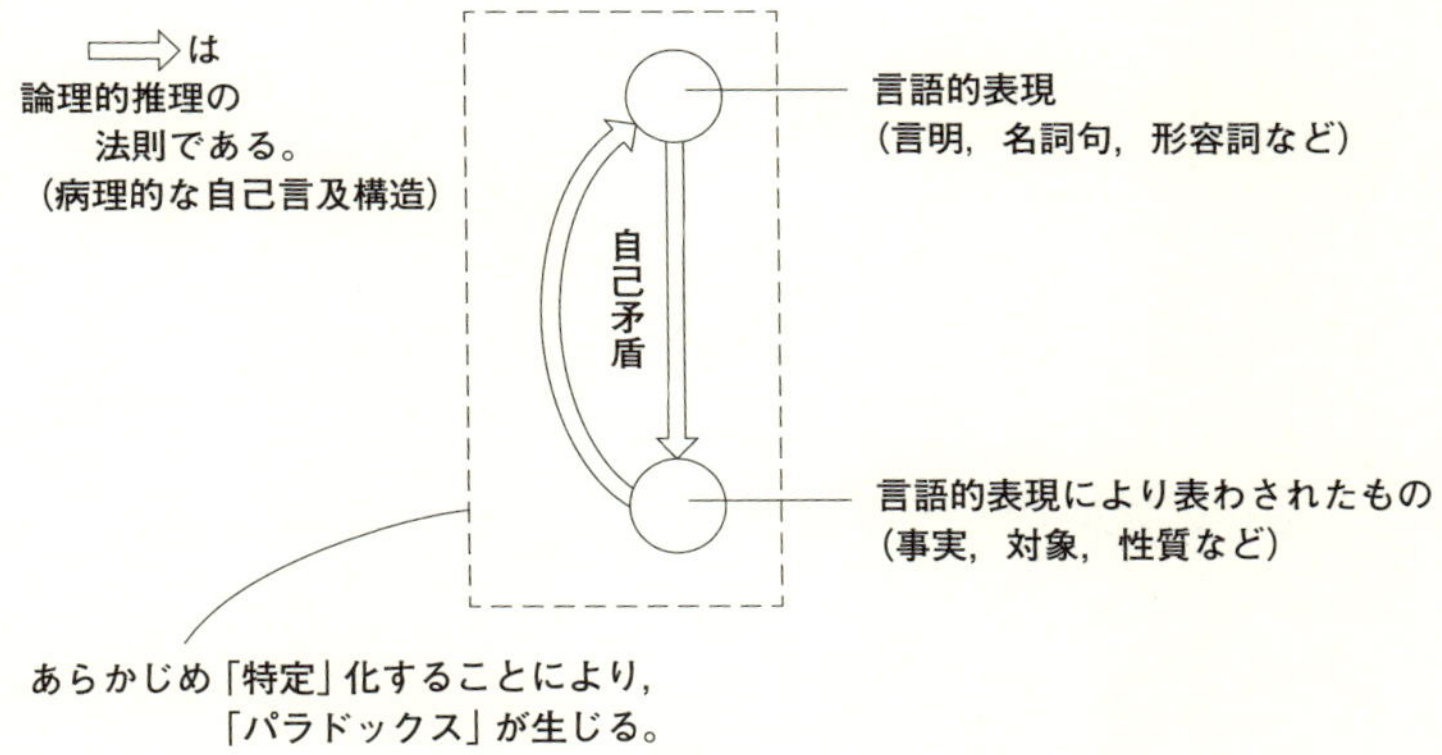

〈社会的パラドックス〉

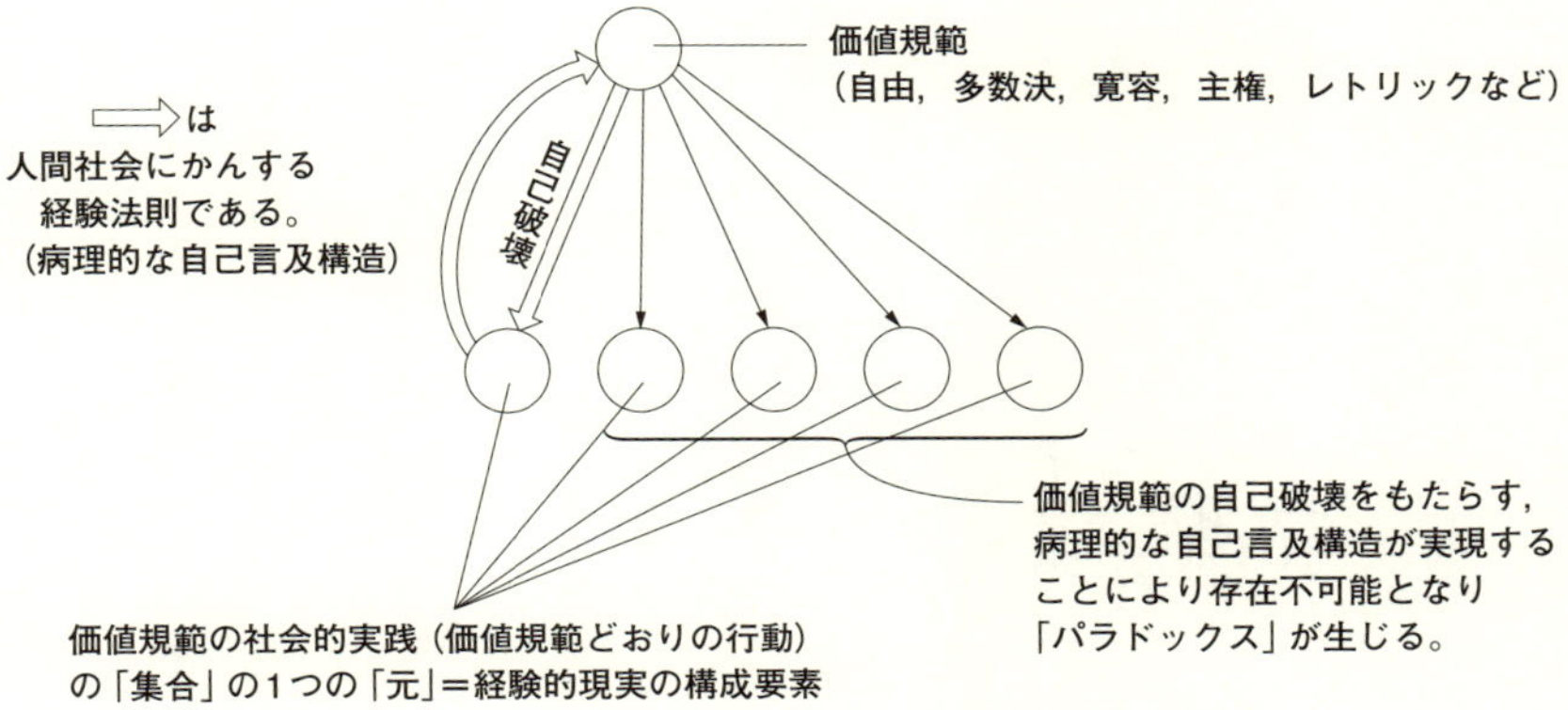

〝時間〟という契機は介在しない。しかし、「社会的パラドックス」の場合、「価値規範」がその「社会的実践」の「集合」の一つの「元」により《破壊》されるには、すなわち価値規範自体の《破壊》という可能性が現実のものとなるには、何ほどかの〝時間〟を要するのであった。それは、いわば「ほととぎすの卵」が孵化し、その巣を独占したほととぎすの雛が、うぐいすの卵を巣の外に落としてしまうまでの〝時間〟である。つまり、ナチスが政権を握る《可能性》が現実のものとなることに要した〝時間〟である。

「エピメニデスのパラドックス」型の「意味論的パラドックス」は、一般に、ラッセルやタルスキが提示した「真理の階層理論」によって理論的に〝解決〟された(68)――もっとも、P・F・ストローソンやG・ライル等による有力な反論も存在する(69)――と考えられている。これは、「対象言語」とその対象言語について述べる「メタ言語」を区別し、その区別に対応させて「真」「偽」「…について真」「…について偽」等に関わる表現に、それぞれ数字の「添え字」を付け加えるものである。この時、「真（および偽）」の定義は、その言語を「対象言語」とする「メタ言語」において定義されることになる。したがって、対象言語とメタ言語が階層を形成するように、「真（および偽）」も、対象言語についての真（または偽）は「真$_1$（または偽$_1$）」、メタ言語についての真（または偽）は「真$_2$（または偽$_2$）」というように階層を形成する。それゆえ、メタ言語は対象言語の言表の名前を含み、対象言語での表現を含むことが「真（または偽）」の定義に必要となる。そして、メタ言語である文における真（または偽）に付される添え字の数は、その内部の（対象言語である）文または表現に付されるいかなる添え字よりも、大きくなければならない。この「制約」に違反する文は、有意味に真（または偽）を語ることができない、無意味なものとなる。この「真理の階層理論」により、「エピメニデスのパラドックス」型の「意味論的パラドックス」は、自己《矛盾》を齎した病理的な「自己言及構造」がその「制約」に違反する無意味なものとなることにより、「パラドックス（矛盾）」は〝解決〟ないし〝解消〟される(70)。もちろん、「真理の階層理論」の導入による「意味論的パラドックス」の〝解決〟ないし〝解消〟は、経験的な社会的現実と何ら関わるものではない。

「社会的パラドックス」については、事情はまったく異なる。既述のように「言語的表現」と「それによって表わされるもの」の関係をあらかじめ「特定」化することにより自己《矛盾》という病理的な自己言及構造が《必然》的に成立することが「意味論的パラドックス」を生み出すのに対して、あらかじめ「特定」化できない或る「価値規範の社会的実践」が自己《破壊》という病理的な自己言及構造を実現する《可能》性をもつことが「社会的パラドックス」を存立させるのであった。それゆえ、「べし」という「当為」に関わる後者の場合、その可能性をできる限り減少させることこそが「パラドックス（価値規範の否定）」を〝解決〟ないし〝解消〟することを意味するのであった。

「レトリックのパラドックス」に関して、われわれが特に問題とすべきは、「異端妄説」を述べる意見と、「トポスとしてのクリティカ」に基づく意見である。それらを、「『不利な立場の少数者』の自由の保障や権利の尊重」を主張するものと考えると、「『不利な立場の少数者』の自由の保障や権利の尊重」を訴える立場から「古習の惑溺」に陥った多数者が支持する「通論常説」を徹底的かつ根本的に疑うべきであるとする「異端妄説」を唱えるレトリック実践は、「『不利な立場の少数者』の自由の保障や権利の尊重」を重視する立場から「共通感覚（常識）」や「社会通念」を徹底的かつ根本的に疑うべきであるという「トポスとしてのクリティカ」に基づくレトリック実践と完全に一致することになる。このような「異端妄説」を唱えるレトリックや「トポスとしてのクリティカ」に基づくレトリックを、「多事争論」の構成要素として承認することによってのみ、「レトリックのパラドックス」において、「価値規範」がその「社会的実践」の「集合」の一つの「元」により《破壊》されるのに要する〝時間〟を限りなく引き延ばすことができるのである。

その際、重要なのは、清水＝ヴィーコの言う「〈トピカ〉の〈クリティカ〉への先行性」命題を、「〈トポスとしてのクリティカ〉の〈トポスとしてのトピカ〉への先行性」命題に組み替えることである。まず、「通論常説」によって拒絶されている「異端妄説」、すなわち「共通感覚（常識）」や「社会通念」を徹底的かつ根底的に疑問化する「トポスとしてのクリティカ」の観点から、「不利な立場の少数者」の自由の保障や権利の尊重が十分になされているかを確認したうえで、それに問題がないことが明らかになった時に初めて、次の段階として、清水＝ヴィーコの言う「〈トピカ〉の〈クリティカ〉への先行性」命題を適用するのである。このようにしてのみ、「アルス・トピカ」は真に「包括性」というメリットをもつことができ、「レトリックのパラドックス」の発生を回避することができる。

あらかじめ「特定」化できない或る「価値規範の社会的実践」が自己《破壊》という病理的な自己言及構造を実現する《可能》性をもつことが三種類の「レトリックのパラドックス」を含む「社会的パラドックス」を成立させるのであるから、「〈トポスとしてのクリティカ〉の〈トポスとしてのトピカ〉への先行性」命題にしたがって「不利な立場の少数者」の自由剝奪や人権侵害がないことを確認し続けることによって、その「価値規範」が「社会的実践」の「集合」の一つの「元」により《破壊》されるために要する〝時間〟をどこまでも引き延ばすことができるならば、「決断」を重視するC・シュミットは嫌がるかもしれないが、その《可能》性を限りなくゼロに接近させることになって、「パラドックス（価値規範の否定）」は〝解決〟ないし〝解消〟されるのである。

第四章　弁証法問題について

一　「有機体説」という敵

われわれは既に、藤原保信が『政治理論のパラダイム転換』において、丸山政治学を「機械論的自然観」「倫理的アナーキー」「権力政治観」「科学主義」と特徴づけ、そこからの「パラダイム転換」の必要性を強調したことを見てきた。その際、この「パラダイム転換」のキー・パーソンとなったのはG・ヴィーコであったが、もう一人重要な役割を果たすのが「有機体の哲学」を唱えたA・N・ホワイトヘッドであった。「ホワイトヘッドによるならば、……現実的存在の共在性を示す語が結合体（nexus）である。そしてかかる諸結合体が一定の秩序づけられた永続的な関係において存在するとき、それが社会（society）とよばれ、これがあらゆる現実的存在にとっての環境をなすことになるのである。『孤立した社会というものはありえない。あらゆる社会は、現実的存在のより広い環境というその背景として考えられねばならないのであり、それがまた、社会の成員が従わねばならない客体化に貢献しているのである。……』このようにして全体は、諸結合体の複合的構成としてあることになり、各現実的存在と環境との間にも内的関係が成立している。それゆえにそれぞれの存在は、かかる全体におけるおのれの位置を通じて『あるところのもの』となり、自己同一性を保持することになる。『これが同時に、自然の統一の教義であり、各人間生活の統一の教義である。われわれの結論によるならば、諸契機よりなるわれわれの生の系に遍在しているわれわれの自己同一性self-identityの意義は、自然の一般的統一のうちにおける特殊な統一の要素についての知識以外のものではない。それは、全体のうちにおけるひとつの場所であり、それ自体の特殊性によって際立っているが、その他の点では、全体の構造を導く一般原理を示している。』このようにして、部分と全体のうちにある種の有機的連関が成立している。もっともつけ加えておくならば、社会はいかなる意味においても、それ自身で現実的存在や結合体を創造するものではなく、その成員の再生産と創造の過程への参加を保障するにとどまると、ホワイトヘッドはいう(1)。

この藤原による簡単な紹介からも明らかなように、ホワイトヘッドの「有機体」の形而上学は、西田幾多郎の「場所」の形而上学と「全体性」を強調する立場において極めてその構造に関して類似している(2)。ホワイトヘッドについては、清水の「精神的貴族」批判を紹介した箇所で少し言及していたが、彼は、その「精神的貴族」の典型であるB・ラッセル等とは、思想家として著しく異なった途を歩むことになったのである。

中村雄二郎は、その『著作集V・共通感覚』――『共通感覚論』をさらにヴァージョン・アップしたもの――において、一九三〇年代半ばに三木清が論文「レトリックの精神」において「レトリックはその本質において単なる雄弁術乃至いはゆる修辞学でなく、言語文章の単なる装飾、美化の術ではない。近代の哲学はレトリックの問題を殆ど全く無視もしくは忘却してゐるが、それはその抽象性と貧困化とを語るものである。哲学は自己の本質を失はないためにここでも自己の端初、即ちギリシア哲学に還らなければならない」と論じていたことを紹介し、その課題が「三木自身によっても……あまり発展させられることはなかった」と述べる。そして、F・ベーコンやG・ヴィーコのレトリック論に検討を展開していく。藤原は何故か、清水の『倫理学ノート』の存在については黙して語らなかったが、中村は、「《真理はつくられたものであり、つくられたものは真理である》……という甚だラディカルな考え方がヴィーコにおいて最初にあらわれたのは、『ラテン語の起源を論じてイタリアの知恵に及ぶ』……であった」と指摘し、その内容が清水の『倫理学ノート』で分析されていることに注意を喚起している。そして、その後に、西田幾多郎の「場所」の理論へと検討を進めていく。そして、末尾に付された「解説」において、次のように記している。「ところが実は、もうひとり、たいへん大事なひとがいることを、しばらくあとになるまで、うかつにも気がつかなかった。それは、ほかならぬ西田幾多郎であり、彼は『歴史的形成作用としての芸術的創作』〔一九四一年〕という論文のなかで、自分の〈歴史的身体的立場〉というのはアリストテレスの〈センスス・コムーニスの立場〉とも言うことができる、と明言しているのである(3)」。中村は論及していないが、西田の画期的論文「場所」においても、アリストテレスの「共通感覚」が一種の「場所」として捉えられているのである(4)。

また、青木保『「日本文化論」の変容』は、その「変容」を、敗戦直後の川島武宜『日本社会の家族的構成』と丸山眞男『現代政治の思想と行動』に代表される「否定的特殊性の認識の時期」から出発し、梅棹忠夫『文明の生態史観』や加藤周一『雑種文化』に見られる「歴史的相対性の認識の時期」を経て、浜口恵俊『「日本らしさ」の再発見』を典型とする「肯定的特殊性の認識の時期」へと至る、と整理していることが注目される(5)。言うまでもなく、浜口の「間人主義」の社会学は、和辻の「間柄」の倫理学を継承・発展させたものであるから、再発見されたものはまさに和辻の「間柄」を重視する「全体性」優位の哲学と言うことができよう(6)。つまり、丸山が「日本ファシズム」の矮小性の例証として挙げた軍国主義者たちの言動と同様のものが、浜口によって「心情的交流」とでも呼ぶべき「日本らしさ」を表わす行為として逆に強く肯定されていくのである。竹内洋は言う(7)。「丸山論文から約三〇年たって浜口論文を読めば、東郷〔茂徳〕外務大臣も米内〔光政〕首相も間人主義そのものではないかということになる。丸山はそうした価値と行動に日本社会の病理をみたのに、いまやすぐれた社会システムの組織原理として賞讃されるにいたっているのである。わたしが浜口論文に驚愕したというのは、こういうことである。丸山が病理として摘出した日本文化のあれこれがすべて肯定的に評価されだしたのである」。浜口の『「日本らしさ」の再発見』のみでなく、村上泰亮ほか『文明としてのイエ社会』にも同様の価値の逆転が見出される(8)。個人の析出を認めないものとして川島や丸山が否定的に捉えた「イエ共同体」の特徴が、村上らによって機能的イエ型企業体に受け継がれて日本の近代化＝産業化を促進したとして、肯定的に評価されるのである。ここでも、和辻の「間柄」の倫理学は、やはり再発見されることになる。

他方、田中久文は『丸山眞男を読みなおす』において、次のように述べる(9)。「丸山が実際にその講義を聴き、少なからぬ影響を受けた思想家に和辻哲郎がいる。和辻は『間柄』の倫理学というものを説いたが、その場合、人と人との『間柄』とは、『個人性』と『全体性』との相互否定によって成り立っているとされる。しかし和辻においては、実際には『個人性』が充分には貫徹されておらず、つねに『全体性』が優位に立ってしまっているといえよう。……天皇制の分析に際して、丸山は和辻から多くを学びながらも、和辻が天皇を『全体性』の象徴として肯定的に捉えたのに対して、丸山は主体性の芽を摘む『無責任の体系』だとして批判した。あるいは武士の生き方に関して、和辻がそこに『献身の道徳』をみ、その『無私』の精神に関して肯定的に捉えたのに対して、丸山は武士に『強烈な名誉感と自負心』をみ、その主体的側面を強調した。このように丸山は、和辻において見過ごされがちな、日本思想の『個人性』の側面にあえて光を当てようとしている。……さかのぼって考えれば、西田幾多郎と三木清との対立といったものも、和辻と丸山との対立に、ある意味で照応している。和辻が自己の倫理学の大系を構築するうえで、大きな影響を受けた哲学者が西田である。その西田の説く『場所』の哲学においても、人間の主体性や能動性は充分に位置づけられてはいないように思われる。たしかに西田は、一九三〇年代に入ってから、人間主体の創造性というものを強調するようになっていく。だが西田によれば、そもそもこの世界全体が創造的なのであり、人間主体の創造性はそうした世界全体の創造性というものに根ざして成立していることになっている。すなわち、西田の表現を使えば、人間主体は『創造的世界の創造的要素』なのである。しかし、それでは人間主体は結局世界のなかに回収されてしまうのではなかろうか。そうした点を批判したのが、三木清であった。三木は終生西田の愛弟子であり、西田の強い影響を受けながらも、西田哲学は結局は主体性・能動性を欠いた『観想』の哲学ではないかと考えるようになり、そこから何とか抜けだそうと悪戦苦闘する。そして最後に三木が提起したのが人間主体の『構想力』に基づく『虚無からの形成』という概念であった。それは西田の『絶対無の場所』を批判し、『絶対無』をあえて『虚無』に読み替えたものである。戦後になって丸山は、そうした三木の思想に対する尊敬の念を語っているが、丸山が戦中に書いた荻生徂徠論における『『無』からの作為』という概念は、三木の『虚無からの形成』からヒントを得たものであったようにも思われる」。

このように述べて、田中は、「和辻と丸山との対立は、西田と三木との対立の繰り返しともいえる。それは、言い換えれば、日本の思想がいまだに『場所』や『間柄』の哲学のなかに主体性というものを真に位置づけていないということを意味している」と結んでいる。

清水の『倫理学ノート』と最も似た学問的アトモスフィアを漂せているのは西部邁の『経済倫理学序説』である。若き日にその西部の大きな影響を受けて経済学者としてのキャリアを開始したのが、佐伯啓思と間宮陽介である。しかし、現在、佐伯と間宮は、戦後民主主義の評価等に関して正反対とも言える立ち位置にいる。それは、佐伯が、西田の「全体性」の思想を讃美し、丸山の「個人性」の思想を嫌悪しているのに対し、間宮が逆に、西田の「全体性」の思想を拒絶し、丸山の「個人性」の思想を継承しようと努めている事実に、象徴的に表われている。[10]丸山の初期の弟子で最後まで「正統と異端」の共同研究を続けていた石田雄が西田の著作をずっと大切にしていたという事例や、西田と丸山がともに教科書レベルの誤った「近代」理解で議論を展開しているとして両者の思想を全否定する加藤尚武の事例のように、もちろん例外は存在する。[11]しかし、日本の思想を研究対象とする論者の多くは、佐伯と間宮の対立に見られるように、西田の「全体性」の思想か、丸山の「個人性」の思想か、そのいずれか一方を肯定し、他方を否定するという場合が圧倒的に多いのである。西田と丸山それぞれの思想は、一枚のコインの表側と裏側のように、両立し難いものである。そしてもちろん、アリストテレスないしヴィーコの「共通感覚(常識)」に着目する西田と後期清水はともに、丸山＝福沢理論が依拠する「リベラリズム」のような「個人性」の立場を拒否し、三木清が克服しようとした「有機体説」を典型とする「全体性」＝「共通性」の立場に立つことになるのである。

もちろん、丸山が学生時代に書いた処女論文「政治学における国家の概念」（一九三六年）に「弁証法的な全体主義」という言葉が用いられていることを強調する今井弘道の立場も存在する。[12]「弁証法的な全体主義」という「きわどい」用語の「全体主義」に力点を置けば、前記の田中久文の構図は失効するようにも思われる。それなら丸山は、『社会学批判序説』を著した初期清水＝「個人性」→『倫理学ノート』を書いた後期清水＝「全体性」という清水の「転向」とはちょうど逆の、初期丸山＝「全体性」→「福沢諭吉の哲学」等を発表した時点の丸山＝「個人性」という「転向」を行なったのであろうか。そして、日本歴史における「基底範疇」として「つぎつぎとなりゆくいきほひ」を抽出した論文「歴史意識の『古層』」を著した後期丸山は、再び初期丸山の「全体性」の立場に回帰したのであろうか。それとも、中野敏男や酒井直樹が強調したように、丸山は「政治学における国家の概念」や『日本政治思想史研究』を書いた初期から一貫してずっと、「国民国家」を自明の前提として「主体性への総動員」を唱えた「全体性」のアジテーターだったのであろうか。

このように、初期丸山の論文「政治学に於ける国家の概念」で主張された「弁証法的な全体主義」の思想と、後期丸山の論文「歴史意識の『古層』」で展開された「つぎつぎになりゆくいきほひ」の思想は、大変に評判が悪い。しかし、前者に関して、「全体主義」が「弁証法的」と形容されていることに注目する樋口陽一は、丸山理論とJ・J・ルソーの思想との対応関係を強調し、木田元＝生松敬三『理性の運命』は、「ことば」から「自然」観を見出す丸山の理論にM・ハイデガーの思想との類似性を指摘し、ともに高く評価しているのである。[13]

この後期丸山の思想で注目すべきは、それがヴィーコを論じる後期清水の思想と交錯していることである。すなわち、ここで、ごく大まかに図式化して言えば、後期清水理論で重視されるもの＝われわれの「人間的自然」と合致した共時的かつ通時的な社会統合要因である「共通感覚（常識）」＝われわれの歴史意識を「日本的なもの」に変容・変奏する前反省的な「共同体感覚」＝われわれの「宿命」とも見なされがちな歴史意識の「古層（執拗低音）」＝後期丸山理論で重視されるもの――このような等式がほぼ成立するのである。後期清水と後期丸山にとって各々の「重視するもの」は、ともに「有機体説」の「全体性」の立場を反映するゆえに等号が成立するほど類似したものであるが、後期清水にとってはそれが愛すべき「味方」であったのに対して、後期丸山にとってはそれは憎むべき「敵」であったのである。ところが、重要な例外はあるものの、一般的に言って、清水＝ヴィーコの「共通感覚（常識）」は絶讃の嵐であったが、それとほぼ等号で結ばれる後期丸山の「古層」は非難囂囂であった。後期丸山の「古層」論に非難が集中したのは、かつて丸山がその福沢論で高らかにその成立の意義を謳い上げた「客観的自然」が、治安維持法肯定論で利用される後期清水の「人間的自然」に敗北してしまったかのような印象を強く与えたからであろう。

ところで、「弁証法的な全体主義」に関わる前者への疑問を前にして、今井の指摘に注目する樋口陽一は次のように言う。「ここで『きわどい』というのは、必ずしも、すでに逮捕歴のある丸山が天皇機関説以後の国体明徴運動の高揚の中で使わざるをえなかった表現とばかりは見ないからである。『弁証法的な全体主義』という用語の中には、丸山の言いたかった肝腎の内容――そしてその後の思考の展開を通してもおそらく維持されてゆく内容――が、託されていたのではないか。それは、個人と国家との間の緊張を示す挑発的な表現にほかならなかったのではないか。丸山が一方に『個人か国家か』の二者択一を前提とする『個人主義的国家観』、他方に『ファシズム国家観』としてあらわれている『今日の全体主義』を対置し、その両者に対抗して、『弁証法的な全体主義』を説くのは、つぎの意味のことであった。『個人は国家を媒介としてのみ具体的定立をえつつ、しかも絶えず国家に対して否定的独立を保持するごとき関係に立たねばならぬ。しかもそうした関係は市民社会の制約を受けている国家構造からは到底生じえないのである』。ここに見られるのは、一九八九年『人hommeおよび市民citoyenの諸権利の宣言』の論理構造そのものである。『国家を媒介としてのみ具体的定立をえ』る個人とは、『われわれはcitoyenとなってはじめてhommeとなる』（社会契約論ジュネーヴ草稿）というルソーの構想のもとでのcitoyenである。『国家に対して否定的独立』を主張する個人とは、hommeにほかならない。『市民社会の制約』というときには、ドイツ的表現でいう〝bürgerliche Gesellshaft〟の役割が、念頭に置かれていたはずである。以上の点は、戦後、ルソーを全体主義国家の正当化として読むB・ラッセルについて、『英米系統の学者は近代的自由が民族国家そのものの構成原理であるという点の把握が足らない』という指摘として、一貫することとなる。『近代国家は……中世の位階的秩序の否定体であり、教会とかギルドとか荘園とかのいわゆる仲介的勢力（pouvoirs intermédiaires）を、一方、唯一最高の国家主権、他方、自由平等な個人という両極に解消する過程として現れる。だから、この両極がいかに関係し合うかということが、近代政治思想の一貫した課題となっているわけだ』。そのような意味での『弁証法的な全体主義』は、ひとことでいえば、ルソーの論理を、その危険を承知しながらも近代国家の範型を提示するための用語として、受けとめることができよう。『無規定な単なる遠心的・非社会的自由でなくて、本質的に政治的自由なのだ』と（丸山が）いうとき、hommeがcitoyenの中にのみ込まれる危険を冒しつつも公共社会をとり結ぶことの意味が強調されている。もうひとつ別の言い方をすれば、bürgerliche Gesellshaftへの対抗としてのZivilgesellschaft（J・ハーバーマス）に向けての論理的前提が、問題なのであった」。初期丸山の「弁証法的な全体主義」というアイデアをルソーの思想に重ね合わせる樋口の見解はかなり説得力があるように思えるが、樋口が「弁証法的な」という形容に注目していることを心に留めて、その賛否はここでは留保しておきたい。

ところで、丸山は、論文「歴史意識の『古層』」において、諸民族の宇宙創成神話を「古層」の観点から比較しつつ理論的に整序し、それを「つくる」「うむ」「なる」という三論理にそれぞれ関わる理念型を構成している。まず、「つくる」論理を典型的に示しているのは、明らかにユダヤ教＝キリスト教系統の世界創造神話である。「うむ」論理は、ローマや中国の創成神話に見出されるが、日本の創成神話は「つぎつぎになりゆくいきほひ」の中の「なる」論理によって規定されていることになる。丸山は、例えば「葦牙」の「萌え騰る」を「なる」の原イメージと考えているが、「産霊（むすひ）」あるいは「苔むす」と言う時の「むす」も注目されなければならないと言う。もちろん、「うむ」論理は特に動物の生殖に関わる「有機体説」そのものを反映していると考えられるが、「（葦牙の）萌える」や「（苔が）むす」などもまた、主として植物の生成増殖の継起（＝「なる」）の典型と見なすことができる「有機体説」に対応する言葉であることを見逃してはならないだろう。これらの「ことば」は、古代ギリシアの「自然」観、とりわけM・ハイデガーが古代ギリシア思想に見出した「自然」観との類似性が木田元＝生松敬三によって肯定的に指摘されている。しかし、その高い評価は、丸山にとって、いわば有難迷惑である。ここで丸山は、ハイデガーのように「自然」に傾倒してしまっているわけではなく、そのような「自然」ないし「有機体説」をあくまで手強い「敵」と考え続けているのである。それは、どうしても倒すことのできない暗い「宿命」という印象すらを与える「敵」である。やはり「有機体説」を「敵」視した三木清は、ナチスに与したハイデガーの非合理主義的な「全体性」の哲学を厳しく批判したが、その三木による「有機体説」と「弁証法」を対置する図式を、初めは西田哲学や三木の「構想力の論理」に親しめなかったと語る丸山も後には強く支持するようになるのである。したがって、丸山は「古層」を実体化したかのような誤解を与えかねない叙述を行なったというミスを犯したかもしれないが、「自然」ないし「有機体説」に「転向」したわけではないのである。

このように、初期丸山の「弁証法的な全体主義」はルソーや田辺元の「自然」ないし「全体性」の思想と結びつけられ、後期丸山の「古層」はハイデガーの「自然」ないし「全体性」の思想と結びつけられることもあるが、その是非に関して決定的な判断は下し難い。今井弘道・酒井直樹・中野敏男のように、初期の「弁証法的な全体主義」という「自然」ないし「全体性」と後期の「古層」という「自然」ないし「全体性」を関連づけて、その福沢論をも時には含めて丸山を「国民国家」という「自然」を自明の前提としつつ「一君万民主義」や「総動員」を説く「全体性」に定位する思想家と捉えることには、初期「弁証法的な全体主義」論＝全体性↓中期「福沢」論＝個人性↓後期「古層」論＝全体性と理解して丸山の「転向」を強調する見解および初期「弁証法的な全体主義」論＝全体性↓中期「福沢」論＝全体性↓後期「古層」論と理解して丸山の一貫性を強調する見解のいずれについても、樋口が「弁証法的な全体主義」は「『弁証法的な』という形容詞のない『全体主義そのものの否定』である」と強調していることからも明らかなように、三木と同様に丸山が「弁証法」を支持する観点から「有機体説」という「全体性」の立場を執拗に「敵」視しているという現実がある以上、いささか無理があるように思われる。丸山は、「全体性」と「個人性」の狭間で揺れ動く清水のように繰り返し「転向」したわけではなく、また、丸山がその「(『学問のすゝめ』は)功利主義的個人主義的思想の通俗的紹介」であるという見解を斥けた和辻哲郎の倫理学のように「全体性」の立場を一貫して維持したわけでもないのである。和辻倫理学は、「全→個→全」の図式において常に「個の全への帰一」を強調しているのである。確かに、丸山は、各年度の『講義録』から読み取れるように、「祀られる神であるとともに祀る神である」ものとしての古代天皇論や中世武士のエートス論等において和辻の影響を強く受けているが、例えば主君への奉仕＝武士の自己犠牲の尊さを説く和辻のような「個の全への帰一」を明らかに拒絶したのである。樋口が「弁証法的」という形容に注目したように、丸山の思想において、「個人性」の立場を支える「質のトポス」は、「有機体説」のような「全体性」の立場を支える「量のトポス」と、ともに「弁証法論理の媒介契機」として互いに立体的に闘争し続けているのである。「弁証法的」と形容されない「全体主義」も、「つぎつぎになりゆくいきほひ」で表わされる「有機体説」も、「全体性」と緊張関係にある「個人性」の立場を重視する丸山にとっては、あくまで手強い「敵」なのである。

木田＝生松がハイデガーの「自然」との関連で注目した「萌え騰る」や「苔むす」という言葉は、明らかに植物の生成増殖を意味するゆえに、それは「有機体説」＝「有機体モデル」を表現している。そして、「つぎつぎになりゆくいきほひ」――「いやつぎつぎに」「不断に成る」「いきほひ(＝徳)がある」――は、その生成増殖が「連続性の原理」の反映であることを示している。植物という有機体が連続的に「なる」ことを歴史のイメージと捉える場合、そこには「個人」＝「主体」によって歴史が作られるという「作為」の契機は存在せず、むしろ、つぎつぎに「なる」ものが「いきほひ」をもつことこそが、その「なる」ものとしての歴史にとって「自然」であることを雄弁に物語っている。「なる」ものが人間である場合、その「自然」は「人間的自然」となる。

つまり、「有機体説」＝「有機体モデル」と「連続性の原理」が反映する「つぎつぎになりゆくいきほひ」と表わされる「古層」こそが、われわれ日本人の「人間的自然」に合致したものとなる。この「古層」すなわち「ほとんどわれわれの意識をこえて、旋律全体のひびきを『日本的』に変容させるもの」は、既述のように清水＝ヴィーコの言う前反省的な通念である「共通感覚（常識）」＝「共同体感覚」と限りなく接近することになる。

「世継ぎが《つぎつぎに》帝と《なりゆく》ことにより万邦無比の皇統が今も《いきほひ》よく千代に八千代に連綿として無窮に続く」ことこそが「種」レヴェルでの有機体である日本人（日本民族）の「人間的自然」と合致したわれわれの素晴らしい「宿命」である（＝われわれの誇るべき確固とした共時的かつ通時的な社会統合要因である）――その「古層」がかつての「国体」のようなものに実体化されてこのような日本人の「永遠の今」の連続的継起という通時的な「全体性」をひたすら讃美する思想の正当化根拠とされることを丸山は危惧した。この「全体性」の思想は、いわば清水＝ヴィーコの「真なるものは作られたものである」という命題のわが国の歴史への適用とも考えられるが、それは清水の言う「人間的自然」の道具立てである「有機体説」＝「有機体モデル」と「連続性の原理」で「日本的なもの」を護るための法律である治安維持法の正当化ができるようにしっかりと理論武装されている。それゆえ、それは「主体的作為」の意義を強調する丸山にとって大変に強力な「敵」となったわけである。

ところが、清水のみでなく、藤原保信・佐々木力・田中成明等は、丸山と異なり、「自己本位」な「共通感覚（常識）」＝「共同体感覚」を、例えば「日本的なもの」が見事に結晶した「物」として安易に実体化しつつ、その「働き」の是非を真剣に吟味しないため、「全体性」の立場に陥りながら簡単に深刻な「レトリックのパラドックス」という落とし穴にはまってしまったのである。このように、「共通感覚（常識）」＝「共同体感覚」（＝「古層」）を無条件に肯定する右記の各論者は、その実体化に一片の不安をもつこともなかったが、さすがに後期丸山は、福沢から「惑溺」批判の重要性を学んでいたこともあり、「古層」（＝「共通感覚（常識）」＝「共同体感覚」）が「日本的なもの」が結晶した「物」として実体化されることに深刻な不安をもち続けたのである。その結果、後期丸山は、大学での講義時に用いた初期の「原型」という表現を、この論文では「古層」に変え、その後さらにそれを「執拗低音」と言い換えたのである。それは、「有機体説」＝「有機体モデル」と「連続性の原理」を反映する「つぎつぎになりゆくいきほひ」——清水＝ヴィーコが重視した「共通感覚(常識)」＝「共同体感覚」も共時的かつ「(『つぎつぎになりゆく』という)通時的」(!!)な社会統合要因である——が、「世継ぎによる皇統の無窮の連続性」の正当化原理として用いられることに、強い警戒心を抱いていたからにほかならない。「共通感覚(常識)」＝「共同体感覚」や「古層」は、「個人性」ではなく「日本的なもの」という「全体性」の現われであり、その「全体性」が日本人の「宿命」と見なされることを、後期丸山は大変に恐れた。

天皇制は、「つぎつぎになりゆくいきほひ」として表現される日本人の歴史意識の「古層」に合致したものであるから、あるいは日本人の「通時的」な社会統合要因である前反省的な通念＝「共通感覚(常識)」＝「共同体感覚」に合致した「日本的なもの」の精華と言うべきものであるから、明らかにわれわれの「人間的自然」が具体化した最高の制度である。その、われわれの「宿命」とでも言うべき天皇制という素晴らしい制度を、マルクス主義のような外在的な批判(クリティカ)から護るために制定された治安維持法は、「悪法」などではなく、「古層」(＝「共通感覚(常識)」＝「共同体感覚」)により支持される「自然」な法律であった——このような「全体性」の立場による治安維持法の正当化を試みる学説が主張されることのないように、つまり「虚威への惑溺」を「古層」論によって正当化する試みが提起されることのないように、丸山は考え続けたのである。その結果が、後期丸山が、「古層」よりもさらに実体化される危険が小さいと思った「執拗低音」への変更だった。清水＝ヴィーコが批判する過去を「審く」ようなことをしないために、歴史家である(と自ら任じている)後期丸山にとって、それは許容される唯一の方策だったのである。実践哲「学」の復興を目指す清水・藤原・佐々木・田中等にとっては「共通感覚(常識)」＝「共同体感覚」(＝「古層」)は味方であるが、治安維持法で弾圧された「術」としてのレトリック実践に注目する丸山にとっては、繰り返して確認するが、そのような変更を強いた「古層」（＝「共通感覚（常識）」＝「共同体感覚」）はあくまで「執拗低音」への変更によってその毒性を可能な限り弱めるべき強力な「敵」なのである。

以上の議論を要約しよう。いわば後期丸山は、「主体的作為」の前に立ち塞がる「敵」の本質を正確に見極めようとして、「古層」の姿を理論的に剔出しようと試みたが、逆にその「古層」にいわば返り討ちにあってしまった。つまり、「研究対象」＝「古層」を支える「人間的自然」の強さの発掘により「研究理想」＝「主体的作為」を担うべき人間類型の創出の困難さを再確認させられるという、その返り討ちが、清水＝ヴィーコの「人間的自然」に依拠する治安維持法肯定論への「敗北」でもあることを鋭く自覚（ないし予想）していた後期丸山は、その「敗北」により蒙るダメージを少しでも減じるために、「古層」をヨリ実体化されにくい「執拗低音」に変更することで、精一杯の抵抗を企てたわけである。確かに、「古層」論文の「ことば」を重視する「解釈学（ヘルメノイティク）」のような手法はハイデガー哲学のみでなく和辻倫理学とも接近し、その「永遠の今」の連続的継起という着想は後期西田哲学を想起させることになる。にも拘わらず、否、だからこそ、前期丸山の「弁証法的」という形容詞の使用と同様、前期から「フィクションの価値・効用を認める醒めた精神」の大切さを繰り返し強調し続けてきた後期丸山による「古層」から「執拗低音」への言葉の変更は、丸山が「全体性」の思想との樋口陽一の言う意味での「緊張関係」を一貫して保ちながらも、辛うじて「個人性」の立場を護り抜いたことの有力な証拠なのである。もっとも、その丸山の「大衆」論や「民主主義」論等を、吉本隆明が終焉すべき単なる「擬制（フィクション）」として批判したのは皮肉な出来事ではあるが。

ともあれ、吉本による丸山批判は扨て措き、以上の分析からも窺えるように、興味深いことに、清水＝ヴィーコの言う「『人間的自然』が疎外されずに無垢のままの状態であった『遠い昔の濃い闇』に生きた『神話』時代の人々の精神、言葉、行為の中」に「古層」論文で己れを空しくして果敢に入って行った丸山は、丸山自身が実際に体験した丸山＝福沢のレトリック＝スピーチ擁護論をめぐるレトリックのパラドックスではなく、清水＝ヴィーコのレトリック＝トピカ擁護論をめぐるレトリックのパラドックスこそを、「古層」論を展開する自分にとっての重要な問題として把握したのである。

それゆえ、われわれは、初期丸山の「弁証法的な全体主義」という用語の中の「弁証法」という言葉に着目し、その「弁証法」を、西田幾多郎の観想的な「絶対弁証法」＝「場所的弁証法」としては捉えず、あくまで「有機体説」と対立するものとして三木清が提示する「弁証法」として理解する。西田の「絶対弁証法」＝「場所的弁証法」では、「全体主義」から「全体性」を消去させることができず、また、「有機体説」の「連続性」を批判することもできないのである。したがって、三木＝丸山の使用する「弁証法」という言葉の観点から、樋口の言う「個人と国家の間の緊張」ないし「『国家に対して否定的独立』を主張する個人」の立場は、ルソーや田辺元の論理からの影響が論じられる「弁証法的な全体主義」を強調する初期丸山理論においても、ハイデガーや西田幾多郎の思想への接近が指摘される「古層」を論じた後期丸山理論においても、維持されていると考える。それゆえ、西田幾多郎＝和辻哲郎＝「全体性」と三木清＝丸山眞男＝「個人性」を対置する田中久文の構図は基本的に妥当するものと思われる。その判断の根拠に、われわれは上山春平の以下のような証言を引用することができるが、いずれにせよ佐伯も間宮も、西田と丸山への評価こそ正反対であるが、この田中の構図を前提に議論を展開しているわけである。

すなわち、上山春平は、その著書『日本の思想』に収められた「三木清における弁証法と有機体説」と題された文章で、丸山眞男の次のような発言に注目している。「大学に入ってから、いちおう私なりに一生懸命にマルクス主義を勉強して、それからヘーゲルの歴史哲学を読んだ。そういう径路を経て三木清の『歴史哲学』を読むでしょう。そうすると実にぴったり来るんですよ。あれはマルクスを通過した目でヘーゲルを見ておりますね。とくに存在の論理と事実の論理を区別して、事実（つまりタート＝ザッヘ）の問題を結びつけている点。それから有機体と弁証法の関係を論じたあたり、見事だと思った。……最近になって、弁証法というのはけっきょく有機体論じゃないかと言う人もいるんで、三木清のものをちゃんと批判してから、そういうことを言ってくれと言いたいぐらいなんですけれどもね」[14]。

上山は言う。「この丸山氏の発言〔は〕、……少なくとも結果的には、私の主張にたいする批判になっている。……この文章をよんで、実は、いささか虚を突かれた思いであった。『歴史哲学』はたしかに読んだ覚えがあるのに、そうした三木の主張をすっかり忘れはてていたからである。……はずかしい思いをしながら『歴史哲学』を読みかえしてみると、なるほど、弁証法と有機体論の区別にかんする主張がはっきりと記されている。よく読んでみると、この主張こそ、この本のライト・モチーフではないか。『歴史の概念』というタイトルでこの本に登場する基本概念をあつかった第一章の末尾に、当時流行していたディルタイの思想を批判しながら、『彼の歴史哲学は解釈学的思想によって導かれている。解釈学の論理は有機体説的論理である。……これとは反対に、我々の歴史哲学を導くものは弁証法的思想である。今や彼等の歴史観のうちに含まれる解釈学的、有機体説的思想を批判し、克服することが要求されていると思う』と書かれている。この本では、ディルタイ的な解釈学の立場にたいする弁証法的立場からの批判が、有機体論批判の形をとっているのであるが、この本よりも四年ばかり前に発表された『有機体説と弁証法』という論文では、ヘーゲル弁証法にたいする唯物弁証法の立場からの批判が、有機体論批判の形をとっている。……この機会に、ざっと目を通したかぎりでは、弁証法を有機体論に対立させる考えは、『歴史哲学』以後もずっと貫かれていて、昭和一三（一九三八）年に発表された『解釈学と修辞学』という論文では、解釈学の論理が有機体論であるのに対して、修辞学の論理は弁証法であるとされ、しかも、修辞学の論理は、行為的直観の論理であり、構想力の論理であるとされている。未完の『構想力の論理』が、こうした問題意識の延長上にあることは明らかであろう。私は、丸山氏のおかげで、三木哲学が、予想していた以上に執拗に弁証法的立場を追求しつづけており、終始、有機体論を弁証法の敵対者として設定しつづけていることを確認することができたわけであるが、その弁証法的立場に唯物論から西田哲学までの振幅があり、有機体論にヘーゲル弁証法からディルタイの解釈学までの振幅がある点に、問題を感じざるをえなかった」[15]。

田中も指摘していたように、三木は西田哲学を「観想」の哲学として批判しており、それを上山の言うように擁護すべき「弁証法」の陣営に組み入れていたかは疑問がある。しかし、有機体説を「敵」と見る丸山＝三木が、「弁証法」を高く評価していたことは、次のような梅本克己の記述からも窺われる。

梅本は、その著書『マルクス主義における思想と科学』に収められた「マルクス主義と近代政治学」という論文で、丸山の福沢論を検討している。梅本は言う。(16)「『単一の説を守れば其説の性質は仮令純粋善良なるも之に由て決して自由の気を生ずべからず自由の気風は唯多事争論の間に在て存するものと知るべし』（『概略』巻一、三〇ページ）。自由は『恰も胸中に二物を容れて其運動を許したるが如し既に二物を容れて運動を許すときは其間に又一片の道理を雑えざる可らず』（同上）。これらのことばは福沢における自由の基本命題ともいうべきものだが、丸山はこのことばについてつぎのようにいう。『そのことはその独占原理の内容がいかに善美なものであろうといかに『進歩的』なものであろうとかわりない』『自由の単一支配はもはや自由ではない。ここに『自由は不自由の際に生ず』という福沢の第二の命題が生ずる。』……さて、これらの言葉は丸山があくまでも福沢に即してその思惟方法の基底にあるものをあきらかにしたものであって、こうした思惟方法ならびにそれをつらぬく価値意識と、丸山自身のそれとがどの程度相覆うものであるかは簡単にはきめられないであろう。だが、一般的抽象的な言葉の範囲内では、これはそのまま丸山自身のものであるといってもよいのではないかとおもう。ここに示されるものは、その一般形態でとらえれば、まさに『自由の弁証法』ともいうべきもので、けっして単なる多元主義や相対主義ではない。『既に二物を容れて運動を許すときは其間に一片の道理を雑えざる可らず』……といっているように、まさに弁証法の原理が定式化されているといってよいであろう」。

この「自由の弁証法」は、荒川幾男が注目する三木清の「弁証法的発展の過程が、展望的には非連続的または超越的であるところに『自由』があり、しかもそれが、回顧的には、連続的乃至内在的であるところに『必然』が横たはってゐる」という指摘と、正確に合致している。ここで、荒川による、三木の「有機体説」と「弁証法」の整理を確認しておこう。[17] ①有機的発展が「絶えず連続的な発展である」のに対して、弁証法的発展は、発展として連続的でありながら、「飛躍」、「転化」の契機を含む非連続性を抱く。②有機的発展は、その発展の動因が「統一的全体の個々の部分の間の平衡を得た交互作用」であるのに対して、弁証法的発展の動因は「全体のうちに内在する矛盾」である。前者が平和的であるのと異って、後者は闘争的である。③有機的発展においてはつねに保存が主となるのに対して、弁証法にあっては保存と同時に破壊が、肯定とともに否定が重要である。④有機的発展においては「全体は所与性の性質」を有するのに対して、弁証法的発展においては、「全体は課題性」を担う。前者では、自己完結的な全体がテロスであるが、後者では、矛盾闘争に重心があるから全体は究極的なテロス的統一である必要はなく、暫定的統一である。有機的発展にあっては、全体は「構造」の概念において解明され、弁証法的発展にあっては、全体はむしろ「層」の概念において解明される。「構造」においては全体は所与だが、成層的発展においては層から層へと積み重ねられてゆきはするが、全体は完結的であることを要しない。

丸山は『日本政治思想史研究』で、有機体論的社会像から機械論的社会像への転換過程を分析した際に、次のように語る。[18]「現実性が過去的なものの生成として現われ、未来的なものが既に萌芽として過去的なものに含まれているという事態が典型的に見られるのは有機体である。有機体に於てはそれの外に立ちそれを作り出す主体というものは少くも第一義的には考えられない。有機体は自足的全体であって、一切は有機体の中に自然的に生成する」。この文章は直接にはF・テンニースの思想を参照にしたものだが、そこに三木の右記の「有機体説」についての批判的見解の反映を確認することは容易である。

もちろん、丸山も承知していたように、「天下国家を治むる仕様」として「礼楽刑政」を強調した徂徠は、「それ道は、先王の道なり」として、「有機体」の中に埋没することのない「先王(聖人)」=「主体」を強調しながら、道を常に「先王(聖人)の道」として語った。「聖人なる者は道の出ずる所」である。ところが、黒住真によれば、徂徠において「法と人との関係は治療における漢方と医者の関係にたとえられたが、一般に道は、建築・養生・治療等の営みに、その対象ないし形成物たる国家は、作り出された建築〔や〕……有機体……等にたとえられる」[19]。丸山の転換図式には表われないが、「有機体説」は徂徠の思想の中にも、かすかに生き残っているのである。しかし、このことは逆に、その独自の徂徠論において、いわゆる「メタ・ヒストリー」を構築した丸山がいかに強く「有機体説」を「敵」として認識していたかを、物語っているとも言えよう。

ともあれ、三木理論における「有機体説」と「弁証法」の対置を高く評価する丸山に師事した石田雄が、H・スペンサーの思想が「社会有機体論的な面において明治政府の側の信認をえた」理由として三木による「有機体説」の性格づけを肯定的に援用しており[20]、また、山之内靖が、「有機体説」と「弁証法」を対置する三木の図式は、ヘーゲル的な流出論の批判――既述のように、三木はヘーゲル弁証法を「弁証法」ではなく、「有機体説」に含ませた――という観点からすれば、M・ヴェーバーの『ロッシャーとクニース』と問題意識と共通性が見られると指摘していることが注目される[21]。

丸山はこのように三木の「弁証法」と「有機体説」という問題設定を終始高く評価し続けたが、清水もその処女作『社会学批判序説』等において、おそらく三木の「弁証法」と「有機体説」を対置する図式から大きな影響を受けて「自然法」と「有機体説」という枠組を設定している。清水は、『社会学批判序説』に次いで刊行した第二作『社会と個人』において、次のように言う[22]。「第一の極にあつては社会と個人の関係は如何に規定されてゐるであらうか。ここでは社会の存立それ自体既に社会そのものの中に根拠を有するのではなくして却つて諸個人の集合を俟つて始めて考へられる。社会は究極に於いては個人に還元され得るものであつて、社会の法則と見えるものも実は社会そのものの法則ではなく元来個人の法則でなければならぬ。……個人の理性を基礎とするかうした社会理論はそれ故に合理主義のものであるが、この場合個人が社会のために犠牲となるといふが如きは到底考へられることが不可能である。逆に社会なるものは個人の幸福を実現するための手段であり、個人に奉仕すべきものである。フーゴー・グロティウスが『部分は全体よりも老いてゐる』と記す時彼は第一の極に於ける社会と個人との関係の規定を明確に告げたものであつた。吾々はかうした規定を自然法的と名づけることにしよう。ところで第二の極に於いてこの両者の関係は如何に規定されてゐるであらうか。ここに於いては社会の存立は個人を前提とするものではなく却つてそれ自身の中にその根拠を有するものである。従つて社会は何か個人に還元され得べきものではなく、諸個人の集合を超えた存在である。社会は個人の中から出て来ることは出来ず、……個人の外に或は個人の上から与へられるものでなければならないといふ意味に於いてかの合理主義に対立するところの精神的基礎と結びつかねばならない。社会は最早個人の幸福のための手段ではなく逆に個人こそ社会の幸福の実現のためには犠牲となり又手段となることを免れ得ない。犠牲となり手段となるところにこそ却つて個人の任務と本質とがあると見なければならない。アリストテレスの『全体は部分に先き立つ』といふ命題は第二の極に於ける社会と個人との関係の規定の古典的なる表現である。一方社会を有機体に比し、他方個人をその分肢と見る見解は右の規定を代表するものと考へられる。吾々はかうした規定をそれ故に有機体説的と呼ぶことが出来るであらう。……自然法と有機体説との対立は実はその儘個人と社会との対立であると考へられる。自然法は個人の立場であり、有機体説は社会の立場である」。グロティウスの「全体」よりも老いているとされる「部分」=「個人」優位の立場と、アリストテレスの「部分」より先き立つとされる「全体」優位の立場の鋭い対立——ここにも、三木の「弁証法」と「有機体説」を対置する図式が確かに反響している。

清水は、『社会学批判序説』で社会学の起源を探究している。そして、社会学は、「有機体説」の登場によって成立した、と論じている。天野恵一によれば、この見解に拠って、日本社会学の起源を考察したのが『日本文化形態論』である(23)。例えば、高橋徹は、この清水の日本社会学起源論について、「非常に決定的な結論」であり、「清水学説が日本社会学の常識になっている」とまで述べている(24)。そして、初期清水は、その社会学の起源である「有機体説」を、Aタイプの社会科学であるマルクス主義の立場から批判するのである。

ところで、グロティウスとアリストテレスのそれぞれの命題が表現するように、「全体」と「部分」という〝空間〟に関する対概念は、しばしば「老人（先き立つもの）」と「若者（後に生まれるもの）」という〝時間〟に関わる対概念と関連づけて比喩的に示されることになる。『倫理学ノート』において、後期清水は言う。「古代人と近代人との優劣に関する論争には、一つの言葉の綾のようなものがあった。les anciensという言葉は、一方、古代人を意味すると同時に、他方、老人を意味する。そこから、古代派にとっては、古代人は、そのまま、智慧の長けた老人であって、これに若い近代人は学ぶべきであった。これに対して、近代派にとっては、近代人こそ、理性の正しい使用法を知った老人で、古代人はまだ無智の少年であった[25]」。

この『倫理学ノート』における清水の表現を、丸山＝福沢理論と清水＝ヴィーコ理論にそのまま応用すれば、次のようになろう。「人間が老いて行く」と「個人派」＝「近代派」＝「西欧派」の代表である丸山＝福沢が考える時、原則として、「それは、理性に基づく科学の無限の進歩、それによる人間の無限の完成、という未来に向ってのオプティミズムを意味していた」。そう信じる「個人派」＝「近代派」＝「西欧派」の人たちの間にあって、「古代人の学芸への尊敬はもとより、原始未開の人々の信仰や制度に固有の価値を認めよう」として「全体派」＝「古代派」＝「反西欧派」へと転向した清水＝ヴィーコも、決して「人間が老いて行くことを忘れてはいない」けれども、それは、彼らにとっては、「死に近づくという意味であった」。すなわち、「古代人」＝「智慧の長けた老人」は尊敬すべき存在であるが、後期清水にとっての「近代人」＝「死に近づいている人間」はそうではない。かくして、清水と同様、グロティウスとアリストテレスのそれぞれの命題を対置する勝田吉太郎の図式に基づいて言えば、「近代の知」を受容する「西欧派」の丸山＝福沢と「近代の知」を峻拒する「反西欧派」の清水＝ヴィーコの対立は、互いに倦むことなく理論的・実践的闘争を繰り返してきた、「自然法」的社会観と結びつく「インディヴィドゥアリズム」と「有機体」的社会観と結びつく「コレクティヴィズム」の相剋の「一つの変奏曲」と見ることができるのである[26]。勝田が専攻する近代ロシア政治思想史においても、丸山が専攻する近代日本政治思想史においても、ロシアと日本がともに遅れて「近代化」を開始した国家である以上、両者に「西欧派」＝「個人性」の立場と「反西欧派」＝「全体性」の立場の相剋というパラレルな図式が一致して確認されることは疑問の余地がない。そして、言うまでもなく、近代西欧文明導入の「先覚者」である福沢のレトリック＝スピーチ擁護論と、反革命の立場に与するE・バークの思想とともに「ある社会（特に西欧社会）の制度を他の社会に移すことは、それぞれが独自の『有機的』法則に従うゆえに困難である」ことを示すための典拠となったヴィーコのレトリック＝トピカ擁護論――両者の「相剋」もまた、その「一つの変奏曲」なのである。

丸山にとってと同様、初期清水にとっても、「有機体説」は「個人性」を抑圧する「全体性」を肯定するものとしていわば「敵」であったが、『倫理学ノート』において、かつての「敵」の「有機体説」はその「味方」へと立場を変える。清水は、「弁証法」＝「自然法」＝「個人性」の立場から、「有機体説」＝「全体性」＝「共通性」の立場へとヴィーコに導かれて「転向」したのである。

ところで、福沢諭吉が「人間精神と社会の進歩」を具体的にいかなる過程として考えていたかを、その哲学の根底に横たわる価値意識の観点から総括した丸山の見解に即して、ここで簡単に確認しておきたい[27]。それは、「（進歩）以前→（進歩）以後」として示される。すなわち、丸山＝福沢によれば、「事物への惑溺→主体的独立」として纏められる「人間精神の進歩」は、「パースペクティヴの固定性→パースペクティヴの流動性」「判断の絶対化→判断の相対化による自己超越」「二値論理に基づく極端主義→多値論理に基づく寛容」「習慣道徳主義→知性中心」「同じ行動様式の再生産→試行錯誤による不断の前進」を具体的内容としてもち、また、「権力の偏重→自由」として纏められる「社会の進歩」は、「社会関係の固定単一性→社会関係の複雑化」「中央権力への価値集中（国家）→諸社会力への価値分散（平民社会）」「制度の虚飾性（自己目的化）→制度の実用性（道具化）」「単一イデオロギーの支配→種々のイデオロギーの併存」「画一的統制→対立による統一」を具体的内容としてもつ。

ここで、「進歩以後」の「人間精神」と「社会」の姿として示されたものに注目しよう。すなわち、「パースペクティヴの流動性」「判断の相対化」「多値論理」「試行錯誤」「社会関係の複雑化」「価値分散」「種々のイデオロギー」「対立」――これらの「進歩以後」の状況に置かれた個人は、自分自身の責任で「価値判断」と「決断」を下すよう強く要請されることになる。しかし、丸山＝福沢は、いかなる「価値判断」や「決断」を下すべきかについて語ることには、あくまで「禁欲」するのである。丸山は言う。「〔福沢は〕人民にいかなる絶対価値を押し付けることなく、彼らを多元的な価値の前に立たせてみずから思考しつつ、選択させ、自由への途を歩ませることにおのれの終生の任務を見出した」。

ここに見られる丸山＝福沢の「禁欲」は、それらと完全に合致するわけではないが、ヴェーバーの「価値判断排除」、ムーアの「自然主義的誤謬」の排除、厚生経済学における「効用の個人間比較」の排除、論理実証主義における「ナンセンスな命題」の排除等の「排除」に表われる、特定の「価値判断」や「決断」を下すよう「市民」に強要することへの「禁欲」と対応している。

この丸山＝福沢の「禁欲」と真正面から対立するのが、後期清水の「有機体説」の立場である。既に確認しておいたように、清水の『倫理学ノート』を「人間的自然」の理論と捉える徳永恂は、『倫理学ノート』に一貫して見出されるものとして、「第一に、人間的自然の恢復への要求であり、第二に、人間的自然の理論のために、従来のハードな科学概念(イ)ウェーバーの『価値判断排除』、(ロ)ムアの『自然主義的誤謬』の排除、(ハ)厚生経済学における『効用の個人間比較』の排除、(ニ)論理実証主義における『ナンセンスな命題の排除』といった四つのタブーにおいて典型的に表現されるデカルトの科学理念)への批判ないし寛容の要求であり、第三に、欲望や幸福といったことがらを扱うに相応しいソフトな科学概念の準備と、そのための道具立ての工夫(帰納法の復権、有機体モデル、連続性の原理、レトリックの重視等)への要求である」と論じている[28]。この中の「有機体モデル」と「連続性の原理」こそは、丸山が論文「歴史意識の『古層』」から抽出した「つぎつぎになりゆくいきほひ」に見出される「有機体説」という「敵」の特徴であったのである。

丸山とともに「主体性」用語の論陣を張ったマルクス主義者の梅本は、丸山の言う「『価値の分化』『多元化の過程』の『定則』として福沢はどのようなものをつかみ出そうとしていたか」は、「カッコに入れることはできない」と指摘し、その「禁欲」に限界があることを強調している[29]。清水もまた、丸山＝福沢のようなBタイプの社会科学に典型的に見出される「禁欲」の立場を克服しようとするが、それはAタイプの社会科学（マルクス主義）の「弁証法」の立場に再び戻ることによってではなく、むしろCタイプの社会科学を特徴づける「有機体モデル」「連続性の原理」「レトリックの重視」等を強調することによってなのである。三木が、「有機体説」と「弁証法」を対比した時、有機的発展は「絶えず連続的な発展である」と指摘していたことを今一度ここで想起しよう。

以上の分析からも明らかなように、丸山＝福沢のレトリック＝スピーチ擁護論が、梅本も示唆していたように「弁証法」に属するのに対し、清水＝ヴィーコのレトリック＝トピカ擁護論が「生れ、育ち、働き、死んでいく生命体（有機体）」＝『つぎつぎになりゆくいきほひ』のある生命体（有機体）」を「歴史のモデル」と捉えるゆえに「有機体説」に属することはもはや贅言を要しないであろう。したがって、「丸山眞男‐清水幾太郎問題」は、「丸山＝福沢‐清水＝ヴィーコ問題」であるだけでなく、見方によっては「丸山＝三木‐清水＝西田問題」すなわち「個人性‐全体性＝共通性問題」でもあり、「弁証法‐有機体説問題」でもあるのである。

三輪正は、中井正一の「トポスの概念が決して平面的な場所のみを示すのではなく、立体的な闘争的契機をももっている(30)」という指摘に着目し、トポスが「その内に常に対立の契機」を孕んでいることに注意を促す。(31)つまり、「弁証の主題に適した論証を探し出す場所」＝「論点が隠れていると思われる場所」であるトポスは、「弁証法における可能的論題の範囲」でもあるから、それは「弁証法論理の媒介契機」として、様々な論者の互いに相剋する言説を「〈多様性〉において存立」させる場所なのである。このような観点から注目されるのは、上山春平が言及していた三木清の論文「解釈学と修辞学」である。(32)この論文で特に興味深いのは、三木が「弁証法（弁証的推論）」である「レトリック（修辞学）」を、一方で「分析的推論」である「形式論理学（純粋に論理的な思考）」と対置し、他方で「有機体説」に属する「ヘルメノイティク（解釈学）」と対置するという、「二正面作戦」を展開していることである。

すなわち、「ロゴスとパトスの綜合」としてレトリックを捉える三木は、「対象的に限定された思考」である「（純粋な）論理的思考」が「真理性（Wahrheit）」に関わるのに対して、「主体的に限定された思考」である「修辞学的思考」は「真実性（Wahrhaftigkeit）」に関わると言う。「（主体的）真実性」に関わる「人間的な論理」であるレトリックは、それゆえ「パトスとロゴスの綜合」であると同時に、「論理と倫理の統一」つまり「主観的なものと客観的なものの統一」なのである。「真理性」に関わる「対象的に限定された思考」である論理的思考と「真実性」に関わる「主体的に限定された思考」であるレトリックを対置する三木の図式は、「確実なるもの」から出発する「分析的推論」である「論証」と「真実らしいもの」から出発する「弁証的推論」である「レトリック」を対置するアリストテレスやTh・フィーヴェクの図式と合致する。したがって、三木理論の独創性は、「弁証法（弁証的推論）」＝「レトリック（修辞学）」と「分析的推論」＝「形式論理学」を対置する第一の「戦線」ではなく、丸山眞男‐上山春平論争の舞台ともなった「弁証法（弁証的推論）」＝「レトリック（修辞学）」と「有機体説」＝「ヘルメノイティク（解釈学）」を対置する第二の「戦線」に見出されることになる。

三木はまず、「主として話される言葉」に属するレトリックが、「法廷、国民議会、市場等における活動と結びついて形成された」ものであるゆえに「ギリシア文化の開花期の産物である」のに対して、「主として書かれた言葉、記された文書」に向かうヘルメノイティクは、「ギリシア文化が一応終結した後」に現われたものであるがゆえに、「既に作られたもの、できあがった作品」に対して働く「過去の歴史の理解の方法」となることを確認したうえで、両者はともに「ロゴス（言葉）に関するもの」でありながら「性格的な相違」を有することを強調する。つまり、三木は、存在の歴史性を「〔それが〕過去から生成してきたといふこと」として捉えるヘルメノイティクが、「理解・観想の立場に立つて、行為・実践の立場に立たない」ことを批判する。そして、他方、「社会的実践的な目的」を有するレトリックは、「社会的政治的活動と密接に結び付いてゐた」ことを指摘する。レトリックとヘルメノイティクの親縁性を主張するH・G・ガダマーが、G・ヴィーコの「共通感覚（常識）」のもつ意義を高く評価し、それを人文主義的伝統の中に位置づけて、人間存在の言語性のレトリック的な相とヘルメノイティクな相の「相互浸透」を指摘するのに対して、三木は、「表現の理解」に関わるヘルメノイティクと「表現の作用」に関わるレトリックの「性格的な相

違」を強調して、「弁証法」である後者の立場から、「有機体説」である前者を次のように批判する。(33)

「解釈学はその対象である表現の構造を有機的なものと見るのみでなく、表現と理解、表現と体験の関係をも連続的融合的に見てゐる。理解の概念は体験の概念と、従つてまた経験の概念と結び付く、故に客観である表現と主観に属する理解乃至体験との間には真の意味に於ける関係が存在しない。即ち経験といふ場合客観をどこまでも自我に引寄せて考へることが可能であるのに反し、関係といふ場合関係するものは本来独立のものでなければならぬ。或は経験といふ場合その関係は出来事の意味を有しない、出来事は独立のものの間の関係として生じる。解釈学の論理がなほ経験の論理であるのに反して、修辞学の論理は関係の論理であり、出来事の論理である。修辞学は私と汝の関係を基礎としてゐる。私に対して汝が独立のものでないならば修辞学といふものはないであらう」。三木が「弁証法」であるレトリックの観点から「有機体説」であるヘルメノイティクを批判する際に、主に念頭に置いていたのは上山春平が確認していたようにW・ディルタイの「解釈学（ヘルメノイティク）」であるが、その批判の根底に存在する問題関心は、例えばJ・ハーバーマスが「伝統への参画」を促して「地平の融合」の実現を重視するガダマーの「解釈学（ヘルメノイティク）」が陥る「伝統そのものの自然発生的実体化」を批判的反省により克服しようとする問題関心と、互いに通底する側面を有している。また、見逃してはならないのは、上村忠男はそれに批判的であるが、清水＝ヴィーコのレトリック＝トピカ擁護論で重視された「verum=factum」原理すなわち「真なるものは作られたものである」という命題がディルタイの「理解（Verstehen）」の原型であるというI・バーリンの有力な見解があることである。(34)

ところで、「ロゴスとパトスの綜合」つまり「論理と倫理の統一」であるレトリックは、「人と人との関係の上に立つものとして根源的に社会的である」から、「真理性」ではなく「真実性」に関わる。三木は語る者の「真実性」が聴く者の「真実性」を呼び起こしうることを指摘したうえで、その「真実性」の一致の根拠について、次のように問いかける。「……如何なる根拠に基いて語る者と聴く者とは一致し得るであらうか、その一致が単に主観的なものに過ぎぬものでないといふことは如何にして可能であらうか」。もちろん、対象的に限定された思考である（純粋な）論理的思考が関わる「真理性（対象的な真理）」は普遍妥当的であるが、主体的に限定された思考であるレトリックが関わる「真実性（人間的な真理）」は決してそうではない。「もしも問題が非人格的な対象的な真理に関はるのであるならば、かやうな一致の根拠は対象そのものの有する客観性に存すると考へることもできるであらう。けれども問題が人間的な行為的な真理に関はり、その思考が性格的であることを本性とする修辞学の場合にあつては、解決は単にその方面に求められることができぬ」。

三木はまた、共同体の成員が前反省的に受け入れている社会通念である「共通感覚（常識）」を重視する清水＝ヴィーコの立場に与することも明確に拒否して、「語る者と聴く者とが社会的にパトスを共有するといふことは一致のひとつの根拠であるに相違ないが、それのみでは客観性の保証は与へられてゐないであらう」と主張し、さらに問い続ける。「修辞学的思考の客観性、単なる客観性以上の、単に論理的な思考の客観性よりも更に深い意味に於ける客観性の根拠は何処に存するのであらうか。それは社会のうちにあると考へるのみでは不十分である」。ここで、決定的な意味をもつのは、ヘルメノイティクの論理が「独立のもの」の存在しえない「有機体説」であるのに対して、レトリックの論理は「独立のもの」の存在を前提とする「弁証法」であることである。修辞学の論理は、「〔自我乃至経験の全体性の領域に止まる〕解釈学的立場の内在論を破つて超出するものでなければならぬ」と考える三木は、その内に存在して互いに「対立＝闘争」するトポスに支えられているレトリックに関して、次のように結論づける。

「一致の客観性の根拠は、聴く者がただ聴く者でなくまた語り得る者であり、そして逆に語る者がただ語る者でなくまた聴き得る者であるといふところに存してゐる。語る者に対して聴く者は単に聴くのみでなく、みづからも語り得る者、即ち独立のものでなければならない。汝とはただ聴く者でなく同時にまた自身語り得る者のことである。聴く者が同時に語り得る者であるといふことは、彼が語る者に対して否定の可能性を有する者であるといふことを意味してゐる。かくの如き汝に対してのみ私は真に私であり、従つて、語る者は単に語るのみでなくまた聴き得る者であり、かくしてまた自己否定の可能性を有する者でなければならない。即ち修辞学の論理は弁証法である。人間はどこまでも社会的であると共にこの社会に於てどこまでも独立のものであるといふことが修辞学的思考の基礎である」。

われわれは、「弁証法」に属するレトリックの観点から「有機体説」に属するヘルメノイティクを批判する三木哲学に、ディルタイのみでなくガダマーの著書『真理と方法』で展開されたヘルメノイティクの親縁性を強調して、次のように語る。[35]「三木は、『構想力の論理(第一)』を書き上げたころ、それに関連する一つの論文を発表している。『解釈学と修辞学』という論文(一九三八年)がそれである。この論文で三木は、『解釈学』を批判し、哲学の新しい道を切り開くものとして、『修辞学』を打ち出している。もとより三木は、解釈学を全面的に否定しているわけではない。たとえば、ディルタイの業績がそうであったように、解釈学が哲学に導入されることによって、実り豊かな成果が齎された。しかし解釈学は、『観想の立場』に立ち、すでに作られたもの、すでに出来上がった作品を『理解』しようとしている。それは黄昏時に飛び立つ『ミネルヴァの梟』のごとく、過去志向的であり、観想的である。……ところで、『人間は歴史的存在である』というテーゼは、三木にとっても、基本的なテーゼであった。しかし、『歴史性』について考えるとき、解釈学では不十分である。解釈学は、もっぱら過去の歴史を理解することをめざしているからである。『歴史性』という概念には、われわれの行為によって歴史を作るということが含まれていなければならない。『理解』のみならず、『表現』(実践)が必要である。そのために、修辞学が復権されねばならない。三木にとって『修辞学』というのは、『現在において歴史を作る立場』のことにほかならない。……このように三木は、『修辞学』を標榜し、『表現』について論じようとしている。ところがガダマーは、『解釈学』を標榜し、『理解』について論じていた。すると、ガダマーと三木は、ここで分岐することになるのだろうか。三木は、『解釈学』と『修辞学』とを、対立的なものとしてとらえようとした。『理解』と『表現』の対立として、あるいは『観想』と『実践』の対立として、とらえようとした。これはユニークな着眼点であり、鋭い指摘である。三木の『構想力の論理』は、『歴史的創造の論理』をめざしていた。だが、『歴史的創造』が可能になるためには、『観想の立場』を乗り越えて、『実践の立場』に立たねばならない。『解釈学』から『修辞学』へと転回せねばならなかったのである。ところがガダマーの方も、『解釈学』を標榜しながらも、解釈学そのものを変容させようとした。……ガダマーもまた、従来の解釈学にまつわりついていた観想的性格から脱して、『適用の解釈学』を打ち出そうとした。ガダマーにおいて、『理解』するということは、テクストの意味を現在の状況に『適用』するということである。それは、一つの『実践』である。しかも、この実践において、『共同性』の形成という点が強調されていた。理解とは、『共通の意味』を基盤にしながら、その『共通の意味』をさらに形成していくことである。そして、三木もまた、この点を見逃していない。『修辞学は、人と人との関係の上に立つものとして、根源的に社会的である』。私が語り、汝がそれを聴く。私の語る言葉は、私の外に出て、私と汝との『間』に落ちる。言葉は、『私と汝との間における出来事』である。それは、いわば共同性の具体化として、『社会の表現』である。ただし、『社会の表現』といっても、たんに一般的なものが特殊化されるということではない。私と汝とは、それぞれ『独立のもの』でありながら、言葉において出会う。そのような出会いにおいて、共同性が新たに形成されることになる」。

このように丸山高司は述べて、「表現と理解、語ることと聴くこととは、たがいに重なり合って、『表現的世界』を形成している」と指摘し、その「表現的世界は、精神哲学の手前にある世界であり、われわれによっていつもすでに生きられている世界、文字どおりの意味での『生活世界』である」と言う。「この表現的世界こそ、『共同性』が成立してくる場である。あるいは、その逆もまた真である。共同性は、表現的世界が成立するための不可欠の条件である。共同性は、表現的世界の条件であるとともに、表現的世界においてたえず新たに形成されていく。ガダマーと三木は、ともにこうしたことに目を向けている。共同性を基盤としつつ、共同性を新たに形成していく働き、それをガダマーは、『理解』の運動としてとらえようとした。また三木は、それを『表現』の運動としてとらえようとした。だが、その二つの道は、つまるところ同一の方向をめざしている」。

三木とガダマーの道は、「同一の方向をめざしている」のであろうか。答えは、否である。丸山高司は、荒川幾男が整理した、「解釈学」が属する有機体説における「発展」の動因は、「統一的全体の個々の部分の間の平衡を得た交互作用」であるのに対して、「修辞学」が属する弁証法における「発展」の動因は、「全体のうちに内在する矛盾」であり、解釈学の属する有機体説の「発展」が「平和的」であるのに対して、修辞学が属する弁証法のそれは「闘争的」である、という相違をあまりに軽視している。もちろん、丸山高司も、三木にとって「聴く者」が「語り得る者」であることによって、「(他の)語る者に対して否定の可能性を有する者」であることは承知している。しかし、その「否定」を簡単に「共同性」に解消してしまう。丸山高司は言う。[36]「『共同性』というものは、たんなる『共通性』ではない。共同性は、それぞれ個別的実存の『個体性』ないし『個性』を消去することによって成立するのではなく、むしろそれを糧として成立するのである。個性を糧とする共同性、共同性を形成していく個性、それが『表現的世界』の理念である」。

しかし、このような丸山高司の「表現的世界」の思想は、ガダマーの言う「地平融合」の考え方にどうしようもなく強く引き寄せられているために、「個体性」と「共同性」の関係についてあまりに「融合的」であり、「予定調和的」であるという意味で、むしろ三木がその「観想性」を批判し「実践」の立場から克服しようとした西田幾多郎の「表現的世界」を想起させるものである。そして、丸山高司が「私の語る言葉は、……私と汝との『間』に落ちる」という時、それは、和辻哲郎の私と汝の「間柄」の倫理学へと限りなく接近してしまう。しかし、田中久文が強調していたように、三木と丸山眞男は、そのような西田の「場所」の論理や「表現的世界」の哲学そして和辻の「間柄」の倫理学をこそ、「全体性」を重視する「有機体説」の「観想」の立場として克服対象として措定していたのではなかったのだろうか。さらに言えば、「表現的世界」を「生活世界」と捉える丸山高司の立場は、E・フッサールの『ヨーロッパ諸学の危機と超越論的現象学』における「生活世界」の復権の訴えと結びつくものである。上村忠男は言う。「エンゾ・パーチというイタリアの現象学者の『諸科学の機能と人間の意義』(一九六三年)という『危機』書註解のなかに、フッサールの『生活世界の学』の理念は『ほとんどヴィーコ的な意味においての』新しい学の理念であるという指摘があった」[37]と。これでは、「矛盾」「否定」「破壊」などの契機を重視する三木のレトリック論が、まさに「共通感覚（常識）」という文字どおりの「共通性」を重視する清水＝ヴィーコのレトリック＝トピカ擁護論と重なり合ってしまう。上村によれば、「この修辞学教授（＝ヴィーコ）の批判」は「クリティカ自体の単純にミソロジスティックな排撃を意図したものではもとよりないばかりか、近代派に対する古代派、〔デカルトの〕新しい科学に対する人文的教養の弁護論に尽きるものでもな」く、「科学と人文的教養という、ともに知識に属するもの相互の対立を超越したところ」で、「およそ知識一般が生活とのあいだで取り結ぶ関係そのものに認識批判的に注がれたもの」である。しかし、このように理解しても、上村忠男＝ヴィーコ＝フッサールの「生活世界」、あるいは丸山高司＝ヴィーコ＝ガダマーの「生活世界」に根源的な批判を組み入れない限り、清水＝ヴィーコ理論に見出されるような「レトリックのパラドックス」は、容易に克服できないのではないだろうか。日本の歴史において、ハンセン病患者への差別が、中世からごく最近に至るまで永く続いてしまったという現実に象徴されるように、「生活世界」自体が歪んでいる可能性をヨリ重視すべきではないだろうか。「生活世界」は「システム」によって植民地化されるのみでなく、「有利な立場の多数者」のもつ「自己本位」的な「共通感覚（常識）」によっても歪められてしまうのである。ところが、いわゆる「方法」に批判的なガダマー自身が、「方法としてのクリティカ」の哲学者＝デカルトの「敵」であるヴィーコの言う「共通感覚（常識）」を人文学的伝統の中で無条件的に高く評価している以上、三木清やハーバーマスによる歪んだ「表現的世界」＝「生活世界」そのものへの批判を受け入れないのは当然なのである。

したがって、われわれは、このような丸山高司の「表現的世界」＝「生活世界」重視の立場ではなく、「三木はディルタイのさしだした精神科学の論理、体験と表現と理解の論理を社会科学の論理にどうとりこむかを考えつづけると同時に、その過程の中で、ディルタイ的論理の過去傾斜的性格を未来展望的性格にどうつくりかえるかを考えつづけてきた」と指摘する久野収や波多野完治の立場を支持する。[38]

久野は、『三〇年代の思想家たち』に収められた論文「三木哲学におけるレトリックの論理」において、次のように述べている。「三木さんは、言論が急速に自由を失って、外側からの圧迫や禁止によって一方的方向に押しつけられていく過程のなかで、〝説得力〟（パーシュエーション）、強制力に対する説得力の重要性、われわれのロゴスの力、理論的能力の中で、さまざまな対象を認識する方向とならんで、他人の意見を自分が納得し、相手と相互に説得しあう方向のもつ重要性に、……痛切に気づかされたのだと思うのです。……三木さんは、『解釈学と修辞学』という論文の中で、自分が文化科学や歴史科学の論理として日本に紹介し、その意味を積極的に評価し、主張したディルタイ的解釈学の論理、コトバをかえれば体験と表現と理解の論理を、現在からする過去の文化や歴史の認識には役立っても、現在からする未来の歴史をつくり出す論理としては、落第である理由を証明しながら、解釈学的観想のロゴスに対して、未来を開く実践のロゴスの必要を指摘して、つぎのようにいいます。『レトリックを導き入れることによって現代の哲学に何等かの新しい道を拓くことが期待され得ないであろうか。……』。三木さんは、文化科学や歴史科学があつかう人間の表現的行為を理解の立場からではなく、制作の立場から見直す方法が可能であり、この方法が社会的ロゴスに適用されれば、レトリックの論理が出てくるのだといっています」。

具体例で考えてみよう。江戸時代、「士・農・工・商——」という身分秩序が貫徹していた封建社会における「生活世界」を生きた人々の「地平」と、その「地平」とは明らかに隔絶した孤高の思想家である安藤昌益の「士・農・工・商——」を問わず「人間はすべて平等である」という主張の「地平」は、「融合」可能なものだったのだろうか。『自然真営道』において「直耕」の必要性を唱えることで「人間はすべて平等である」と訴えた昌益の思想に見出される「表現」は、その封建的身分秩序が貫徹した時代の「表現的世界」において重要な位置を占めることができたのであろうか。丸山眞男は、昌益を「封建社会の敵対者」と見なしたものの、「個人」＝「主体」による「作為」の立場を否定した結果、「法世」を「自然の世」に変えることの必要性を説くものの、その変革のための「主体的契機」を欠くことになった昌益の思想を、あまり高く評価することはなかった。しかし、「コミュニ（タリアニ）ズム」を奉じる梅本克己・藤原保信・小林正弥等は、昌益の思想をヨリ高く評価する可能性がある。昌益の思想の評価は論者により様々であろうが、その「直耕」の主張が現代のわれわれに大きな刺激を与えることは疑問の余地がない。ともあれ、その昌益の主張の定位する「地平」は、「士・農・工・商――」という差別的身分秩序を自明視する大多数の人々の「共通感覚（常識）」＝「共同体感覚」が有する「地平」と、どのように「融合」することができるのであろうか。そして、両者の「地平」の「融合」により「共通の意味」を形成することによって、新たな「共同性」を作り出していくことができたのであろうか。『自然真営道』に見出される「表現」を、その時代の「表現的世界」に組み入れて、「地平」を拡大しつつ、その「表現的世界」を新たに形成していくことが可能だったのであろうか。確かに『自然真営道』というテクストを現代のわれわれは「理解」することができるし、ヨリ良い社会の実現を目指して政府の諸政策に「適用」することさえできるかもしれないが、江戸時代、「直耕」を唱えて「人間はすべて平等である」と主張した昌益＝「語る者」＝「聴き得る者」－昌益と同じ時代を生きた人々＝「聴く者」＝「語り得る者」という互いに人格を尊重し合う「独立の者」同士の関係を当時の「生活世界」＝「表現的世界」において成立させていくことができたのであろうか。残念ながら、ディルタイと同様、ガダマーの「ヘルメノイティク」も過去傾斜的性格をもつと考えるわれわれにとって、これらの問いの答えはすべて「ノー」とならざるをえないのである。

また、先に少し触れたハンセン病患者について考えてみよう。「らい予防法」がいまだ効力を有していた明治・大正・昭和時代、癩者を「天罰が当った業病患者」＝「（一等国であるべき日本の）国辱」と見なす「共通感覚（常識）」＝「共同体感覚」が貫徹していた時代における「生活世界」を生きた人々の「地平」と、その「地平」から明らかに疎外された癩者たちの、「壮健さん（健常者）」であるか「癩者」であるかを問わず「人間はすべて平等である」という主張の「地平」は、「融合」可能なものだったのだろうか。特に、第二次大戦後の「特効薬プロミン」で完全に治癒されるようになったハンセン病は伝染力の強い恐ろしい不治の病ではない」という医学上は「正しい」患者たちの訴えに見出される「表現」は、いまだ根強く癩（ハンセン病）への偏見が残る時代の「表現的世界」において適切な位置を占めることができたのであろうか。癩者（ハンセン病患者）の「人間はすべて平等である」という主張の定位する「地平」は、彼／彼女たちを「業病患者」＝「国辱」と見なすことを自明視する大多数の人々の「共通感覚（常識）」＝「共同体感覚」が有する「地平」と、どのように「融合」することができたのであろうか。両者の「地平」が「融合」することによって、「共通感覚（常識）」＝「共同体感覚」に基づく友愛倫理や同胞倫理を確立することができたのであろうか。江戸時代において、癩者（ハンセン病患者）は、「士・農・工・商――」という身分秩序の最底辺に位置づけられる「非人」と見なされていた。そのようなかつての「非人（人間でないもの）」と大多数の「人間」のそれぞれの「地平」の「融合」により「共通の意味」を形成することによって、本当に新たな「共同性」を作り出していくことができたのであろうか。癩者（ハンセン病患者）の「人間はすべて平等である」という主張に見出される「表現」を、その時代の「表現的世界」に組み入れて、「地平」を拡大しつつ、その「表現的世界」を新たに形成していくことが可能だったのであろうか。「業病患者」＝「国辱」と見なされていた彼／彼女たちの訴えを現代のわれわれは「理解」することができるし、ヨリ良い社会の実現を目指して医療・福祉の現場で「適用」することさえできるかもしれないが、江戸・明治・大正・昭和時代、「人間はすべて平等である」と主張した彼／彼女たち＝「語る者」＝「聴き得る者」‐彼／彼女たちと同じ時代を生きた人々＝「聴く者」＝「語り得る者」という互いに人格を尊重し合う「独立の者」同士の関係を当時の「生活世界」＝「表現的世界」において成立させていくことができたのであろうか。悲しいことに、これらの問いにも、すべて「ノー」と答えざるをえないのである。

ガダマーは、「地平」を「ある特定の視点から見通すことの出来る全てを包み含む視界」と定義するが、その「地平」は「近くのものにだけ閉じ込められ制限されることなくそれを超え出ることが出来る」と強調している。そして、他方、E・フッサールの「生活世界」と関連づけて、「この生活世界は地平現象として本質的に主観性に関係づけられている」とも指摘している。(39) すなわち、「地平」と「主観性」は互いに「超越論的相関関係」（フッサール）にあることになるから、「地平」が「（近くのものを）超え出ることが出来る」と言っても、あるいは「地平」は拡大することが出来ると言っても、その超出ないし拡大は「主観性」によって超越論的に制約されることになる。したがって、江戸時代の「士」や明治・大正・昭和時代の「壮健さん」のような「有利な立場の多数者」の「地平」も、当時の「生活世界」における孤高の思想家である安藤昌益の「地平」も、当時の「生活世界」において疎外された癩者（ハンセン病患者）の「地平」も、それぞれが「主観性」によって厳しく超越論的に限定されているのである。

かくして、「地平」は「主観性」によって超越論的に制約・限定されるゆえに、丸山高司＝ヴィーコ＝ガダマーの「表現的世界」＝「生活世界」が、「直耕」を重視した安藤昌益や「非人」とされた癩者（ハンセン病患者）の各々の「地平」から発せられた「トポスとしてのクリティカ」に基づく主張を、その時代の大多数の人間の有する「共通感覚（常識）」が反映する「地平」から拒絶することが明らかな以上、久野の主張するように、丸山高司＝ヴィーコ＝ガダマーの保守的な「過去傾斜的性格」は、「矛盾」「否定」「破壊」などの契機が重視される「弁証法」に属するレトリックによってどうしても克服しなければならないのである。丸山高司＝ヴィーコ＝ガダマーの「表現的世界」＝「生活世界」をいった ん破壊して、それを未来展望的性格をもつレトリックによって根本的に作り変える必要があるのである。ともに「有機体説」の「全体性」の立場を「敵」と見なす丸山眞男と初期の清水幾太郎が、「有機体説」に属するヘルメノイティクと「弁証法」に属するレトリックを対置する三木理論に強く惹かれたのも、「共通感覚（常識）」＝「共同体感覚」に過去傾斜的に「惑溺」して現状維持的な「観想」に陥ることのない、未来志向的な三木のレトリックが有する現状変革的な「制作」ないし「実践」の立場に共感したからであろう。それは、「未来の歴史をつくり出す論理」であるレトリックを熱く語る三木哲学に、天皇制を支える「全体性」や「共同性」の立場を斥けようとする両者が共感したことを雄弁に物語っている。

このように、三木は、丸山高司の言う「表現的世界」や「共同性の世界」を、「解釈学（ヘルメノイティク）」と同じ「有機体説」に属するものと見て、それを「修辞学（レトリック）」の属する「弁証法」の「矛盾」「否定」「破壊」という契機によって、トポスの「立体的な闘争的契機」（中井正一）が重視される未来志向的な「多事争論」の世界へと組み替えようとしたと考えられるのである。「多事争論」を行なう主体はあくまで「個人」であり、それは「社会通念」や「共通感覚（常識）」等という「共同性」に埋没することなく、「他者」という今ひとりの「個人」と、互いに異なるトポスのそれぞれの「立体的な闘争的契機」を駆使しつつ、対等な立場から真摯に議論し合う「世界」を構想していたと思われるのである。丸山高司の理解では、トポスはどうしても「平面的な場所」として把握されてしまい、「現在の生者」が「過去の死者」と「共通感覚（常識）」という通時的な統合要因で結びつけられることになり、レトリック＝トピカの論理も未来展望的性格よりも観想的な過去傾斜的性格を強く帯びることになってしまうのである。

したがって、丸山眞男と同様、三木による「弁証法」と「有機体説」を対置する図式を高く評価する久野収や波多野完治は、三木理論を基礎にして「〔ディルタイ的あるいはガダマー的なヘルメノイティクの論理は〕現在からする過去の文化や歴史の認識には役立っても、現在からする未来の歴史をつくり出す論理としては落第である」ゆえに「解釈学的観想のロゴスに対して、未来を開く実践のロゴス」であるレトリックのもつ重要性を強調し、「〔価値あるもの、すなわち〕認識者たる自己より高いものを下からみあげて認識する」ヘルメノイティクに対して「自分がいま価値あるものをつくり出していく技術である」レトリックのもつ意義を強調するのである。それはガダマーが高く評価するヴィーコの「共通感覚（常識）」を重視しつつ「パトスの共感的共同にささえられてきた」日本の共同体的伝統を打ち破り、人間関係の「両方交通」に基づく「平等なものの間でのレトリック」を樹立することの要請に連結する。したがって、三木の「弁証法」たる「レトリック」の哲学は、丸山高司の注目するガダマーの「ヘルメノイティク」における共同性を形成する「表現的世界」の立場と連続する側面においてではなく、久野収の注目するガダマーの「ヘルメノイティク」の過去傾斜的性格を帯びる現状維持的な立場と断絶する未来展望的性格を帯びる現状変革的な側面において、丸山眞男や初期清水幾太郎に大きな影響を与えたのである。

もっとも、後期清水ならば、過去を生きた死者の経験の「地平」と現在を生きる生者の経験の「地平」の通時的・

歴史的な「古層（執拗低音）」ないし「共通感覚（常識）」を媒介とする「融合」というガダマーのヘルメノイティクの「全体性」の立場に、共鳴すると思われる。この場合、生者であるわれわれは、死者の経験の影響作用史の運動の只中にあるゆえに、過去の「地平」から三木の言う意味での「独立のもの」であることはできない。たとえ、われわれが未来に向かって自己の存在可能性を企投する場合でも、「過去の真理要求」に服従せざるをえないゆえに、地平「融合」の意義を強調するガダマーのヘルメノイティクにも、不可避的に過去傾斜的性格がしっかりと刻印されているのである。ガダマーが高く評価したのが後期清水の重視するヴィーコの「共通感覚（常識）」であり、また、I・バーリンによればヴィーコの「真なるものは作られたものである」という命題はディルタイの「理解」の原型であったが、他方、後期丸山の「古層」発掘も、記された「ことば」を「理解」するというヘルメノイティクの方法に拠るものであった。しかし、後期丸山のみがその過去の「地平」に「融合」させられてしまうことの危険性を認識していたのである。三木のレトリックは、後期清水が期待し、後期丸山が危惧した「過去の真理要求」を拒絶し、例えば「つぎつぎなりゆくいきほひ」で象徴される天皇制からも「独立のもの」による未来の創造を志向したのである。

このように、これまで論じてきた「丸山眞男－清水幾太郎問題」は、ガダマーとハーバーマスの論争をも含めて現代世界の最先端の様々な問題構制ともしっかりと通底しているのである。それゆえ、中村雄二郎と藤原保信のように三木清＝丸山眞男↔G・ヴィーコ＝A・N・ホワイトヘッド＝西田幾多郎＝清水幾太郎という「パラダイム転換」に与するか、それとも田中久文のように西田幾多郎＝和辻哲郎↔三木清＝丸山眞男といういわば「逆パラダイム転換」に与するかに拘わらず、「丸山眞男－清水幾太郎問題」あるいは「丸山＝福沢－清水＝ヴィーコ問題」の有する重要な政治哲学的意義を丸山高司のように見逃がしてしまわないためには、われわれは「弁証法」と「有機体説」という図式をしっかりと胸に刻みつけておかなければならないのである。

二　「弁証法論理の媒介契機」としてのトポス

既に論じたように、三輪正は、中井正一の「トポスの概念が決して平面的な場所のみを示すのではなく、立体的な闘争的契機をももっている」という指摘に着目し、トポスが「その内に常に対立の契機」を孕んでいることに注意を促していた。つまり、「弁証の主題に適した論証を探し出す場所」＝「論点が隠れていると思われる場所」である「トポス」は、「弁証法における可能的共通論題の範囲」でもあるから、それは「弁証法論理の媒介契機」として、様々な論者の互いに相剋する言説を「〈多様性〉において存立させる場所」なのである。互いに「独立のもの」の対立・相剋する様々な言説が〈多様性〉において存立していなければ、説得「術」であるレトリックはまったく不必要となることは自明である。しかし、この自明の「理」がなかなか理解されないのである。このように、「トポス」のもつ「立体的な闘争的契機」を重視するなら、レトリックの弁証的推論は、G・ヴィーコの「共通感覚（常識）」を重視するTh・フィーヴェクや、そのフィーヴェクの著書『トピクと法律学』を高く評価する田中成明が考えるように「真実らしいもの」として「共同体」の多数の成員に受け入れられている「共通感覚（常識）」や「社会通念（エンドクサ）」から出発する推論、つまり「話し手が聞き手を説得する」という一方的なコミュニケーションとして捉えるべきではなく、むしろ相互に対立・闘争する様々な言説を〈多様性〉において存立させる推論、つまり「話し手が或る『トポス』に依拠して聞き手を説得する」のみでなく「聞き手が他の『トポス』に依拠して話し手に反論する」という双方向的なコミュニケーションとして捉えるべきなのである。

われわれの政治・社会・文化は、互いに対立する「トポス」に支えられた様々な言説によって構成されている。丸山＝福沢のレトリック＝スピーチ擁護論も、清水＝ヴィーコのレトリック＝トピカ擁護論も、その例外ではない。佐々木力は、「まず共同体の共通感覚（常識）を身につけ、自らが所有している認識関心の妥当性を共同体の必要に合わせて検討することが先決である」と主張していた。田中も、「共通感覚（常識）」を重視して社会的合意の拡大を目指すべきだと強調していた。しかし、それでは、「『不利な立場の少数者』の権利保障のためには、当該共同体の多数者が前反省的に受け入れている『共通感覚（常識）』をも疑うべきである」という「異端妄説」を主張する意見は、いわゆる「多事争論」のアリーナから排除されることになる。だからこそ、ヴィーコの「アルス・トピカ」のみで「包括性」という利点が保障されていると誤って考える佐々木力や田中成明の言説は、清水幾太郎の治安維持法肯定論と同様、「レトリックのパラドックス」の発生を回避できないのであった。ヴィーコの「アルス・トピカ」に拠る佐々木や田中の言説は「トポスとしてのトピカ」に支えられており、「共通感覚（常識）」の疑問化を要請する言説は、「トポスとしてのクリティカ」に支えられている。そして、これらの「トポス」が互いに「立体的に闘争」するからこそ、レトリックは真に「包括性」というメリットを有することができるのである。もっとも、このような抽象的な説明では、「トポスの立体的な闘争的契機」について、理解は困難だと思われる。それゆえ、具体例に即して、もう少し、分かり易く議論を進めていくことにする。

例えば、われわれの社会は、《蛙の子は蛙》という成句と《鳶が鷹を生む》という成句を有している。「蛙」や「鳶」や「鷹」を字義通りに解釈すれば、科学的・客観的に《蛙の子は蛙（である）》は明らかに「真理」であり、《鳶が鷹を生む》は疑問の余地なき「虚偽」である。しかし、「蛙」と「鳶」は「平凡なもの」、「鷹」は「非凡なもの」の比喩として用いられているのであり、《蛙の子は蛙》は「平凡な親の子はやはり平凡である（ことが通例である）」という命題の、《鳶が鷹を生む》は「平凡な親が非凡な子を生む（こともごく稀にある）」という命題の、それぞれレトリカルな表現である。そして、前者の命題は、Ch・ペレルマンの「量のトポス」に、後者の命題は、「質のトポス」に各々支えられている。(40)

ペレルマンによれば、「トポス」とは、「（議論を支え根拠づける）場所」つまり「（ヨリ価値があると推定されるものに関する議論領域のいかんに関わらない極めて一般的な）論拠」なのであるが、それは決して「平面的な場所」を意味するのではなく、「立体的な闘争的な契機」をも有している。つまり、「トポス」は科学的・客観的な「真理」と異なり、常にその内に「対立」の契機を孕んでいるのである。

ペレルマンが、現実に遂行されている議論に着目し、改めて理論的に整序したうえで提示したのは、「量のトポス」「質のトポス」「存在者のトポス」「本質のトポス」そして「人格のトポス」であるが、彼は、特にその中の「量のトポス」と「質のトポス」に他の様々な「トポス」はすべて究極的に還元可能であると指摘する[41]。

ペレルマンによれば、「量のトポス」は、あるものが他のものより「量」的な理由で優れているという時、例えば「多数の人に有益で・共通であり・持続（安定）しており・多様な状況で役立つものは、少数の人にのみ有益で・特殊であり・壊れやすく・特定の状況でしか役立たないものより好ましい」というような場合に用いられている。「多くの場合に現れるもの・共通のもの・習慣的なもの・正常（通例）なるもの」は最も普通に使用される「トポス」の題材であるがゆえに、「為されていることから為されるべきことへの、正常（通例）なるもの（le normal）から規範（la norme）への移行」は、一般に当然のことと見なされる。しかし、事例の頻繁さという「量」的側面を表わす「正常（通例）なるもの」から「頻繁なものは好ましく、それに順応すべきである」という「規範」への移行を支えるのは、この「量のトポス」だけである。「量のトポス」は、それなしでは結論が何の根拠をもたない議論の暗黙の大前提を構成するが、実質的内容をもつ規範倫理学上の命題を経験から基礎づけようとする論者にしばしば見出される、この「正常（通例）なるもの」から「規範＝当為」への移行が、清水が批判する「精神的貴族」のひとりであるG・E・ムアの言う憂うべき「自然主義的誤謬」つまり「〈〜である〉から〈〜すべきである〉を導き出す誤り」となることは、ペレルマンももちろん認めている。しかし、議論領域のいかんに関わらず、かかる移行が暗黙裡に認められているならば、それは議論の一つの有効な根拠として承認されるべきなのである[42]。だが、「量のトポス」は科学的・客観的な「真理」ではない。

なぜなら、「質のトポス」が、「量のトポス」に対して、つまり議論における「量」的な効力に対して異議が申し立てられる場合に用いられるからである。例えば、あるものを選択する根拠として、それが「唯一（独特）のもの・他をもって代替し難いもの」であることや、「再び巡り来ない機会」であること等を挙げる時、「質のトポス」が使用されている。「質のトポス」の使用は、「唯一（独特）なるもの」の価値の増大へと帰着するが、それは「量のトポス」に関する「正常（通例）なるもの」と同様、議論の一つの基軸となる。「唯一（独特）なるもの」の価値は、まさにそれが「量」的な観点から査定されえないものであるという事実によって増大するから、それは共通性・平凡さ・通俗性といった多数性の矮小化された形態に対立するものとして実現される。それゆえ、「共通なもの」や「平凡なもの」の「量」的多数性に対する「規範」としての「質」的価値が、「唯一（独特）なるもの」にしばしば付与されることになる。そして、この「規範」としての「唯一（独特）なるもの（を尊重せよという命題）」は、「正常（通例）なるもの」から「正常（通例）なるものには順応せよ」という「規範」への移行、特にその移行をあたかも自明の「真理」であるかのように錯覚しがちなわれわれの性向にストップをかけるのである。[43]「量のトポス」がその内に「質のトポス」という「対立＝闘争」の契機を有することが、二つの「規範」の相剋を帰結する。

したがって、《蛙の子は蛙》は「量のトポス」とりわけ「規範」としての「正常（通例）なるもの」に支えられているのに対し、《鳶が鷹を生む》は「質のトポス」とりわけ「規範」としての「唯一（独特）なるもの」に支えられている。前者は、「平凡な親の子はやはり平凡であることが『多い』」という意味であり、後者は「『ごく稀に』平凡な親が非凡な子を生むことがある」という意味であるが、この「多い」という「量」的多数性と「ごく稀に」という「質」的特殊性を強調するために、それぞれが科学的・客観的な「真理」と「虚偽」という値を有する自然科学上の命題であるかのように装って成句が形成されているのである。

それでは、すべての「トポス」が「量のトポス」と「質のトポス」に還元されるとは、どのような意味なのか。「秩序（順序）のトポス」とは、「先のものは後のものより、（第一）原因は結果より優っている」というものであり、「存在者のトポス」とは、「現実に存在するものは単に可能なものより優っている」というものである。また、「本質のトポス」は、「類の本質をヨリよく表わす個体が優っている」というものであり、「人格のトポス」は、「人格の尊厳および自律に関することの優越性」を言う場合に使用されるものである。「秩序のトポス」は、先のものが持続的・安定的・一般的なものと見なされる時に「量のトポス」に還元され、（第二）原因が至高の実在性を有する始源・範型と見なされる時に「質のトポス」に還元されるのであり、「存在者のトポス」は、存在者が持続的・安定的・習慣的なものと見なされる時に「量のトポス」に還元され、存在者が他のものでは代替不可能な独自のものと見なされる時に「質のトポス」に還元されるのである。例えば、「平凡な親をもつ平凡な子」も「平凡な親をもつ非凡な子」も、それぞれが現実の「存在者」である。しかし、前者に関わる《蛙の子は蛙》という成句は「存在者のトポスの量のトポスへの還元形態」に、他方、後者に関わる《鳶が鷹を生む》という成句は「存在者のトポスの質のトポスへの還元形態」に、各々支えられている。また、一般的に言って、「本質のトポス」と「人格のトポス」そして後述する「トポスとしてのクリティカ」は、「量のトポス」よりもむしろ「質のトポス」に還元される傾向を強く有する。(44)

《蛙の子は蛙》と《鳶が鷹を生む》は、「親」と「子供」という現実の「存在者」を前提とする以上、それらはともに「事実」に関わる成句である。つまり、「平凡な親」は「平凡な子を生む」こともあれば「非凡な子を生む」こともあるのであり、ここでは「平凡な親」は「平凡な子を生むべきである」あるいは「非凡な子を生むべきである」ということ「当為」が問題になっているわけではない。この場合、「正常（通例）なるもの」と「唯一（独特）なるもの」の相剋は、あくまで「事実」の地平で生じているにすぎないと言えよう。

しかし、《寄らば大樹のかげ》や《長いものには巻かれろ》そして《一寸の虫にも五分の魂》や《鶏口となるも牛後となる勿れ》はすべて、「人間はどう生きるべきか」という「当為」の地平に位置づけられる言明である。もちろん、《寄らば大樹のかげ》と《長いものには巻かれろ》は「小さくて弱いものは大きくて強いものに従うべきである」という当為命題を比喩的に示しており、逆に、《一寸の虫にも五分の魂》と《鶏口となるも牛後となる勿れ》は、「小さくて弱いものにも意地があるから、大きくて強いものも侮るべきではない」あるいは「小さくて弱いものも自律的に行動すべきであり、大きくて強いものに服従すべきではない」という当為命題を比喩的に示している。それに寄るべき「大樹」の「大」およびそれに巻かれるべき「長いもの」の「長」は、まさに「大きさ」と「長さ」という「量」的観点から見て優れていることを意味しているから、これらの成句の根底には「量のトポス」が存在している。他方、一尺の鳥ではなく「一寸の虫」の「寸」および牛後でなく鶏口の「鶏」は、逆に、「大きさ」や「長さ」という観点から見てともに劣っていることを強く印象づけることになる。しかし、「虫」が「（五分の）魂」をもつことや「鶏」の「（後ではなく）口」となることとの強調は、「（各人の人格の源泉である）魂」や「（各人の独自の思想や感情を語る）口」が「唯一（独特）なるもの」ないし「他をもって代替し難いもの」の典型であるゆえに、それらは、たとえ「量」的観点から見て劣っていても「質」的観点から見て優っている「生き方」を選択すべきであるという主張を含意している。これらの成句の根底には、当然ながら「質のトポス」が存在している。人間の「本質」を肉体ではなく「魂」や「自律的人格」に見るならば、《一寸の虫にも五分の魂》と《鶏口となるも牛後となる勿れ》は、「本質のトポス」と「人格のトポス」――それらも「質のトポス」に還元される傾向をもつ――に支えられていると考えられよう。

《蛙の子は蛙》と《寄らば大樹のかげ》はともに「量のトポス」に定礎されており、《鳶が鷹を生む》と《一寸の虫にも五分の魂》はともに「質のトポス」に裏打ちされている。しかし、《蛙の子は蛙》と《鳶が鷹を生む》が「～である」という事実の次元での「量のトポス」と「質のトポス」の対立のみを生じるのに対して、人間の「生き方」に関わる《寄らば大樹のかげ》と《一寸の虫にも五分の魂》は「～すべきである」という当為の次元での「量のトポス」と「質のトポス」の闘争をも齎すのである。「全体性」の思想が「量のトポス」に支えられ、「個人性」の思想が「質のトポス」に支えられ、両者が相剋するのも、もちろん、その闘争と相関する現象である。

《寄らば大樹のかげ》を支える「量のトポス」と《一寸の虫にも五分の魂》を支える「質のトポス」の闘争を承認することは、「正しい」生き方を強制することなく、様々な生き方を主体的に選択する異質な自律的人格との「共生」を実現するための前提条件である。

以上の分析を前提にし、丸山＝福沢のレトリック＝スピーチ擁護論と清水＝ヴィーコのレトリック＝トピカ擁護論の双方から、真理論や知識人論における幾つかの重要な命題を選んでそれについて分析を進めていくことにする。

まず、真理論をめぐる重要命題について。丸山＝福沢理論においては、それは「信の世界に偽詐多く、疑の世界に真理多し」という命題であり、清水＝ヴィーコ理論においては、それは「蓋然的なものは殆どつねに真理であり、極めて稀にのみ虚偽である」という命題である。丸山＝福沢の命題について言えば、「信の世界」とはまさに「共通感覚（常識）」を受け入れている共同体の「多数者」の信じる世界であり、「疑の世界」とは、「天動説を疑った」ガリレオや「重力の理に疑いを起した」ニュートンあるいは「ローマ宗教の妄誕を疑った」ルターのような「個人」の世界（ないしその「個人」を支持する共同体内の「少数者」の世界）である。丸山＝福沢によれば、「共通感覚（常識）」を無条件に受け入れている「量」的な「多数者」は「古習の惑溺」ないし「虚威への惑溺」に陥っているから「真理」を認識することができず、「共通感覚（常識）」を徹底的に疑いながら批判的に検討し、「古習の惑溺」ないし「虚威への惑溺」に陥ることから免れえた「質」的に特異な「個人」（ないしその「個人」を支持する共同体内の「少数者」）こそが「真理」を認識できるということになる。これは、明らかに「質のトポス」に支えられた命題である。

他方、清水＝ヴィーコの「蓋然的なものは殆どつねに真理であり、極めて稀にのみ虚偽である」という命題は、「共通感覚（常識）」を受け入れている共同体内の「多数者」が「そうであろうと思うこと」は殆どの場合に「真理」であり、ごく稀にしか「虚偽」にはならないということを意味している。すなわち、清水＝ヴィーコによれば、共同体内の「量」的「多数者」が「そうであろうと思うこと」は殆どつねに「真理」であるから、その「多数者」が受け入れている「共通感覚（常識）」を信じることが「真理」を認識するための前提になるわけである。このように、清水＝ヴィーコの命題は、当然ながら、「量のトポス」に支えられている。丸山＝福沢の「質のトポス」に支えられた「真理」に関する命題も、清水＝ヴィーコの「量のトポス」に支えられた「真理」に関する命題も、ともに「真理」の存在論的身分に関する命題であり、「人間（とりわけ知識人）はどう生きるべきか」という当為の次元に関わる命題ではない。しかし、「真理」を探究することが知識人の役割である以上、「真理」に関するそれぞれの存在命題は、「知識人」に関する互いに対立する当為命題としっかり結びつくことになる。

次に、知識人論をめぐる重要命題について。丸山＝福沢理論においては、それは「たとえ異端妄説であっても学者は勇気をもって自説を主張すべきである」という命題であり、清水＝ヴィーコ理論においては、それは「過去を現代の学問という見地から審く者は『学者たちの自惚れ』に陥っている」という命題である。真理論について確認しておいたように、丸山＝福沢にとって、「真理」を認識するためには、共同体の「量」的な「多数者」が受け入れている「共通感覚（常識）」であっても、それを敢えて「疑う」勇気をもった「質」的に特異な「個人」が存在することが必要であり、その「個人」が沈黙することなく、「共通感覚（常識）」に反するゆえに「多数者」の反発を招くことがあっても、その「質」的に特異な「異端妄説」を勇気をもって主張することが要請されるのである。丸山＝福沢の知識人論においては、「（真理を認識するためには）知識人は〜すべきである」という当為命題が示されており、その当為命題は明らかに「質のトポス」に支えられている。

他方、清水＝ヴィーコの「過去を現代の学問という見地から審く者は『学者たちの自惚れ』に陥っている」という命題は、歴史を見る場合は、過去の共同体に生きた「量」的な「多数者」が受け入れていた「共通感覚（常識）」を無条件的に尊重すべきであり、それを過去の時点では「質」的に特異な「異端妄説」であると判断されるような現代の学問に適合するものによって審くようなことを「個人」（ないしその「個人」を支持する共同体内の「少数者」）である知識人は行なうべきではないというものである。この清水＝ヴィーコの知識人論においても、「（歴史における真理を認識するためには）知識人は〜すべきではない」という当為命題がやはり示されており、その当為命題は疑問の余地なく共同体内の多数者が受容する「共通感覚（常識）」を支える「量のトポス」に依拠している。

このように、丸山＝福沢理論と清水＝ヴィーコ理論は、真理論においては「〜である」という事実の次元での「質のトポス」と「量のトポス」の対立のみを生じるのに対して、知識人論においては「知識人のあるべき姿」に関して

「〜すべきである（ない）」という当為の次元での「質のトポス」と「量のトポス」の闘争を齎しているのである。教育に関する命題として、丸山＝福沢は、「〈話し〉の〈道理〉への先行性」命題を主張し、清水＝ヴィーコは「〈トピカ〉の〈クリティカ〉への先行性」命題を主張していた。丸山＝福沢の重視する「話し」と言っても、その「話し」は「共通感覚（常識）」を受け入れている共同体内の「多数者」が「古習の惑溺」ないし「虚威への惑溺」に陥ることを回避するために、各「個人」が遂行すべき「多事争論」を実現することを目標として実践されるものであるから、それは「〈トポスとしてのクリティカ〉の〈トポスとしてのトピカ〉への先行性」命題を帰結することになる。他方、清水＝ヴィーコ理論においては、キケロの「術」としてのレトリックの現実的な「術」の契機を捨象しつつ、デカルトの「方法としてのクリティカ」を批判するために抽象的な「学」的水準へと議論の位相が変化してしまっているため、清水＝ヴィーコの擁護する「〈トピカ〉の〈クリティカ〉への先行性」命題とは、ヨリ正確に言えば、「〈方法としてのトピカ〉の〈方法としてのクリティカ〉への先行性」命題を意味していたのである。

清水＝ヴィーコの「〈方法としてのトピカ〉の〈方法としてのクリティカ〉への先行性」命題においては、その「方法としてのトピカ」の定義上、「トポスとしてのクリティカ」は「トポイ・カタログ」から排除されるゆえに、「方法としてのトピカ」は「包括性」というメリットを真に有することはなかった。そして、その、「共通感覚（常識）」を尊重せよと説く清水＝ヴィーコにより「トポス」としての資格を剝奪された「トポスとしてのクリティカ」こそ、丸山＝福沢理論で「トポスとしてのトピカ」に先行すべきだと主張された、「共通感覚（常識）」をこそ「個人」＝「知識人」は勇気をもって疑うべきだという主張の根拠となる「質のトポス」に支えられたものなのである。

ともに「量のトポス」に支えられた清水＝ヴィーコの真理論および知識人論をめぐる命題は、「特定の共同体に内属する多数者が受け入れている『共通感覚（常識）』を尊重・重視せよ」という「トポスとしてのトピカ」をその根底に宿している。他方、ともに「質のトポス」に支えられた丸山＝福沢の真理論および知識人論をめぐる命題は、「たとえ特定の共同体に内属する多数者が受け入れている『共通感覚（常識）』であっても、それが当該共同体における

『不利な立場の少数者』の人格・権利・自由を侵害したり差別・抑圧を助長したりする虞れがある場合は、それを徹底的かつ根本的に疑うべきである」という「トポスとしてのクリティカ」にしっかりと定礎されている。

丸山＝福沢のレトリック＝スピーチ擁護論をめぐるレトリックのパラドックスおよび清水＝ヴィーコのレトリック＝トピカ擁護論をめぐるレトリックのパラドックスの双方を「現代社会にとっての危機」として真剣に捉えるならば、清水＝ヴィーコの「〈トピカ〉の〈クリティカ〉への先行性」命題、ヨリ正確には「〈方法としてのトピカ〉の〈方法としてのクリティカ〉への先行性」命題の「正しさ」を安易に信じてはならない。むしろ、清水＝ヴィーコの「アルス・トピカ」で排除された「トポスとしてのクリティカ」をこそ重視し、それが「不利な立場の少数者」の自由擁護・人権尊重・差別解消を訴える「異端妄説」の重要かつ不可欠な根拠となることを見逃してはならない。そのような既存秩序に「疑い」を発する「個人」の「異端妄説」の先行性を承認するならば、確かに藤原保信が嫌悪する「倫理的アナーキー」の一歩手前とも言うべき社会・政治状況が出現するかもしれない。しかし、われわれはそれに耐えるべきであろう。仮に、「ハンセン病は恐ろしい業病である」というごく最近まで共同体内の多数者が受け入れていた「共通感覚（常識）」に基づいて患者の強制隔離が行なわれ、それによって多数者＝健常者にとって安心かつ安全な（?）社会・政治状況が当該共同体に実現していたとしても、それがハンセン病患者という「不利な立場の少数者」の自由剝奪・人権侵害・差別助長のうえに構築された安心かつ安全（?）な社会・政治秩序であったならば、そのような既存秩序を維持することに何の価値があろう。

したがって、「まず共同体の共通感覚（常識）を身につけ、自らが所有している認識関心の妥当性を共同体の必要性に照らし合わせて検討せよ」という佐々木力の見解や、「共通感覚（常識）を重視して理性的な社会的合意の拡大に訴えろ」という田中成明の〝当為〟の次元での見解は、「トポスとしてのクリティカ」の重要な役割を一顧だにしていない点で、完全な誤りである。

この田中の「トポスとしてのトピカ」重視の合意理論に対して、例えば井上達夫の「共生」理論は次のように反論する。[45] 日本国憲法は、「民主的立法が個人や少数者の基本的人権を侵害する可能性を承認し、それを制度的に抑制する手段」として「一切の法令や行政行為の違憲性を審査し、違憲の法令や処分の無効を宣告する機能を裁判所に付与する司法審査制」を採用したが、それは、憲法が、「国民の主権を、一切の法を超越する権力とはみなさず、多数決や合意形成等による民意の反映や人民の参加を正当化根拠とする民主的な集合的決定の論理を、人権保障の観点から主題的に限定していること、すなわち、リベラルな立場に立脚していること」を示している。しかし、「日本の裁判所を支配する司法消極主義(違憲判断回避傾向)が示すように、人権保障制度に見られる憲法のリベラルな機能は、現実には、これまで十分発揮されてきたとは言えない」が、それは「国家権力と社会の基底的合意である『共通感覚(常識)』や『社会通念』のもつ同調圧力と対抗する緊張感をもった人格的自立の観念や、構造的に差別・排除される民族的または宗教的少数者等への人権の配慮が、日本社会でいまだ根を下ろしていない」ことに起因する。

田中理論が所与の法秩序に既に前反省的に存在する健全な「共通感覚(常識)」を受容することの必要性を主張するのに対し、丸山＝福沢理論では、「人の顔がみなちがうように、考え方がちがうのが当り前」だから「それぞれの個性のちがいを出発点」とすべきであるというような豊饒な「他者感覚」[46]——それは「(参加)民主主義」ではなく、井上の与する「リベラリズム」に関わる——を特定の法秩序に新たに創出することの必要性が強調される。このように、パースペクティヴの複生を実現するであろう「他者感覚」の豊饒さを追求する丸山＝福沢理論および井上理論とパースペクティヴの収斂を可能にするであろう「共通感覚(常識)」の健全さを信頼する清水＝ヴィーコ理論および田中理論が、各々重視すべきを考える〝感覚〟をめぐって根本的に対立するのは、両者が、井上の言う「同質社会」——「関心・発想・感情・共感のパターンなどにおける人々の同質性が(実在しないのに)実在するかのようにみなされ、この擬制が、異質な人々や行動様式を現実に排除する力をもつことにより、社会統合が維持されているような社会」——における「共生」可能性と「合意」可能性の大きさの査定を著しく異にすることに起因している。それを、R・ダーレンドルフの「ライフ・チャンス」理論を参考に確認しておこう。[47] ダーレンドルフは、「ライフ・チャンス」を、

「(社会構造が付与する個人の行動の自律性の前提となる)選択可能性」=「オプション」と「(社会構造が付与する個人の行動の安定性の基盤となる)繋がり」=「リガーチャー」という二変数をもつ関数と捉えたが、「共生(コンヴィヴィアリティ)チャンス」と「合意(コンセンサス)チャンス」も同様の二変数をもつと考えることができる。

同質社会的統合により支配される日本という法秩序において、共生理論は「共生チャンス」の最大化の観点からオプションは「あまりに小さすぎる」し、リガーチャーは「あまりに大きすぎる」という否定的な診断を下すのに対して、合意理論は「合意チャンス」の最大化の観点からオプションは「十分な大きさである」し、リガーチャーは「適切な大きさである」という肯定的な診断を下すことになる。つまり、「他者感覚」を重視して「トポスとしてのクリティカ」に依拠する共生理論がいまだ存在しないパースペクティヴの多様化を目指し、相互啓発に定位するレトリック実践による「関係の豊かさ」を齎す共生を実現させなければならないという「課題性」を担うゆえに、現状否定=現状変革的であるのに対し、「共通感覚(常識)」を尊重して「トポスとしてのトピカ」に基づく合意理論は既に「トポイ・カタログ」の中に存在している多様なパースペクティヴ(清水=ヴィーコの言う「包括性」である)を信頼し、相互了解に定位するレトリック実践による理性的な合意形成をしっかりと実現させているという「所与性」を帯びるゆえに、現状肯定=現状維持的である。両理論は、このように「パースペクティヴの多様性(化)」について著しく異なる評価を下しているが、「課題性」-「所与性」という対概念が、三木清による「弁証法(的発展)」と「有機体(的発展)」をそれぞれ特徴づけるものであったことをここで確認しておこう。

「トポスとしてのクリティカ」に依拠する共生理論が主として問題にするのは、同質社会的統合が支配する既存の法秩序から疎外され、構造的に正義に反する状態に置かれている民族的または宗教的少数者である。多数者とは「異質な生の諸形式」を主体的に追求する民族的または宗教的少数者は、「同質社会」において(多数決や合意形成を重視する)集合的決定方式である「民主主義」ではなく、豊饒な「他者感覚」の尊重という観点から集合的決定の主題や内容を限定づける「リベラリズム」によって、その権利主張が尊重され、その基本的人権が保障されるべき少数者である。他方、合意理論がもっぱら問題とするのは、たまたまプライバシーを侵害されたり、環境汚染を原因とする公害（病）に苦しめられている少数者である。多数者とは「異質な生の諸形式」を特に主体的に追求しているわけではなく、その内属する既存の法秩序が同質社会的統合により支配されている事実とは原則として無関係に、プライバシー侵害や公害（病）に苦しむ少数者は、「異質な生の諸形式」を尊重する「リベラリズム」ではなく、健全な「共通感覚（常識）」を受容する人々の裁判への参加により理性的な合意形成が目指される広義の「（参加）民主主義」によって、その権利主張が正当化され、その苦痛から解放されるべき少数者である。その少数者には、例えば異性問題や汚職・脱税疑惑等のスキャンダルを写真週刊誌により執拗に追及されている大物政治家すらも含まれることになる。[48]

それゆえ、「トポスとしてのクリティカ」に依拠する共生理論が着目する「不利な立場の少数者」に関しては、民族的少数者への差別や宗教的少数者への抑圧から眼を逸らして同質社会的統合の居心地の良さを享受する「（お互い同士だれもが似ているけれども、かかる少数者とは明らかに似ていない）有利な立場の多数者」は、原則的に潜在的少数者性をもたないが、「トポスとしてのトピカ」に基づく合意理論が重視する「不利な立場の少数者」に関しては、自らもプライバシー侵害や公害による精神的・肉体的苦痛を被る可能性を有する「（お互い同士だれもが似ているのみならず、かかる少数者とも多少は似ている）有利な立場の多数者」は、基本的に潜在的少数者性をもつ。[49]

公害被害者に関して「有利な立場の多数者」が潜在的少数者性を有するということは、環境問題に着目しつつ丸山理論からの「パラダイム転換」の必要性を強調する藤原保信が重視した同胞倫理や友愛倫理が、「共通感覚（常識）」を基礎として確立されつつある「環境権」に結実されうることを意味している。実際、松下圭一は、「市民自由の確立」――そこに「プライバシーの権利」が含まれることになろう――と「市民福祉の充実」――それは「基本所得の保障＝労働権」と「シビル・ミニマムの保障＝生活権」から成る「社会権」として捉えられる――を市民の政治課題と考えて、「社会保障＝生存権」「社会資本＝共用権」とともに「シビル・ミニマムの保障」を構成すべきものとして「社会保健＝環境権」を挙げ、これらの課題を実現すべき市民自治による政治システムの起動力を、「市民参加」に求めているのである。すなわち、松下は、「環境権」が「市民→弁護士→法理論という理論形成の新しい循環構造」によって生成したことを重視するが[50]、それは「トポスとしてのトピカ」に依拠する田中が、「共通感覚（常識）」を重視して理性的な社会的合意の拡大に訴えることで「環境権」が確立されたという図式を提示していることと正確に対応している。このように、「共通感覚（常識）」の明るい《光》の側面に注目する藤原や田中にとって、潜在的少数者性をもつ多数者と少数者が同胞倫理や友愛倫理により結びつくことで高く評価される現実が生じる事例も、もちろん存在する。

しかし、既述のように、「共通感覚（常識）」には恐ろしい《闇》の側面もまた、存在するのである。それは、「有利な立場の多数者」がまったく潜在的少数者性を有しない「不利な立場の少数者」に関して、出現する。同質社会的統合により支配される法秩序において、「共通感覚（常識）」は、「自己本位」性を有するから、「有利な立場の多数者」が潜在的少数者性を有しない「不利な立場の少数者」に対して、その存在自体を不可視化し、その「トポスとしてのクリティカ」に基づく異議申し立てが「多事争論」のアリーナに登場することを阻止するという隠蔽機能を果たすことになる。とりわけ、藤原保信・佐々木力・田中成明はすべて、ヴィーコの「〈トピカ〉の〈クリティカ〉への先行性」命題、ヨリ正確には「〈方法としてのトピカ〉の〈方法としてのクリティカ〉への先行性」命題において示される「アルス・トピカ」は「包括性」というメリットを有するという誤った理論を「正しい」ものと考えているため、「有利な立場の多数者」が潜在的少数者性をもたない「不利な立場の少数者」の「トポスとしてのクリティカ」に依拠する異議申し立てのレトリック実践が同質的社会的統合を前反省的に支えている「共通感覚（常識）」によって不当に失効させられるという重要な問題に眼を向けることができない。ヴィーコの「アルス・トピカ」を無条件に礼讃する藤原・佐々木・田中にとって、「トポス」は、「弁証法論理の媒介契機」として理解されることは決してないゆえに、それはあくまで「平面的な場所」としてのみ理解され、その「立体的な闘争的契機」が発揮されることの重要性が認識されることもまったくありえない。これでは、清水＝ヴィーコのレトリック＝トピカ擁護論をめぐるレトリックのパラドックスを回避するのは不可能である。田中が眼を向けようとしない、日本国憲法下で「北海道旧土人保護法」や「らい予防法」が長期間にわたり存在し続けたという事実に象徴されるように、「有利な立場の多数者」が潜在的少数者性を有しない「不利な立場の少数者」の人格・権利・自由・平等・差別等が問題となる領域においては、清水＝ヴィーコの言う「蓋然的なものは殆どつねに真理であり、極めて稀にのみ虚偽である」という命題は斥けなければならないゆえに、田中の重視する「合意」チャンスを極小化するという犠牲を払っても、まず互いに立体的に闘争するトポスに支えられた複数の言説を〈多様性〉において存立させることによって井上の言う「共生」チャンスを極大化させなければならないのである。それは、丸山眞男が繰り返し強調した「他者感覚」の涵養の方が、清水＝ヴィーコ（そして田中）が強調する「共通感覚（常識）」の訓練よりも優先すべきことと正確に対応している。木村敏が指摘したように、「共通感覚（常識）」は「自己本位」的性格をもつが、「他者感覚」は、そのような「レトリックのパラドックス」が発生する原因となる「自己本位」的性格の克服をこそ目指すものだからである。

したがって、われわれには、清水＝ヴィーコの「〈トピカ〉の〈クリティカ〉への先行性」命題、ヨリ正確には抽象的な「学」的水準における「〈方法としてのトピカ〉の〈方法としてのクリティカ〉への先行性」命題を、現実的で実践的な「術」的水準での「〈トポスとしてのクリティカ〉の〈トポスとしてのトピカ〉への先行性」命題に組み替えなければならないのである。つまり、「たとえ特定の法秩序に内属する多数者が受け入れている『共通感覚（常識）』や『社会通念』であっても、それが当該法秩序における『不利な立場の少数者』の人格・権利・自由を侵害したり差別・抑圧を助長したりする虞れがある場合は、それを徹底的かつ根本的に疑うべきである」という「トポスとしてのクリティカ」を、「特定の法秩序に内属する多数者が受け入れている『共通感覚（常識）』や『社会通念』を重視して理性的な社会的合意の拡大を目指すべきである」という「トポスとしてのトピカ」にしっかりと先行させなければならない。そのように先行させることによってのみ、同質社会的統合の居心地の良さを享受する「有利な立場の多数者」が前反省的に受容している「共通感覚（常識）」によって隠蔽されている「不利な立場の少数者」の異議申し立てを行なうレトリック実践を顕在化させ、「弁証法論理の媒介契機」＝「立体的な闘争的契機」としてのトポスの〈多様な言説〉存立機能の活性化を実現することで、「トポスとしてのクリティカ」に基づく意見を「多事争論」のアリーナに登場させることができるのである。すなわち、われわれは、隠されていた「有利な立場の多数者」と「不利な立場の少数者」の緊張・対立を白日の下に晒し、「共通感覚（常識）」の「自己本位」的性格を念頭に置きながら、「不利な立場の少数者」が一方的に負わされていた社会的不利益や精神的苦痛をなくすように努めなければならないのである。「トポスとしてのクリティカ」に基づく「不利な立場の少数者」の自由擁護・人権尊重・差別解消を訴える「異端妄説」によって、既存の法秩序における「有利な立場の多数者」が享受する前反省的な「共通感覚（常識）」によって実現されていた居心地の良さにしっかりと揺さぶりをかけ、（「倫理的アナーキー」が出現する一歩手前となるかもしれない）「多事争論」を実現することによってのみ、共同体に内属する多数者とその共同体から疎外されていた（民族的・宗教的・思想的）少数者および病者・障害者が「共生」できる「公正」な社会が生まれることになろう。したがって、同質社会的統合によって維持されている既存の法秩序においては、特に「不利な立場の少数者」については「信の世界に偽詐多く、疑の世界に真理多し」という命題が妥当する場合が殆どであると考えるべきである。必要とされるのは、組み替えた「〈トポスとしてのクリティカ〉の〈トポスとしてのトピカ〉への先行性」命題にしたがい、「共通感覚（常識）」すらも「疑う」勇気である。それゆえ、丸山＝福沢の言う「たとえ異端妄説であっても学者は勇気をもって自説を主張すべきである」という当為命題こそが、「共生」の実現のために支持されなければならないのである。そして、そのような真剣な「疑い」のプロセスで何の問題もないことが明らかになって初めて、それに続くべき藤原・佐々木・田中が重視する「同胞倫理」の実現が理性的な社会的合意の拡大で目指される「トポスとしてのトピカ」の段階へ移行することができるのである。

「レトリックのパラドックス」を含む「社会的パラドックス」は、既述のように、ラッセルやタルスキが示した方法ではまったく〝解決〟ないし〝解消〟できないゆえに、われわれは、市井三郎が提示する、「各人の責任を問われる必要のないことから受ける苦痛は、除去されるべきである」という倫理的価値規範を受け入れる。市井によれば、「社会的身分のちがいや信条・皮膚の色のちがいから、異なる集団とみなされる側への憎悪は、執拗に絶えない」が、「〔右記の〕価値理念は、すべてこの種の、内奥における差別をより根本的に排除することを目指して」いる。「どのような人種・民族・階層の一員として生まれるかは、各人の責任を問われる必要のない事柄であ」り、また、「幼少時に、どのような文化パターンの鋳型にはめこまれるか——特定の言語で思考し、特定の社会感情を身につけ、多くの場合、特定の宗教に結びつくようにさえさせられること——は、これまた各人の責任を問う必要のない事柄なの」である。(51)この市井のネガティヴ・アプローチは、例えばJ・ロールズ『正義論』におけるポジティヴな構想やR・ノージック『アナーキー・国家・ユートピア』におけるやはりポジティヴな構想と比較して、一見地味なものに映るが、実現可能性の高い優れたものである。最近まで「北海道旧土人保護法」により法的に差別されてきたアイヌ民族や、現在もなお保守系政治家によって「土人」と呼んでも差別ではないと言われている沖縄の人々、そして「政教分離原則」の厳格な適用を拒絶される宗教的少数者や「らい予防法」で苦しめられ続けたハンセン病患者等との「共生」を実現するためには、これらの「不利な立場の少数者」が一方的に負わされていた「各人の責任を問われる必要のない苦痛」を除去しなければならないのは言うまでもない。しかし、同質社会的統合で支配されている法秩序は、この「各人の責任を問われる必要のない苦痛」をしばしば「共通感覚（常識）」のヴェールに隠して、不可視化してしまう。だからこそ、「不利な立場の少数者」が「トポスとしてのクリティカ」に依拠して提示する「各人の責任を問われる必要のない苦痛を（われわれから）除去せよ」という意見を、「共通感覚（常識）」のヴェールを破り去って、まず「多事争論」のアリーナへ登場させなければならないのである。その時、「トポスとしてのクリティカ」と「トポスとしてのトピカ」がそれぞれの「立体的な闘争的契機」を発揮させて、「弁証法論理の媒介契機」として民族的少数者や宗教的少数者そしてハンセン病患者等を含む「不利な立場の少数者」等の様々な論者の言説を「〈多様性〉において存立」させるのである。「〈トポスとしてのクリティカ〉の〈トポスとしてのトピカ〉への先行性」命題の受容によって、「多事争論」のアリーナにあらゆるトポスに支えられた多様な言説が登場することとなり、それによって「トポイ・カタログ」はようやく完全なものとなる。したがって、この時に初めて、「トポイ・カタログ」は真に「包括性」という特徴・利点をもつことになるのである。このように、「トポスとしてのクリティカ」を付加して完成された「トポイ・カタログ」が「包括性」という特徴・利点をようやくもつことになるゆえに、丸山＝福沢のレトリック＝スピーチ擁護論をめぐるレトリックのパラドックスも、清水＝ヴィーコのレトリック＝トピカ擁護論をめぐるレトリックのパラドックスも、ついに〝解決〟ないし〝解消〟されることになるのである。

しかし、現在は、大変な危機の時代である。憲法改正論議の影響で、第九条改正を目指す政治権力が、例えば放送法における「中立」ないし「公平」の要請を根拠に、憲法問題に関する様々な偏った「異端妄説」(と政治権力が考えるもの)を「多事争論」のアリーナから排除しようとしている。そのため、ジャーナリストたちは、「異端妄説」を主張することに脅えてしまっている。このような「萎縮効果(chilling effect)」は、ジャーナリズムだけでなく、アカデミズムの世界にも拡がりを見せ始めている。護憲派の研究会が学問的に「中立」かつ「公平」なものでないとして、政治権力を恐れた大学当局によって、開催を禁じられる事態が続発している。また、他方、憲法第九条の国民投票を主張する今井一の著作が多くの(護憲派?)出版社から刊行を拒否されたり、安倍政権の強引で前のめりな改憲姿勢を厳しく戒めながら護憲派の憲法学者に対してヨリ冷静に法的議論を展開することを求めた元最高裁判事の藤田宙靖の論文が(護憲派?)法律雑誌に掲載を拒否されるという深刻な事態も生じている。これはまさに、丸山＝福沢のレトリック＝スピーチ擁護論をめぐるレトリックのパラドックスを分析する際に確認しておいた、『多事争論』の敵」をその「多事争論」のアリーナから排除してしまおうとする憂うべき事態である。改憲を進めようとする政治権力からすれば、護憲派の長谷部恭男や杉田敦の言説はできれば「多事争論」のアリーナからその影響力を排除したいのであろうし、逆に、護憲派の出版社からすれば、第九条国民投票論を提起する今井一や第九条削除論を唱える井上達夫の言説が出版という形で「多事争論」のアリーナにそもそも登場すること自体を回避したいのであろう。政治権力からすれば、長谷部や杉田の言説は北朝鮮によるミサイル威嚇や中国による海洋進出という現実を直視しない悪しき「異端妄説」の典型であり、護憲派出版社からすれば、今井や井上の言説こそが（護憲－改憲の図式に横からチョッカイを入れることにより「敵」－「味方」関係に混乱を惹き起こして結果的に改憲を進めようとする政治権力にエールを送ることになる）悪しき「異端妄説」の典型なのである。しかし、このように、既存の憲法秩序を「疑う」言説を、悪しき「異端妄説」＝「ほととぎすの卵」と見て、「多事争論」のアリーナから放逐する時、リベラリズムはもちろん、民主主義もまた、静かに自己《破壊》していくのである。

その意味で、安倍晋三や高市早苗などの政治権力者や、岩波書店や朝日新聞などの護憲派ジャーナリズムは、憲法第九条の是非に関する立場の相違を超えて、まさに今こそ、丸山＝福沢の言う「たとえ異端妄説であっても学者は勇気をもって自説を主張すべきである」という命題を尊重し、「『多事争論』の敵」＝「ほととぎすの卵」への恐怖から、「レトリックのパラドックス」によって民主主義が自己《破壊》していくことを防がなければならないのである。井上は、最高学府で教育を受けた護憲派憲法学者たちが、家庭が貧困であったがゆえに大学進学を断念して自衛隊を志願した若者たちを見下しながら、いわば「認知を拒み続けている父親（護憲派憲法学者）が、認知を拒まれ続けている私生児（自衛隊員）に、命をかけて自分を守れ」というような不条理なことを要求するならば、それは人間として許すことができない「欺瞞」であると主張している。[52] われわれは、井上の立場に全面的には与するわけではない。しかし、井上の言説もまた、自衛隊員という「不利な立場の少数者」の異議申し立てを行なおうとする「トポスとしてのクリティカ」に支えられたレトリック実践である。井上の言説が「多事争論」の正当かつ重要な構成要素であることは言うまでもない。その言説は、長谷部や杉田からすれば、確かに悪しき「異端妄説」であろう。しかし、既存の憲法秩序の「正統性」を疑う井上の言説にも、護憲派憲法学者を含む「有利な立場の多数者」が例えば地震などの災害時に自衛隊員の救助によって生命を助けられている現実がある以上、われわれがそれに真剣に耳を傾ける必要があることは言うまでもない。井上は、丸山＝福沢の「たとえ異端妄説であっても学者は勇気をもって自説を主張すべきである」という「あるべき知識人」に関わる当為命題を忠実に実践しているのである。したがって、その井上の言説にも当然、「〈トポスとしてのクリティカ〉の〈トポスとしてのトピカ〉への先行性」命題が適用されなければならないのである。したがって、政治権力の嫌う長谷部や杉田の言説はもちろん、今井や井上の言説をも「多事争論」のアリーナへと堂々と招き入れることによってのみ、「『多事争論』の敵」と目した言説を排除して「多事争論」を護ろうとしながら、結局それらの言説が「多事争論」の構成要素ではないとして放逐し、「多事争論」を内部から侵蝕させることで痩せ細った病的な（その名に値しない）「多事争論」にしてしまうという、「レトリックのパラドックス」の出現を妨げることができるのである。

例えば、護憲派憲法学者である愛敬浩二は、井上の問題提起が単なる「倫理的」なものであるとして、簡単に斥けている[53]。しかし、井上の言うように仮に自衛隊員が実際に経済的に「不利な立場の少数者」であるならば、そのような「不利な立場の少数者」をめぐる問題は、市井が示唆していたように「倫理的」なものであると同時に「政治的」なものとなる。その意味で、愛敬はヨリ真剣に、井上理論を検討しなければならないだろう。井上から直接聞いたところによれば、井上が企画した憲法第九条に関するシンポジウムも、護憲派憲法学者が参加を拒絶したために開催できなかったという。今や、憲法第九条「戦争放棄・平和主義」条項のみでなく、憲法第二一条「表現の自由」条項もまた、大変な危機に直面していると言わねばならない。丸山＝福沢の言う「多事争論」のアリーナの存続も風前の灯なのである。もちろん、われわれは、今井の憲法第九条国民投票論や、井上の憲法第九条削除＝民主過程討議移行論は、イギリスのEU離脱決定やアメリカのD・トランプ大統領選出と同様、国民の間に癒やし難い傷を残す分断を帰結すると考えるゆえに、政策的に賢明なものとして支持するわけではない。しかし、この判断は、今井理論や井上理論が、言葉の最も肯定的な意味における「異端妄説」として尊重されるべきものであることを妨げるものではない。井上の戦後民主主義や日本国憲法への「疑い」は、自衛隊員という「不利な立場の少数者」の異議申し立ての言説を「多事争論」のアリーナへ招き入れるためのものであることを、愛敬のように見逃してはならない。

現在、治安維持法の現代版とも言うべき（改正）組織的犯罪処罰法の「共謀罪」ないし「テロ等準備罪」規定の是非について国会で論議が闘わされている。それは、テロ（による死）の恐怖という「共通感覚（常識）」を「錦の御旗」とする政治権力が、個人の内面に立ち入って監視しながら、「真綿で首を絞める」ようにその個人の思想・良心・言論の自由等を侵害・抑圧することを正当化する法律である。

ここで奥平康弘の言葉をその著書『治安維持法小史』の末尾近くから引用したい(54)。「戦後日本が、治安維持法体制に対し存外に寛大であったという印象を与える出来事の一つは、戦前一貫して思想係検事のリーダーたる役割を果たしてきた池田克の、最高裁判所裁判官への就任であった。……かれは、敗戦後（大審院次長検事）公職追放にあったのち、一九五四年一〇月、霜山精一の停年退官のあとを継いで最高裁判事に任命されたのであった。……正木亮（広島および名古屋の控訴院検事長）は公職追放と同時に弁護士に転身した。一九五一年追放取消しののちは、公安審査委員会委員（のち委員長）に任ぜられているのが、注目される。これは戦後の治安立法たる破壊活動防止法の執行にあたる機関であるが、正木はこうして戦前と戦後の二度にわたり治安法制にかかわったのである。……〔正木は〕六五年に勲一等瑞宝章を授けられた」。

清水は、「戦後日本が、治安維持法体制に対し存外に寛大であった」という奥平の言葉を、治安維持法が大多数の日本人の「共通感覚（常識）」が受容する「人間的自然」に合致した法律であることの証明として利用したように思われる。その清水の『戦後を疑う』に中曽根康弘の「戦後政治の総決算」が続き、それにさらに安倍晋三の「戦後レジームからの脱却」が続くのである。その安倍によって、「共謀罪」ないし「テロ等準備罪」の必要性が高声に唱えられている。今こそわれわれは、清水が治安維持法肯定論を展開した『戦後を疑う』に見出される「治安維持法の逆説」のもつ意味を、平和主義者や自由主義者という当時の「不利な立場の少数者」への弾圧が「人間的自然」に合致したものとして正当化されかねないという観点から、真剣に考えなければならないのである。丸山＝福沢理論では、「疑い」は「多事争論」のアリーナを開くものとして尊重されていた。しかし、清水の「疑い」は、「多事争論」のアリーナが治安維持法により権力的に閉ざされたことを正当化するための「疑い」である。これは「逆説」そのものである。「異端妄説」を尊重するゆえに、われわれは、清水の『戦後を疑う』をいわゆる「ほととぎすの卵」として「特定」することは留保する。しかし、清水によってその著書『治安維持法小史』の内容を恣意的に引用された奥平は、丸山と同じように、清水に「反撃」する。その「反撃」を試みた奥平の論文の初出時のタイトルは「『戦後を疑う』を疑う」である。このタイトルに二回登場している「疑い」のうち後者のものが、丸山＝福沢理論で重視される「疑い」と合致するものであることは言うまでもない。

民主主義社会の安全を護るために必要なものだとして大多数の人々（特に「庶民」）の「共通感覚（常識）」によって受容されると言われる、この（改正）組織的犯罪処罰法の「共謀罪」ないし「テロ等準備罪」条項の及ぼす萎縮効果によって、丸山＝福沢のレトリック＝スピーチ擁護論をめぐるレトリックのパラドックスと清水＝ヴィーコのレトリック＝トピカ擁護論をめぐるレトリックのパラドックスが同時に発生しかねないことを、忘れてはならない。「闘う民主主義」の観点からすれば、「共謀罪」ないし「テロ等準備罪」に「存外に寛大」であるように見えるわれわれは「ほととぎすの卵」を孵化する前に「卵」のうちに潰してしまおうとすることを許すかもしれないが、それが本当に「ほととぎすの卵」であると、清水＝ヴィーコが実践理性の規準であると強調する「共通感覚（常識）」によって正しく「特定」化できるのかが、今まさに問われているのである。「すずめの卵」も「めじろの卵」も「かけすの卵」も……と誤って潰し続けていけば、地球上からすべての小鳥が消滅することになる。「鳥なき里」――そこでは政治権力に媚び諂うだけの蝙蝠が我が物顔に飛び回ることになろう。そうなれば、護るべきわれわれの民主主義社会は、テロのような外部からの攻撃によって破壊されるのではなく、「多事争論」のアリーナが存立できなくなって、社会の内部から自己《破壊》するのである。

井上達夫も、既述のように、戦後民主主義や日本国憲法を「疑う」議論を展開していた。一見、井上の「疑い」は、清水のそれと同一であるような印象を与える。経済格差が拡大しつつある日本社会で、例えば丸山のようにクラシック音楽を愛好する余裕のある「精神的貴族」である護憲派憲法学者が、貧困な「庶民」階層出身者の多い自衛隊員を、平和という理想の高みから、北朝鮮のミサイル発射や中国の尖閣への進出等の現実に直面しつつ彼／彼女らが携わっている防衛活動を見下すことは、倫理的に許されないだけでなく、「国民の平等」を規定する憲法第一四条の精神にも反すると、後期清水のみでなく、井上達夫も考えるのであろう。しかし、確認しておいたように、清水の「疑い」が「多事争論」のアリーナが治安維持法によって閉ざされたことを正当化するための「疑い」であるのに対して、井上の「疑い」は奥平の「疑い」と同様、所与の共同体における「不利な立場の少数者」の異議申し立ての言説を「多事争論」のアリーナに招き入れるための「疑い」である。「共通感覚(常識)」を重視する清水の「疑い」は「個の全体への帰一」を要求する「全体性」の立場からする「疑い」であるのに対し、リベラリズムに与する井上の「疑い」は、あくまで「共生」=「関係の豊かさ」の実現が目指される自衛隊員を含むすべての人間の尊重されるべき「個別性」の立場を堅持するための「疑い」である。憲法第九条堅持の立場にたつ奥平にとっての「不利な立場の少数者」は、(治安維持法下でその存在を権力的に抑圧された三木清を含む)平和思想家等であり、憲法第九条削除論を唱える井上にとっての「不利な立場の少数者」は(日本国憲法下でその存在を正当に認知されることのない)自衛隊員である。確かに、この相違は小さくないかもしれない。しかし、「自己本位」な「共通感覚(常識)」=「共同体感覚」を戴いて「不利な立場の少数者」への弾圧を正当化しようとする清水と異なり、奥平と井上はともに「リベラリズム」の立場から思想的ないし経済的な「不利な立場の少数者」のために「多事争論」のアリーナを開放し続けなければならないと強調しているのである。「多事争論」によって齎される(かもしれない)「マインドの騒動」(福沢)の不快さや苦しさに耐えること――それは、われわれに課せられた責務でもある。丸山眞男と清水幾太郎のそれぞれの思想に決定的な影響を与えたレトリック思想家=三木清の治安維持法による獄死を、「治安維持法体制に存外に寛大であった」われわれが、戦後民主主義や日本国憲法の価値を安易に否定しようとする中曽根流「総決算」や安倍流「脱却」のそもそもの起点に位置する清水の『戦後を疑う』の逆説的な「疑い」の論理によって無駄死としてしまうことは断じてあってはならないのである。「有機体説」という「全体性」の立場を斥けて、あくまで「弁証法」としてのレトリックの意義を強調した三木の遺志を継ぐためにも、「〈トポスとしてのクリティカ〉の〈トポスとしてのトピカ〉への先行性」命題は、しっかりと維持しなければならない。

われわれはすべて、「哲人王」ではなく、「愚か」な人間である。「愚か」な人間であるわれわれは、常に既存の法秩序が、例えばハンセン病患者や宗教的少数者や民族的少数者や自衛隊員のような「不利な立場の少数者」の自由や権利を犠牲にしていないか反省しながら、もしそのような「不利な立場の少数者」の人権尊重・差別解消を訴える「異端妄説」が「トポスとしてのクリティカ」に基づいて申し立てられたならば、たとえそれが「有利な立場の多数者」の「共通感覚(常識)」に反するゆえにわれわれに不快なものと感じられても「多事争論」のアリーナへ導き入れて、その言説が正当なものであるかを慎重に吟味しなければならないのである。その時、「トポスとしてのトピカ」と「トポスとしてのクリティカ」はともに「弁証法論理の媒介契機」として機能し、様々な論者の言説を「〈多様性〉において存立」させることにより、「多事争論」のアリーナを充実させて、「不利な立場の少数者」にこれまで一方的に負担と犠牲を負わせながら維持されてきたわれわれの既存の法秩序や社会・政治状況を、たとえ一歩ずつではあれ、ヨリ民主主義的でリベラルかつ公正なものへと改善していくことが可能になるであろう。

「丸山眞男‐清水幾太郎問題」に始まり、「丸山＝福沢‐清水＝ヴィーコ問題」→パラドックス問題→弁証法問題と続いたわれわれの研究の旅路も、ようやくこのトポス論で終着点に到達したようである。

以上で、本書の考察を終える。われわれはもちろん、本書の結論が「真理」を捉えているなどと自惚れてはいない。しかし、われわれの提起した言説もまた、「多事争論」の正当な構成要素であることは認められるであろう。「トポスとしてのトピカ」と「トポスとしてのクリティカ」が立体的に闘争しうる「多事争論」のアリーナを確保する努力をわれわれが不断に続けることによってのみ、「レトリックのパラドックス」の出現を妨げることができる。丸山＝福沢流に言えば、逞しく健康な「多事争論」のアリーナに参加する独立した「主体的個人」＝「一身」が存在してこそ、自由で活発な「多事争論」を保障・擁護・推進する「民主的国家」＝「一国」も独立できるのである。丸山＝福沢理論および清水＝ヴィーコ理論のそれぞれの限界を指摘した本書は、拙いものではあるが、まさにそのような努力の一環として何とか完成に漕ぎつくことができた。したがって、本書自体を「異端妄説」の著作と言うことができよう。そして、このような「異端妄説」の作品がまがりなりにも刊行できる法秩序や社会・政治状況を「共謀罪」ないし「テロ等準備罪」を支えかねない「共通感覚（常識）」に抗してまでもわれわれが護り育てていくことによってのみ、「レトリックのパラドックス」という深刻な事態が発生することは回避できるのである。

注

第一章

(1) 清水幾太郎『倫理学ノート』(岩波書店、一九七二年)三二四頁以下。
(2) 市井三郎「倫理と科学のはざま」『展望』一九七三年六月号所収。
(3) 川本隆史『現代倫理学の冒険』(創文社、一九九五年)五頁以下。
(4) 大久保孝治「清水幾太郎における『庶民』のゆくえ」『社会学年誌』第四八号所収。
(5) 笹倉秀夫『丸山眞男の思想世界』(みすず書房、二〇〇三年)三三五頁以下。
(6) 丸山眞男『日本の思想』(岩波書店、一九六一年)。
(7) 笹倉(注(5))。
(8) 杉山光信『戦後啓蒙と社会科学の思想』(新曜社、一九八三年)一頁以下。
(9) 庄司興吉『人間再生の社会運動』(東京大学出版会、一九八九年)一六〇頁以下。
(10) 林達夫=久野収『思想のドラマトゥルギー』(平凡社、一九七四年)。
(11) 上村忠男『ヴィーコの懐疑』(みすず書房、一九八八年)二二六頁以下。
(12) 松本三之介『近代日本の知的状況』(中央公論社、一九七四年)二〇二頁以下。「匿名の思想」については、清水幾太郎『日本的なるもの』(潮出版社、一九六八年)一五七頁以下。
(13) 坂本多加雄『知識人』(読売新聞社、一九九六年)二五八頁以下。
(14) 阿部謹也『「世間」とは何か』(講談社、一九九六年)、養老孟司『人間科学講義』(筑摩書房、二〇〇一年)。なお、丸山が「世間」に定位する思想家でないことについては、水谷三公『丸山眞男』(筑摩書房、二〇〇四年)参照。
(15) 中野雄『丸山眞男　音楽の対話』(文藝春秋、一九九九年)。
(16) 松本晃『清水幾太郎「20世紀検証の旅」』(日本経済新聞社、二〇〇〇年)一一八頁以下。
(17) 松本(注(12))二〇三頁以下。
(18) 竹内洋『メディアと知識人』(中央公論新社、二〇一二年)二四八頁以下。
(19) 小熊英二『清水幾太郎』(御茶の水書房、二〇〇三年)六六頁以下。
(20) 長谷川宏『丸山眞男をどう読むか』(講談社、二〇〇一年)八頁以下。
(21) 庄司武史『清水幾太郎』(ミネルヴァ書房、二〇一五年)。
(22) 小林正弥「丸山眞男と公共哲学」同編『丸山眞男論』(東京大学出版会、二〇〇三年)所収。

(23) 藤原保信『政治理論のパラダイム転換』(岩波書店、一九八五年)二〇三頁以下。
(24) 藤原(注(23))一八五頁以下。
(25) 清水幾太郎『私の社会学者たち』(筑摩書房、一九八六年)二二六頁以下。
(26) 清水(注(25))七頁以下。
(27) 徳永恂『結晶と破片』(国文社、一九八三年)七四頁以下。
(28) 盛山和夫『リベラリズムとは何か』(勁草書房、二〇〇六年)四九頁以下。
(29) 大嶽秀夫『戦後政治と政治学』(東京大学出版会、一九九四年)一七頁以下。引用は、丸山眞男『現代政治の思想と行動』増補版(未来社、一九六四年)二〇頁以下。丸山による「土屋・古島」と「ゲーリング」の対比が適切でないことについては、牛山圭『「文明の裁き」をこえて』(中央公論新社、二〇〇一年)等参照。
(30) 小畑清剛『レトリックの相剋』(昭和堂、一九九四年)三三頁以下。
(31) 例えば、石田雄＝姜尚中『丸山眞男と市民社会』(世織書房、一九九七年)。
(32) 小林(注(22))二二頁以下。
(33) 丸山眞男『丸山眞男集・第十三巻』(岩波書店、一九九六年)七頁以下。
(34) 丸山(注(33))三九頁以下。
(35) 飯田泰三『批判精神の航跡』(筑摩書房、一九九七年)三二三頁以下。岩波版『丸山眞男集』の「解題」を執筆した植手通有が丸山政治思想史学に極めて批判的なのは、驚きである。植手通有『植手通有集3・丸山眞男研究』(あっぷる出版社、二〇一五年)。
(36) 安川寿之輔『福沢諭吉と丸山眞男』(高文研、二〇〇三年)、同『福沢諭吉の戦争論と天皇論』(高文研、二〇〇六年)。なお、丸山から安川に至る多くの論者の様々な福沢評価を整理したものとして、ひろたまさき『福沢諭吉研究』(東京大学出版会、一九七六年)序章を参照。
(37) 子安宣邦『「事件」としての徂徠学』(青土社、一九九〇年)。
(38) 黒住真『近世日本社会と儒教』(ぺりかん社、二〇〇三年)。
(39) 中野敏男『大塚久雄と丸山眞男』(青土社、二〇〇一年)九二頁以下。
(40) 渡辺浩『近世日本社会と宋学』(東京大学出版会、一九八五年)六頁以下。
(41) 丸山眞男『福沢諭吉の哲学』(岩波書店、二〇〇一年)三六頁以下。
(42) 橋川文三『橋川文三著作集6』(筑摩書房、一九八六年)二一六頁。
(43) 吉本隆明『吉本隆明全著作集12』(勁草書房、一九六九年)八一頁以下。
(44) 色川大吉『明治の文化』(岩波書店、一九七〇年)二九四頁。
(45) 安丸良夫『日本の近代化と民衆思想』(青木書店、一九七四年)一〇頁。
(46) R・ベイナーのH・アーレント理解について、R・ベイナー『政治的判断力』浜田義文監訳(法政大学出版局、一九八八年)。
(47) 小野紀明「性的人間と政治的人間」小野ほか『近代日本の意味を問う』(木鐸社、一九九二年)所収。また、木村敏『生命のかたち/かたちの生命』(青土社、一九九二年)一六四頁。
(48) 樋口陽一『加藤周一と丸山眞男』(平凡社、二〇一四年)、石田雄「『日本の社会科学』再考」『UP』第二四三号所収。
(49) 大久保孝治「忘れられつつある思想家」『早稲田大学大学院文学研究科紀要』第四四輯第一分冊所収、竹内洋(注18)。
(50) 森政稔『〈政治的なもの〉の遍歴と帰結』(青土社、二〇一四年)二〇一頁以下。
(51) 竹内洋『丸山眞男の時代』(中央公論新社、二〇〇五年)、同(注18)。
(52) 小熊英二『〈民主〉と〈愛国〉』(新曜社、一九九八年)、同『清水幾太郎』(御茶の水書房、二〇〇三年)。
(53) 都築勉『戦後日本の知識人』(世織書房、一九九五年)。
(54) 吉本隆明「知識でもって立つことの孤独さ」松本晃『清水幾太郎の「20世紀検証の旅」』(日本経済新聞社、二〇〇〇年)所収。
(55) 吉本(注(43))五頁以下。
(56) 清水幾太郎「運命の岐路に立ちて」日高六郎編『現代日本思想体系・34』(筑摩書房、一九六四年)所収参照。

第二章

(1) 丸山眞男『福沢諭吉の哲学』(岩波書店、二〇〇一年)四四頁以下。
(2) 清水幾太郎『倫理学ノート』(岩波書店、一九七二年)、二二一頁以下。
(3) 清水(注(2))二五三頁。
(4) 丸山(注(1))四八頁以下。
(5) 丸山(注(1))五三頁。
(6) 清水(注(2))二五四頁以下。
(7) 清水(注(2))二六二頁。
(8) 加藤尚武『進歩の思想・成熟の思想』(PHP研究所、一九九二年)一九六頁以下。
(9) 丸山(注(1))五四-五五頁。
(10) 清水(注(2))二三九頁以下。
(11) 丸山(注(1))五九頁以下。
(12) 清水(注(2))二六二頁以下。
(13) 丸山(注(1))八四頁。
(14) 丸山(注(1))八六頁以下。
(15) 清水(注(2))二四二頁以下。上村忠男『ヴィーコの懐疑』（みすず書房、一九八八年）も参照。
(16) 丸山（注（1））五九-六〇頁。
(17) 清水幾太郎『戦後を疑う』（講談社、一九八〇年）五四-五五頁。
(18) 丸山（注（1））六一頁。
(19) 丸山（注（1））七〇頁以下。
(20) 丸山眞男『丸山眞男集・第一三巻』（岩波書店、一九九六年）六六頁以下。
(21) 丸山（注（20））八三頁以下・三五七頁。
(22) 萩原延壽『馬場辰猪』（中央公論社、一九六七年）二四七頁以下、波多野完治『文章心理学入門』（新潮社、一九六九年）二七一頁以下。
(23) 丸山（注（20））三五七-三五八頁。
(24) 丸山眞男『日本の思想』（岩波書店、一九六一年）一五四頁以下。
(25) 清水幾太郎『私の社会学者たち』（筑摩書房、一九八六年）二一一頁。
(26) 清水（注（2））二二二頁以下。
(27) 清水（注（17））五七頁以下。
(28) 清水（注（26））二三九-二四〇頁。
(29) 清水（注（26））二四〇-二四一頁。
(30) 三輪正『議論と価値』（法律文化社、一九七二年）。
(31) 丸山（注（24））六六頁。
(32) 丸山（注（1））八三頁以下。
(33) 丸山（注（1））八五頁以下。
(34) 丸山（注（1））八六頁以下。
(35) 丸山（注（1））七五頁。
(36) 丸山（注（20））六九頁。
(37) 丸山（注（1））八九頁。
(38) 丸山眞男『忠誠と反逆』（筑摩書房、一九九二年）五七頁以下。なお、日高六郎『戦後思想と歴史の体験』（勁草書房、一九七四年）二〇頁以下も参照。
(39) 丸山（注（1））九二頁。
(40) 小畑清剛『言語行為としての判決』（昭和堂、一九九一年）二三九頁以下。
(41) 丸山（注（1））九三頁以下。
(42) 丸山（注（1））一三六頁以下。
(43) 清水（注（2））二三八頁。
(44) 小畑清剛『レトリックの相剋』（昭和堂、一九九四年）。
(45) 清水（注（2））二三九頁。
(46) 清水（注（2））二四一頁。
(47) 清水（注（2））二四一-二四四頁。
(48) 清水（注（2））二四六頁以下。
(49) 清水（注（2））二四四-二四六頁。
(50) 丸山（注（20））一三五-一三六頁。
(51) 丸山（注（20））一三八頁以下。
(52) 丸山（注（20））一〇七頁以下。
(53) 丸山（注（1））八七頁。

(54) 丸山（注（1））六五頁。
(55) 丸山（注（1））八二-八三頁。
(56) 清水（注（2））二四二頁。
(57) 清水（注（2））二四三頁。
(58) 清水（注（2））二四四頁。
(59) 丸山（注（20））八六頁。
(60) 丸山（注（20））八七頁。
(61) 丸山（注（20））九〇頁以下。
(62) 丸山（注（1））九三頁以下。
(63) 清水（注（2））二三七頁以下。
(64) 清水（注（2））二三九頁。
(65) 清水（注（25））二一頁。
(66) 坂本多加雄『市場・道徳・秩序』（創文社、一九九一年）三頁以下。なお、E・バーク、M・オークショット、F・A・ハイエク等の思想の関連については、落合仁司『保守主義の社会理論』（勁草書房、一九八七年）、小幡清剛『コモンズとしての裁判員裁判』（萌書房、二〇一二年）を参照。
(67) 清水（注（2））二六三頁。
(68) 清水（注（2））二六〇頁。
(69) K・レーヴィット『ある反時代的考察』中村啓ほか訳（法政大学出版局、一九九二年）二八〇頁以下。
(70) I・バーリン『ヴィーコとヘルダー』小池銈訳（みすず書房、一九八一年）参照。この、ヴィーコの命題に似たホッブズの命題は、清水の言うBタイプの社会科学志向の強い著作でも言及されている。碧海純一『新版・法哲学概論』（弘文堂、一九八九年）。ただし、この項目の執筆は、碧海ではなく、小林公である。
(71) 上村（注（15））四一頁以下。
(72) 清水（注（2））二六二頁以下。
(73) 丸山（注（20））三一六頁以下。
(74) 丸山眞男『後衛の位置から』（未来社、一九八二年）九四頁。
(75) 丸山（注（20））三一八頁以下。
(76) 丸山（注（1））九六頁以下。
(77) 丸山（注（38））四〇頁、二八〇頁。
(78) 丸山（注（1））九七頁。
(79) 清水（注（2））二二八頁。
(80) 清水（注（2））二六一頁-二六二頁。
(81) 清水（注（2））二四六-二四八頁。
(82) 清水（注（2））二四八-二四九頁。
(83) 清水（注（2））二六七頁。
(84) 清水（注（2））二六三頁。
(85) 鶴見俊輔（編）『語りつぐ戦後史（上）』（講談社、一九七五年）一〇一頁。なお、丸山眞男ほか『現代日本の革新思想』（河出書房新社、一九六六年）一六頁以下と、鶴見俊輔『日常思想の可能性』（筑摩書房、一九六七年）九頁以下を比較されたい。
(86) 吉本隆明『吉本隆明全著作集12』（勁草書房、一九六九年）参照。
(87) 鶴見（編）（注(85)）一〇四頁。
(88) 丸山（注(74)）二二七頁。
(89) 清水幾太郎「運命の岐路に立ちて」日高六郎編『現代日本思想大系・34』（筑摩書房、一九六四年）所収三一六頁以下。
(90) 杉山光信『戦後啓蒙と社会科学の思想』（新曜社、一九八三年）五一頁。
(91) 奥平康弘『同時代への発言・下』（東京大学出版会、一九七九年）三五八頁。同『現代の視点』（日本評論社、一九八二年）二三七頁以下も参照。なお、清水の治安維持法肯定論は、奥平康弘『治安維持法小史』（筑摩書房、一九七七年）からも引用しているが、その議論は最近でも、例えば、中澤俊輔『治安維持法』（中央公論新社、二〇一二年）においても強く意識されている。
(92) 清水（注(17)）五七-五八頁。
(93) 清水（注(17)）五三頁以下。
(94) 清水（注(17)）四五頁以下。
(95) 清水（注(17)）二二五-二二六頁。
(96) 日高六郎『戦後思想を考える』（岩波書店、一九八〇年）一頁以下。ただし、例えば、第二次世界大戦中にジャーナリストだった清水の言説を、真正の「転向」によるものと捉える天野恵一の見解と、「偽装転向」の所産であって真正の「転向」によるものではないと見る鶴見俊輔の見解の対立もある。天野恵一『危機のイデオローグ』（批評社、一九七九年）第三章と鶴見俊輔『鶴見俊輔集4・転向研究』（筑摩書房、一九九一年）二三八頁以下を比較されたい。鶴見の見解には、護憲派であった時代の清水に対する党派的擁護というニュアンスをどうしても払拭することはできない。

第三章

(1) 文部省『民主主義』（文部省、一九四八年）。執筆は尾高朝雄。
(2) 宮沢俊義『法律学における学説』（有斐閣、一九六八年）一五三頁以下。
(3) 駒込武ほか編『戦時下学問の統制と動員』（岩波書店、二〇〇〇年）。
(4) 庄司武史『清水幾太郎』（ミネルヴァ書房、二〇一五年）。
(5) 苅部直『丸山眞男』（岩波書店、二〇〇六年）一六三頁以下。
(6) 福田歓一『丸山眞男とその時代』（岩波書店、二〇〇〇年）四一頁以下。
(7) 竹内洋『メディアと知識人』（中央公論新社、二〇一二年）二二三頁。
(8) 丸山眞男『丸山眞男集・第一三巻』（岩波書店、一九九六年）一三六頁。
(9) 丸山（注(8)）一三七頁以下。
(10) 水谷三公『丸山眞男』（筑摩書房、二〇〇四年）一一〇頁以下。

(11) 宮沢(注(2))一六四頁以下。

(12) 宮沢(注(2))一七〇-一七一頁。

(13) 宮沢(注(2))一七二-一七三頁。

(14) 佐々木力『近代学問理念の誕生』(岩波書店、一九九二年)四〇四頁。小畑清剛『「一人前」でない者の人権』(法律文化社、二〇一〇年)二一五頁以下。

(15) 上村忠男『ヘテロトピアの思考』(未来社、一九九六年)と佐々木力『学問論』(東京大学出版会、一九九七年)第Ⅴ章を比較されたい。

(16) 田中成明『法的思考とはどのようなものか』(有斐閣、一九八九年)、同『法の考え方と用い方』(大蔵省印刷局、一九九〇年)等参照。

(17) 小畑清剛『レトリックの相剋』(昭和堂、一九九四年)一四七頁以下。

(18) 横田耕一「『信教の自由』の問題状況」『Law School』第四六号所収。

(19) 佐藤功『憲法問題を考える』(日本評論社、一九八一年)五〇頁以下。

(20) 奥平康弘『ヒラヒラ文化批判』(有斐閣、一九八六年)一四〇-一四一頁。

(21) 以下の分析は、全面的に、柴田光蔵『ローマ法の基礎知識』(有斐閣、一九七三年)三七頁による。

(22) 以下の分析は、全面的に、柴田光蔵『増補・ローマ裁判制度研究』(世界思想社、一九六三年)四一四頁による。

(23) 柴田(注(21))七六頁以下。

(24) 清水幾太郎『清水幾太郎著作集・1』(講談社、一九九二年)一四五頁。

(25) 上山安敏『法社会史』(みすず書房、一九六六年)一六頁、同『ウェーバーとその社会』(ミネルヴァ書房、一九七八年)一四六-一四九頁。

(26) 戒能通孝『法廷技術』(岩波書店、一九五二年)。

(27) 戒能(注(26))一五二頁以下。

(28) 戒能(注(26))。戒能はもちろん、被疑者や被告人について言っているが、それを「不利な立場の少数者」一般に適用することも許されよう。例えば、ハンセン病患者である被告人には、日本国憲法の下でも、長い間、まともな「法廷」での裁判がまったく保証されていなかったのであるから。

(29) 市井三郎『歴史の進歩とはなにか』(岩波書店、一九七一年)一六二頁。

(30) K・E・アロー『社会的選択と個人的評価』長名寛明訳(日本経済新聞社、一九七七年)。

(31) A・セン『合理的な愚か者』大庭健=川本隆史訳(勁草書房、一九八九年)。

(32) さしあたり、佐伯胖『「きめ方」の論理』(東京大学出版会、一九八〇年)第Ⅱ、Ⅳ章、鈴村興太郎『社会的選択の理論・序説』(東洋経済新報社、二〇一二年)一〇頁以下等参照。

(33) もっとも、市井も指摘するように、ポパーの提示する「(多数者支配的)民主主義のパラドックス」の延長線上に、

「アローの一般可能性定理」に関わるパラドックスが位置している。市井（注(29)）一六八頁以下、同『近代への哲学的考察』（れんが書房、一九七二年）四三二頁。

(34) K・R・ポパー『自由社会の哲学とその論敵』武田弘道訳（世界思想社、一九七三年）第七章、市井（注(29)）一六〇頁。

(35)(36)(37) ポパー（注(34)）第七章、市井（注(29)）一六一頁以下。

(38) 市井（注(29)）一六六頁。

(39)(40)(41)(42) 市井（注(29)）一六七頁。

(43) 井上達夫＝名和田是彦＝桂木隆夫『共生への冒険』（毎日新聞社、一九九二年）参照。「同質（化）社会」の問題は、「共同体」からの「個人」の析出の困難さと関わる。この点について、川崎修「丸山眞男における自我の問題の一断面」平石直昭ほか編『丸山眞男論』（ぺりかん社、二〇〇二年）所収二三〇頁以下。

(44) G・ヴィーコ『学問の方法』上村忠男＝佐々木力訳（岩波書店、一九八七年）等参照。

(45) 広瀬健＝横田一正『ゲーデルの世界』（海鳴社、一九八五年）、竹内外史『ゲーデル』（日本評論社、一九八六年）、吉永良正『ゲーデル・不完全性定理』（講談社、一九九二年）一八二頁以下等。

(46) A・タルスキ「真理の意味論的概念と意味論の基礎」坂本百大編訳『現代哲学基本論文集・II』（勁草書房、一九八七年）所収五一頁以下、同「真理と証拠」遠山啓監訳『数学とはどんな学問か』（講談社、一九七〇年）所収一九一頁以下。タルスキ自身は、日常言語が「意味論的パラドックス」を導くことと、日常言語の曖昧性のゆえに、自然言語の「真理」概念の定義には否定的であったが、D・デイヴィドソンは、自然言語の発話文脈への依存性に着目し、十分に形式化された人工語にのみ関わったタルスキ理論を文の発話へと相対化することにより「真理」概念を修正し、その「真理規約」を自然言語の意味論にも応用可能であると考えている。D・デイヴィドソン『真理と解釈』野本和幸ほか訳（勁草書房、一九九一年）、I・ハッキング『言語はなぜ哲学の問題になるのか』（勁草書房、一九八九年）二〇二頁以下。タルスキやデイヴィドソンの「真理」概念は、井上達夫の法命題の理論にも影響を与えている。例えば井上達夫「法命題の概念に関する若干の考察」『東京大学教養学部社会科学紀要』第三〇輯所収一八七頁以下、同「法の存在と規範性」上原行雄・長尾龍一編『自由と規範』（東京大学出版会、一九八五年）所収三頁以下。ここにも、「意味論的パラドックス」と社会哲学との、間接的なものではあるが、興味深い連関性を見出すことができよう。

(47) W. V. Quine, Paradox, Scientific American (ed.) *Mathematics in the Modern World*, Scientific American, Inc., 1968〔遠山啓監訳『数学とはどんな学問か』（講談社、一九七〇年）所収〕、中村秀吉『パラドックス』（中央公論社、一九

七二年）二二二−二三頁、内井惣七『うそとパラドックス』（講談社、一九八七年）一九〇頁以下。

(48) クワイン（注(47)）九二頁以下、中村（注(47)）二二頁以下、野崎昭弘『逆説論理学』（中央公論社、一九八〇年）一七〇−一七一頁、内井（注(47)）一九一頁以下。

(49) 野崎（注(48)）一七一頁。

(50) 内井（注(47)）一九二頁、野崎（注(48)）一七一頁。

(51) クワイン（注(47)）九七頁以下、中村（注(47)）二四頁以下、内井（注(47)）九九頁以下、野崎（注(48)）一二五頁以下。

(52) クワイン（注(47)）九七頁。

(53) 中村（注(47)）二四−二五頁。

(54)(55) 内井（注(47)）一九三頁。

(56) 野崎昭弘『詭弁論理学』（中央公論社、一九七六年）一六六頁、同（注(48)）一三一頁以下、内井（注(47)）一九四頁。

(57) 市井三郎『歴史の進歩とは何か』（岩波書店、一九七一年）一六七−一六八頁。

(58) 中村（注(47)）二九頁。もっとも、「直接的な自己言及」はなくとも、もちろん、「間接的な自己言及」は存在している。野崎（注(48)）一三六−一三七頁。

(59) ポパー（注(34)）。

(60) 市井（注(57)）一六三頁、中村・前掲書・二九頁以下、野崎（注(56)）一七一頁、同（注(48)）一三六−一三七頁、内井（注(47)）一〇二頁、同『パズルとパラドックス』（講談社、一九八五年）一九三頁。

(61)(62)(63) 市井（注(57)）一六四頁。

(64) 市井（注(57)）一七二頁。

(65) 市井（注(57)）一七一頁。

(66) もっとも、「エピメニデスのパラドックス」は、最初、ミトレスの哲学者エウブリデスが述べたものを、後にパウロが耳にして、『テトスへの書』第一章一二で、「常に虚偽をいうもの、あしき獣、懶惰の腹」であるクレタ人に注意するように、警告したもののようである。パウロ自身は、「パラドックス（矛盾）」が生じるように、あらかじめ意味論的に「特定」化されていることに、気づいていなかったようである。中村（注(47)）二五頁。

(67) 「論理方程式」から「特定」化の問題を分析したものとして、野崎（注(56)）一六八頁以下。

(68) タルスキ・坂本編訳（注(46)）五一頁以下。

(69) ストローソンは、J・L・オースティンの「言語行為論」を利用し、「真理の行為理論 (performatory theory of truth)」の観点から、「真理の階層理論」を批判している。ただし、オースティン自身は、ストローソン理論には与しない。両者の見解の相違については、P. F. Strawson, Truth, M. MacDonald (ed.), *Philosophy and Analysis*, Blackwell, 1954.とJ. L. Austin, Truth, *Proceedings of the Aristotelian Society*, Supplem. Vol. XXIV, 1950.〔坂本百大監訳『オースティン哲学論文集』（勁草書房、一九九一年）一八三頁以下〕

を、比較・検討されたい。なお、オースティン等と同様、オックスフォード日常言語学派に属するG・ライルは、その「カテゴリー論」に依拠して、「現実の階層構成」を、「対象言語」「メタ言語」という「言語の階層構成」に反映させるラッセルやタルスキの「真理の階層理論」に、批判的な見解を表明している。ライルによれば、「指示関係」を厳密に討究して、「カテゴリー・ミステイク」を回避することにより、「不適切」な用語法に陥る誘惑を斥けることが、何より肝心なのである。G. Ryle, Heterologicality, *Analysis*, Vol.XI, 1951, p. 68.

（70）前出注（68）（69）で挙げた諸論著のほか、中村（注（47））五九頁以下、岩崎武雄『真理論・哲学体系第一部』（東京大学出版会、一九七六年）四〇頁以下、山本信『形而上学の可能性』（東京大学出版会、一九七七年）一六四頁以下等参照。

第四章

（1）藤原保信『政治理論のパラダイム転換』（岩波書店、一九八五年）一一一頁以下。

（2）山本誠作『ホワイトヘッドと西田哲学』（行路社、一九八五年）、延原時行『ホワイトヘッドと西田哲学の〈あいだ〉』（法蔵館、二〇〇一年）。

（3）中村雄二郎『中村雄二郎著作集Ｖ・共通感覚』（岩波書店、一九九三年）。西田＝中村の「全体性」の対場への批判として、竹内芳郎『ポスト＝モダンと天皇教の現在』（筑摩書房、一九八九年）参照。

（4）西田幾多郎『西田幾多郎全集・第四巻』（岩波書店、一九四九年）二五七頁。

（5）青木保『日本文化論の変容』（中央公論社、一九九〇年）。

（6）和辻倫理学と浜口社会学の関係については、小畑清剛『法における人間・人間における倫理』（昭和堂、二〇〇七年）。

（7）竹内洋『丸山眞男の時代』（中央公論新社、二〇〇五年）。

（8）浜口恵俊『「日本らしさ」の再発見』（日本経済新聞社、一九九七年）、村上泰亮＝公文俊平＝佐藤誠三郎『文明としてのイエ社会』（中央公論新社、一九七九年）。

（9）田中久文『丸山眞男を読みなおす』（講談社、二〇〇九年）八頁以下。三木清と丸山眞男の関係については、今井弘道『三木清と丸山眞男の間』（風行社、二〇〇六年）も参照。

（10）西部邁『経済倫理学序説』（中央公論社、一九八三年）、佐伯啓思『現代日本のリベラリズム』（講談社、一九九六年）、同『西田幾多郎』（新潮社、二〇一四年）、間宮陽介『丸山眞男』（筑摩書房、一九九九年）、同『同時代論』（岩波書店、一九九九年）八一頁以下。

（11）石田雄『一身にして二生、一人にして両心』（岩波書店、二〇〇六年）、加藤尚武『20世紀の思想』（ＰＨＰ研究所、一九九七年）。

（12）丸山眞男『戦中と戦後の間』（みすず書房、一九七六年）

四頁以下、丸山の「歴史意識の『古層』」は、丸山眞男『忠誠と反逆』（筑摩書房、一九九二年）にいわば付録のような形でその末尾に収録されている。なお、今井弘道『丸山眞男研究序説』（風行社、二〇〇四年）第四章、酒井直樹『死産される日本語・日本人』（新曜社、一九九六年）も参照。

(13) 木田元＝生松敬三『理性の運命』（中央公論社、一九七六年）第三章、樋口陽一『憲法という作為』（岩波書店、二〇〇九年）三一頁以下。

(14) 丸山眞男ほか「三木清を語る」『図書』一九六六年一〇月号所収。この対話はもちろん、『丸山眞男座談』に収められているが、肝腎の丸山が三木の「弁証法」と「有機体説」を高く評価していると語っている部分は、何故かカットされている。編集者の見識が疑われる。

(15) 上山春平『日本の思想』（サイマル出版会、一九七一年）二五七頁以下。

(16) 梅本克己『マルクス主義における思想と科学』（三一書房、一九六九年）二〇〇頁以下。

(17) 荒川幾男『三木清』（紀伊國屋書店、一九六八年）一三六頁以下。

(18) 丸山眞男『日本政治思想史研究』新装版（東京大学出版会、一九八三年）二二七頁。

(19) 黒住真『近代日本社会と儒教』（ぺりかん社、二〇〇三年）四八八頁。

(20) 石田雄『明治政治思想史研究』（未来社、一九五四年）八四頁。

(21) 山之内靖『現代社会の歴史的位相』（日本評論社、一九八二年）三三一頁。

(22) 清水幾太郎『清水幾太郎著作集・1』（講談社、一九九二年）二四八頁以下。

(23) 天野恵一『危機のイデオローグ』（批評社、一九七九年）一〇〇頁。

(24) 高橋徹ほか「解説対談」『世界の名著』第三六巻付録所収（中央公論社、一九七〇年）。

(25) 清水幾太郎『倫理学ノート』（岩波書店、一九七二年）二六四頁。

(26) 勝田吉太郎『近代ロシヤ政治思想史』（創文社、一九六一年）。

(27) 丸山眞男『福沢諭吉の哲学』（岩波書店、二〇〇一年）一〇一頁。

(28) 徳永恂『結晶と破片』（国文社、一九八三年）七四頁以下。

(29) 梅本（注(16)）二〇七頁以下。

(30) 中井正一『美と集団の論理』（中央公論社、一九六二年）一六頁。

(31) 竹内成明『闊達な患者』（れんが書房新社、一九八〇年）も参照。

(32) 三木清『三木清著作集・第五巻』（岩波書店、一九六七年）一三九頁以下。

(33) 小畑清剛『コモンズとしての裁判員裁判』（萌書房、二

〇一三年）二三四頁以下。H. G. Gadamer, *Wahrheit und Methode*, J. C. B. Mohr, 1960, S. 16f.

(34) 上村忠男『ヴィーコの懐疑』（みすず書房、一九八八年）。

(35) 丸山高司『ガダマー』（講談社、一九九七年）二二九頁以下。

(36) 丸山（注(35)）二三四頁以下。

(37) 上村（注(34)）一三頁以下。

(38) 久野収『三〇年代の思想家たち』（岩波書店、一九七五年）二二一頁以下。三木理論を高く評価する久野収と波多野完治のレトリック観については、小畑清剛『レトリックの相剋』（昭和堂、一九九四年）も参照。

(39) Gadamer（注(33)), S. 233.

(40) Ch. Perelman (en collaboration avec L. Olbrechts - Tyteca), *Traité de l'argumentation, la nouvelle rhétorique*, Edition de l'Université Bruxelles, 1958.

(41) Perelman（注(40)）§25.

(42) Perelman（注(40)）p. 115-119.

(43) Perelman（注(40)）p. 119-121.

(44) Perelman（注(40)）p. 130-131.

(45) 井上達夫＝名和田是彦＝桂木隆夫『共生への冒険』（毎日新聞社、一九九二年）、井上達夫『共生の作法』（創文社、一九八六年）。

(46) 丸山眞男『丸山眞男集・10』（岩波書店、一九九六年）三五八頁。

(47) R・ダーレンドルフ『ライフ・チャンス』吉田博司ほか訳（創世記、一九八二年）。

(48) 小畑清剛『「一人前」でない者の人権』（法律文化社、二〇一〇年）第一一章。

(49) 小畑清剛『レトリックの相剋』（昭和堂、一九九四年）二七五頁以下。

(50) 松下圭一『市民自治の憲法理論』（岩波書店、一九七五年）、同『都市型社会の自治』（日本評論社、一九八七年）参照。

(51) 市井三郎『歴史の進歩とは何か』（岩波書店、一九七一年）。

(52) 井上達夫『リベラルのことは嫌いでも、リベラリズムは嫌いにならないでください』（毎日新聞出版、二〇一五年）、同『憲法の涙』（毎日新聞出版、二〇一六年）参照。

(53) 愛敬浩二『改憲問題』（筑摩書房、二〇〇六年）第六章。

(54) 奥平康弘『治安維持法小史』（筑摩書房、一九七七年）二四八頁。

あとがき

私は一九七四年に京都大学理学部に入学し、後に法学部に転部した。弱者のための弁護士になろうと思ったのだが、転部の時点で既に、失明寸前の状態で、まったく勉強はすすまなかった。それでも、読書好きだった私は、可能な限り、興味をそそられる題名の書物を開いたが、芦部信喜教授の『憲法訴訟の理論』以外は、法解釈学の諸著作にはあまり心を動かされることはなかった。ただし、夢中になって読んだ作品も、ごく少数ながら存在した。それは、丸山眞男『日本政治思想史研究』、川島武宜『所有権法の理論』、そして清水幾太郎『倫理学ノート』である。しかし、『倫理学ノート』をめぐっては、困難が生じた。それは、清水氏が『戦後を疑う』を刊行されたことによる。治安維持法肯定論を展開する『戦後を疑う』とレトリック復興を目指す『倫理学ノート』がG・ヴィーコの「アルス・トピカ」で結びついていることを見出した私は、以後、これらの著作から抽出した「レトリックのパラドックス」の解明を自らの使命と考えるようになった。

『図書』（一九八〇年三月号）に、私は、中村雄二郎氏の『共通感覚論』を批判的に検討した文章を寄稿した。今でも覚えているが、編集部の小口未散氏が担当して下さった。最初に活字になった、私の文章である。『図書』は岩波書店のPR誌でもあるので、岩波から刊行されている清水氏の『倫理学ノート』の危険性には敢えて言及しなかった。それゆえ、この拙文は、中村氏の「共通感覚（常識）」批判として読めば、まるっきり的を射抜いていない出来の悪い感想文としか評価されないものとなったのであるが、実はその行間で清水氏の「アルス・トピカ」批判を企てたものと理解して頂ければ、そこで治安維持法と闘った中井正一氏や治安維持法の犠牲となった三木清氏のレトリック論にも言及した私の真意をヨリ正確に汲み取ってもらえるのではないだろうか。しかし、その真意を、私は隠していたのである。そのため、当初、中村氏は、私が「共通感覚（常識）」を批判する問題意識が理解できなかったそうである。しかし、やはり『図書』に私への返答を寄せられた中村氏と何度か手紙のやりとりを行なったことで、中村氏は、私のG・ヴィーコの「アルス・トピカ」に感じる不安に、共鳴して下さるようになった。そして、「小幡君がヴィーコの『共通感覚（常識）』に感じる危惧は確かに理由のあるものだ。しかし、私は『共通感覚（常識）』でどこまで行けるか、考え続けてみるつもりだ。その後に、清水氏の『倫理学ノート』の批判を行なうことにしたい」という趣旨が記された葉書を下さった。だが、残念ながら、中村氏は、清水氏の『倫理学ノート』を本格的に検討される論稿を公表されることはなかった。それゆえ、私には、中村氏に代わって、「清水＝ヴィーコのレトリックのパラドックス」を解明することの重い責任が課せられたのである。なお、『倫理学ノート』への私の危惧をご存知ない時点のものであるが、同じ『図書』誌上に載った中村氏の私への反論として、同氏の著書『パトスの知』を参照されたい。丸山氏が福沢の『文明論之概略』をテキストに岩波書店の数人の社員を前にして講義を行なった際、その聴き手の中のひとりが小口さんであった。偶然の出来事とはいえ、私が『図書』に発表した一文で暗に念頭に置いていたのが清水氏の『倫理学ノート』であり、また、私が福沢のレトリック＝スピーチ擁護論の重要性を学んだのが丸山氏の『「文明論之概略」を読む』であるという二つの事実は、両者を結びつけてくれたのが小口さんであることを思うと、大変に感慨深いものがある。

また、「レトリックのパラドックス」について書いた拙文をお送りした奥平康弘先生からは、「是非、清水氏の『倫理学ノート』と『戦後を疑う』を結びつけるG・ヴィーコの『アルス・トピカ』を哲学的に批判する作業を完成して下さい」と記された激励の手紙をいただいた。それ以後、奥平先生と私は、いわば清水＝ヴィーコの「アルス・トピカ」を批判的に検討する同志となった。もっとも、私は、あちこちで思想的浮気を続けてしまい、この『丸山眞男と清水幾太郎』を著わすのに、四〇年近い歳月がかかってしまった。本書は、奥平先生に提出する私の不出来な「答案」である。実は、二〇一五年の冬、急逝される三日前に、奥平先生は偶々私に電話をかけて下さり、いろいろ雑談を交わした後、『清水＝ヴィーコのレトリックのパラドックス』の哲学的解明は何としてもやり遂げて欲しい」旨の依頼をなされた。それは、先生の遺言のように感じられた。非才な私は、奥平先生がお元気なうちに本書を刊行できなかったことには慚愧の念に耐えないが、今はこの拙著を先生のご霊前に捧げて、「ようやく先生とお約束した宿題を完成することができました」と報告したいと思う。

もっとも、最後の電話で先生とお約束した著作の題名は『丸山眞男・西田幾多郎・清水幾太郎』であった。確かに、丸山氏の「主体的作為」の思想と清水氏の「人間的自然」の思想を、西田哲学とりわけその「場所」の理論と関連づけることは大変に重要な問題を提起することになるが、それを行なうと問題意識がどうしようもなく拡散してしまうように思われた。原稿の分量が一冊の著作として許容される範囲をはるかにオーヴァーしてしまうと考えられたため、その関連づけは他日を期すことにして、断念することにした。西田氏の著書『一般者の自覚的体系』における様々な「一般者」の中での「推論式的一般者」の位置づけが、どうしても正確に理解できなかったことも断念の一つの原因であることを、正直に告白しておく。このように、本書で、西田幾多郎氏の思想への言及は必要最小限にとどめたが、そのため却って、丸山眞男氏と清水幾太郎氏という二人の巨人の思想的なライヴァル関係がヨリ明白にくっきり浮び上がるという利点もあったように思われる。この「怪我の功名」を読者の方々にも感じ取っていただけたなら幸甚である。

最後の電話で、奥平先生は憲法第九条の危機について熱く語られた。しかし、その後、憲法第九条の危機は、憲法第二一条の危機をも招いているように思われる。本書を手に取られた読者の方々が、本書の内容に、憲法第九条のみでなく、憲法第二一条の危機についての私の危惧の反映を見出して下さったならば、本来「表現の自由」研究の第一人者であられた奥平先生も喜んで下さるのではないかと考える。

一九九四年に刊行した拙著『レトリックの相剋』において、多少、「丸山眞男‐清水幾太郎」問題について言及したことがある。そこでは、「清水＝ヴィーコのレトリックのパラドックス」についての理論的解明はある程度できていたが、「丸山＝福沢のレトリックのパラドックス」の構成はまったく手をつけられずにいた。そのため、当然ながら、これらの「レトリックのパラドックス」の相互関係の分析を行なうことができなかった。このように未熟なものであるにも拘わらず、この『レトリックの相剋』については、石田雄、奥平康弘、松沢弘陽、樋口陽一、野家啓一、草野耕一、竹田行之ほかの各先生に注目していただき、中にはそのご著書に引用して下さる方もおられた。松沢氏によれば、氏は私の『レトリックの相剋』の内容を丸山先生に説明・紹介して下さったそうである。丸山先生の体調に不安があると聞いていた私は、敢えて拙著を先生にお送りしなかったのであるが、先生が清水氏のヴィーコ論をどう考えておられるのか、伺うことができなかったことは、今も心残りである。また、大澤真幸氏は、同書の内容を見られて、『現代社会学事典』の項目「正統と異端」を執筆するチャンスを私に与えて下さった。言うまでもなく、「正統と異端」とは、丸山氏にとっては、「宿命」とも言える未完の研究テーマだったのである。それは、私にとっても、「運命」的なものと感じられた。もっとも、このように、同書で多少「丸山眞男－清水幾太郎」問題に言及していたとはいえ、そのタイトルに、丸山眞男氏の「ま」も清水幾太郎氏の「し」も付けなかったために、丸山研究者および清水研究者のいずれからも、同書を引用されることはなかった。その時の反省から、大変に不完全なもので恥ずかしい限りであるが、本書のタイトルは、ずばり『丸山眞男と清水幾太郎』とすることにした次第である。羊頭狗肉をお許しいただきたい。

二〇一四年が丸山氏の生誕一〇〇年であったこともあり、丸山政治学についての研究書は、それを賞賛するものも批判するものも含めて、まさに汗牛充棟の様相を呈しているが、清水社会学についての研究書は、竹内洋氏の『メディアと知識人』や庄司武史氏の『清水幾太郎』のような秀れた著作が次々に刊行され始めたとはいえ、まだまだ数少ない現状である。中村雄二郎氏と手紙のやりとりをした少し後に、当時Th・フィーヴェクの研究を精力的に展開されつつあった植松秀雄教授と田中成明教授に、「『倫理学ノート』と『戦後を疑う』の関連について、どう思われるか」質問したことがある。しかし、驚いたことに、両教授とも、清水氏の『戦後を疑う』はもちろん、『倫理学ノート』

の存在すらご存知なかった。「丸山眞男‐清水幾太郎問題」は、戦後民主主義や日本国憲法の評価にとって極めて重要な意味をもつが、私の問題提起に直ちに反応して下さった中村先生と奥平先生を例外として、日本の知識人のこの「問題」の認知度は、残念ながらこの程度のものであった。このように、植松教授と田中教授という法哲学的レトリック論の第一人者ですら、当時、「丸山眞男‐清水幾太郎問題」に潜むヴィーコの「アルス・トピカ」の恐ろしい落とし穴について、まったく関心をおもちではなかったのである。この日本の思想界にとって残念な状況は今もなお続いていると思われるので、たとえ不完全なものであっても、「全体主義」に抗するという姿勢を堅持して「一匹狼」としての研究生活を続けてきた私が、この『丸山眞男と清水幾太郎』を治安維持法の現代版と言われる（改正）組織的犯罪処罰法の「共謀罪」規定が問題となっている〈今〉という危機の時代に上梓する意味は少しはあると自負している。

それにしても、『図書』に拙文を発表してから、四〇年近い歳月が経過した。月日が経つのが早いのに反して、私の研究の進捗はまさに牛歩なみの遅さである。自分の能力の限界を思い知らされて唖然とするが、たとえ不出来な作品とはいえ、何とか拙著の刊行に辿りつけたのは、多くの人々の支えのおかげである。まず第一に、奥平康弘先生のご霊前に、本書の刊行を報告させていただく。そして、次いで、丸山眞男・西田幾多郎・清水幾太郎各氏の思想について有益な示唆を与えられたり、三氏に関する重要文献の入手についてご協力やご援助を賜わった左記の方々に、心より感謝の意を表する次第である。

石田雄先生、徳本正彦先生、松沢弘陽先生、樋口陽一先生、神保全孝先生、足立幸男先生、小野紀明先生、野家啓一先生、岡田勝明先生、栗原彬先生、米原謙先生、間宮陽介先生、笹倉秀夫先生、大澤真幸先生、井上達夫教授、佐々木勝一教授、佐々木典子教授、川崎修教授、松岡伸樹教授、竹田行之氏、小口未散氏、中村憲生氏、津久井輝夫氏、小西英央氏、石島裕之氏。皆様、どうも有り難うございました。論敵である私の言葉にも公平に耳を傾けて下さった中村雄二郎先生の姿も、感謝の気持ちをもってしっかりと心に刻みつけなければならない。清水氏の「アルス・

トピカ」を批判したために法哲学会への参加禁止が命じられた私を、シリーズ『越境する知』の執筆者のひとりとして推薦して下さったのも中村先生だったのである。そして、私のどうしようもなく読みにくい字を判読し、パソコン入力して下さった小林薫さんにも、心から感謝する次第である。本書は、論争的な性格の強い著作であるが、その内容についての責任が私自身にのみあることは言うまでもない。

かくして、本書をもって、一応、H・アーレントの言う「自覚的パーリア」＝「畸型として畸型を人類の一員たらしめんとする立場」を維持してきた私の「哲学三部作」は完結することになる。「全体主義」に抗するという点で一貫する、「三部作」執筆という、この作業に着手してから、二〇一二年一月に父を亡くし、二〇一五年三月に母を亡くした。そして、二〇一六年には、八年間にわたる両親のたったひとりで行なった介護で疲れきっていたせいか、今度は私自身が、一月と三月に急性心筋梗塞となりカテーテル＝バルーン治療のため入院、次いで八月には口腔内の腫瘍切除のため入院、さらに一一月に下行結腸ガンが見つかり翌月に摘出のため入院と、惨々な苦しい日々が続いた。最愛の家族や私自身の生死の狭間に幾度となく立たされた私を支えて下さったのは、萌書房の白石徳浩氏であった。一〇年間実質的に無収入の状態だったため、本を書けば書くほど貧乏になるという、尊敬する松下竜一さん流のどん底生活が続くが、この「哲学三部作」だけはどうしても完結させたかった。最後になったが、精神と肉体がボロボロになった日々に、私を勇気づけて本書の完成に導いていただいたことに、白石氏への感謝の気持ちを記させていただく。

二〇一七年二月　雪がしんしんと降り続く、寒さ厳しき岩倉にて

小幡清剛

■著者略歴

小幡（小畑）清剛（おばた　せいごう）

1956年　小幡（小畑）清次郎・敏子の長男として，京都市に生まれる。

1974年　京都府立洛北高校卒業。京都大学理学部入学（後に法学部に移る）。

1980年　京都大学法学部卒業。

1984年　京都大学大学院法学研究科博士課程中退。

1995年　京都大学法学博士。

職　歴　京都大学助手，京都大学大学院講師，姫路獨協大学助教授，同教授など歴任。

現　在　姫路獨協大学名誉教授。法哲学・法社会学・法人間学研究者。

著書（単著）

『言語行為としての判決』（昭和堂，1991年），『レトリックの相剋』（昭和堂，1994年），『魂のゆくえ』（ナカニシヤ出版，1997年），『法の道徳性』（勁草書房，2002年），『法における人間・人間における倫理』（昭和堂，2007年），『近代日本とマイノリティの〈生－政治学〉』（ナカニシヤ出版，2007年），『コモンズと環境訴訟の再定位』（法律文化社，2009年），『「一人前」でない者の人権』（法律文化社，2010年），『コモンズとしての裁判員裁判』（萌書房，2013年），『障害者の〈生〉』（萌書房，2016年）ほか。

共著書など

『差別の社会理論』（弘文堂，1996年），『法の臨界・Ⅱ』（東京大学出版会，1999年），『越境する知・３』（東京大学出版会，2000年），『現代社会学事典』（弘文堂，2012年），ほか。

丸山眞男と清水幾太郎——自然・作為・逆説の政治哲学

2017年８月15日　初版第１刷発行

著　者　小 幡 清 剛

発行者　白 石 徳 浩

発行所　有限会社 萌《きざす》　書　房

〒630-1242　奈良市大柳生町3619-1

TEL（0742）93-2234 / FAX 93-2235

［URL］http://www3.kcn.ne.jp/~kizasu-s

振替　00940-7-53629

印刷·製本　モリモト印刷株式会社

ISBN978-4-86065-118-3

小幡（小畑）清剛：哲学三部作完結

第１弾！――法哲学＆言語哲学

コモンズとしての裁判員裁判――法・裁判・判決の言語哲学

A5判・上製・カバー装・264ページ・定価：本体4000円＋税

◆佐藤幸治・井上達夫・土井真一各氏の裁判員裁判肯定論を徹底的に論破し，有倉遼吉氏の「肩すかし判決」批判・百地章氏の「ねじれ判決」批判・井上薫氏の「蛇足判決」批判に応え，ハイエク＝嶋津格＝落合仁司氏の自生的秩序法理論およびウィーナー＝川島武宜＝碧海純一氏のサイバネティクス法理論の双方の弱点を克服する，独創的な法哲学を構築。『図書新聞』他，日本法社会学会『法社会学』等でも絶賛。

ISBN 978-4-86065-077-3　2013年1月刊

第２弾！――社会哲学＆人間存在学

障害者の〈生〉――法・福祉・差別の人間存在学

A5判・上製・カバー装・368ページ・定価：本体3800円＋税

◆日本国憲法とフーコー，イリイチ，ゴフマン等の社会理論で読み解く障害者の〈生〉。それをめぐる風景はあまりに過酷なものであった。障害者の福祉増大を目指すと称して《切断》されてきた障害者間の「つながり」。障害（者）の存在を《無化》する政治運動に根拠を与え続けてきた法律。障害者が生き延びるための戦略として選択を余儀なくされてきた「社会的死」とも言うべき《内閉》。相手を非難・罵倒するために用いる《比喩》において当然視されてきた障害者への差別。障害者の〈生〉をめぐるこれらの罠から，われわれは脱出することができるのか。『読書人』他，日本法哲学会『法哲学年報』等でも高評。

ISBN 978-4-86065-111-4　2016年3月刊

第３弾！――歴史哲学＆政治哲学

丸山眞男と清水幾太郎――自然・作為・逆説の政治哲学

（本書）